特別支援児の心理学 新版
理解と支援

梅谷忠勇・生川善雄・堅田明義 編著

北大路書房

はしがき

　近年，障害のある子どもの自立・社会参加に向けた教育におけるノーマライゼーションの取り組みが進展しつつある。子ども自体に目を向けると，次の状況がみられる。一つは，障害のある子ども一人ひとりの教育的ニーズ，すなわち子どもの実態，保護者の願いや学校・地域の実状などに応じて，特別な支援を必要とする子ども（特別支援児）の障害の概念や範囲が変化してきたことである。もう一つは，障害のある子どもの，障害の重度化・重複化や多様化が急速に進んできていることである。

　それらの背景のもとに，障害のある子どもに対する教育支援システムのあり方が変わってきた。これまでの，障害の種類，程度に応じ特別の場で指導を行なう「特殊教育」から，これからの，一人ひとりのニーズに応じて特別な支援を行なう「特別支援教育」への，支援システム転換の取り組みである。この支援システムを支える枠組みは，ライフステージに応じた一人ひとりの個別の教育支援計画に基づき，障害のある子どもを生涯にわたって総合的に支援するところにあるといってよい。

　したがって，この教育支援においては，今後の「特別支援学校」「特別支援学級」で，あるいは通常学級に在籍しながら，必要に応じて「通級指導教室（特別支援教室）」で指導・支援を受ける障害のある児童・生徒だけでなく，障害のある就学前の幼児や学校卒業後の青年・成人も対象となる。また，教育支援の内容を充実するため，地域における教育と，医療・保健・福祉・労働・その他の関係機関や関係者との分野横断的な支援ネットワークの構築をとおした連携協力が必要となる。

　そのようなことから，今後，幼稚園・保育所，学校，障害児・者関係の施設などの教職員にあっては，他の関係機関や関係者との連携協力の能力とあわせ，それぞれの障害種別に対応した専門的知識・理解と障害全般に関する総合的な知識・理解の能力がいっそう求められることになる。この際，心理学的観点からの，特別支援の必要な子どもの心理・行動特性の理解を含む実態の確かな把握は，個別の教育支援計画や指導計画の作成に基づく療育・教育支援の土台として，きわめて大切なことであるといえる。

　本書は，小学校・中学校等の通常学級などに在籍する学習障害（LD），注意欠陥・多動性障害（ADHD），高機能自閉症などの子どもを含め，障害があり，特別支援の必要な子どもの心理学的特性と指導・支援のエッセンスが俯瞰できるように，最近の研究知見を盛り込みながらできるだけわかりやすく解説したテキストである。教員養

成系の大学などで「特別支援学校」や「特別支援学級」等の教員をめざす学生ばかりでなく，小学校・中学校の通常学級の教員，幼稚園・保育所の教員・保育士をめざす学生向けにこの本を編んだ。同時に，現在，さまざまな実践現場で障害のある子どもの指導・支援に携わっている現職教員や福祉関係の職員などにも，子どもの指導・支援のあり方や手がかりが提供できるテキストとなることをも意図した。

　本書は，特別支援の必要な子どもの概要と理解，心理特性，および支援のトピックスの3部から構成してある。各部の章は，それぞれの分野で子どもの心理学的研究および支援実践の第一線で活動されている方々の執筆によるものである。ここにご多忙の中をご協力くださった方々に厚く感謝申し上げるとともに，出版にあたってご配慮をいただいた北大路書房の方々，とりわけたいへんお手数を煩わした編集部の薄木敏之氏に深くお礼申し上げたい。

　　　2006年1月

　初版を出してから10年近くが経ち，この間に，障害があり，特別支援の必要な子どもの状況に変化がみられ，特別支援教育への転換・進展に伴う法制度の改変と教育的対応の充実がなされた。また，特別支援児の心理と支援についての，新しい研究知見も加わってきた。今回の改訂では，このような変化や進歩に応じて，初版に手直しを加え，できるだけ新しい資料，知見をとりいれた。
　さらに改訂版作成にあたり，特別支援児の心理特性に基づく教育支援に関する記述の補強を行うねらいで，新たに「Ⅲ部　特別支援児の教育支援」を設けた。この改訂の仕事には，初版時と同様，北大路書房の薄木氏にいろいろとお世話になり，厚く感謝したい。

　　　2015年2月

　　　　　　　　　　　　　　　　　　　　　　　　　　　　　　　編　者

目次

はしがき

I部　特別支援児の概要と理解　　1

1章　特別支援児の概要　　2

1節――特別支援児の教育　2
　1 特殊教育の展開　2
　2 特別支援教育への移行　3
　3 特別支援教育の進行　4
　4 特別支援教育の課題　4
2節――特別支援児の障害とその相互関連　5
　1 行動システムとの関連でみた特別支援児の障害　5
　2 障害の相互関連　6
　3 障害代行　7

2章　特別支援児の障害の原因・病理　　8

1節――障害の原因の分類と支援　8
2節――障害要因の種類　9
　1 病因の二分法による整理　9
　2 多因子遺伝　10
　3 病的遺伝子　11
　4 染色体異常　11
　5 代謝異常　12
　6 外因侵襲　12
3節――障害像の形成過程　12

3章　特別支援児の理解　　15

1節――特別支援児の「障害」の診断・理解　15
　1 診断・理解の意味とあり方　15
　2 障害の心理学的な状態把握　17
2節――特別支援児理解の視点　18
　1 障害の基本的心理特性の理解―差異欠陥と発達遅滞―　18
　2 発達と個人差の理解　20
　　（1）発達における質的変化と量的変化―縦の発達と横の発達―　20／（2）個人差―個人間差異と個人内差異―　21
3節――特別支援児理解への心理学的アプローチ　22
　1 実験・観察的方法をとおした理論的アプローチ　22
　2 指導・支援をとおした実践的アプローチ　23

II部　特別支援児の心理特性　　25

4章　受容機能の障害　　26

1節――視覚障害　26
　1 視覚障害の概要　26
　2 視覚障害の原因　27

3 視覚障害の分類　29
　　　4 視覚障害児の心理特性　30
　　　　（1）心理的発達　30／（2）触覚の発達　30／（3）言語発達　31／（4）常同行動　31／（5）弱視児の視知覚・認知　32
　　　5 視覚障害児の支援　34
　　　　（1）乳幼児期の支援　34／（2）盲児の支援　35／（3）弱視児の支援　36／（4）きょうだいへの支援　38／（5）視覚障害児用支援機器　39
2 節　　聴覚障害　40
　　　1 聴覚障害の概要　40
　　　2 聴覚障害の原因と出現率　40
　　　　（1）難聴の原因　40／（2）出現率　40
　　　3 聴覚障害理解の要因　41
　　　　（1）聞こえの程度　41／（2）難聴の種類　41／（3）聴力を失った時期　42
　　　4 聴覚障害児の心理特性と支援　43
　　　　（1）聞こえと補聴器　43／（2）日本語能力　45／（3）認知的能力　46／（4）語彙　47／（5）性格特性　48

5 章　処理機能の障害　50

1 節　　知的障害　50
　　　1 知的障害の概要　50
　　　　（1）知的障害の定義　50／（2）知的障害の分類・類型　51
　　　2 知的障害児の心理特性と支援　52
　　　　（1）知能（認知機能）　52／（2）学習特性　55／（3）記憶特性　59／（4）行動特性と学習支援　61
2 節　　自閉症　63
　　　1 自閉症の概要　63
　　　　（1）自閉症とは　63／（2）診断基準　63
　　　2 自閉症の原因と出現率　64
　　　　（1）原因　64／（2）出現率　65
　　　3 自閉症の分類　65
　　　　（1）カナータイプ自閉症　65／（2）高機能自閉症　65
　　　4 自閉症児の心理特性　66
　　　　（1）障害の三つ組の現われ　66／（2）発達の視点から　67／（3）その他の心理・行動特徴　68
　　　5 自閉症児の支援　69
　　　　（1）TEACCH　69／（2）SST　70／（3）応用行動分析技法　70／（4）感覚統合療法　70
3 節　　学習障害（LD）　71
　　　1 学習障害（LD）の定義　71
　　　　（1）教育的定義　71／（2）医学的定義　71／（3）定義のあいまいさ　73
　　　2 学習障害の原因と出現率　73
　　　　（1）原因　73／（2）出現率　75
　　　3 学習障害の分類　75
　　　4 学習障害の心理特性　76
　　　　（1）読み・書き・算数　76／（2）二次障害　77
　　　5 学習障害の支援　77
　　　　（1）読み・書き・算数　77／（2）二次障害　78
4 節　　注意欠如・多動性障害（ADHD）　79
　　　1 注意欠如・多動性障害（ADHD）の概要　79
　　　　（1）概念　79／（2）定義　79
　　　2 注意欠如・多動性障害の出現率と分類　81
　　　　（1）出現率　81／（2）分類　82
　　　3 注意欠如・多動性障害の原因と関連障害　82
　　　　（1）原因　82／（2）関連障害　83
　　　4 注意欠如・多動性障害児の心理特性　84
　　　5 注意欠如・多動性障害児の支援　85
　　　　（1）環境調整と行動修正・統制　85／（2）薬物療法　86／（3）多角的な治療・介入　87

5節──情緒障害　87
　❶情緒障害の概要　87
　　(1) 情緒障害の概念　87／(2) 選択性緘黙の定義　88／(3) 不登校の定義　89
　❷情緒障害の原因と出現率　90
　　(1) 選択性緘黙の原因と出現率　90／(2) 不登校の原因と在籍率　91
　❸情緒障害の分類と心理特性　93
　　(1) 選択性緘黙の分類と心理特性　93／(2) 不登校の分類と心理特性　94
　❹情緒障害児の支援　95
　　(1) 選択性緘黙児の支援　95／(2) 不登校児の支援　97

6章　表出機能の障害　99

1節──肢体不自由　99
　❶肢体不自由の概要　99
　❷肢体不自由の原因と在籍率　100
　　(1) 原因　100／(2) 在籍率　102
　❸肢体不自由児の心理特性　102
　　(1) 肢体不自由のもたらす心理的影響　102／(2) 脳性まひ児の心理特性　104
　❹肢体不自由児の支援　105
　　(1) 学習面の支援　105／(2) 健康面の支援　106／(3) コミュニケーションの支援　106／(4) 自立と社会参加に向けての支援　107

2節──言語障害　107
　❶言語障害の概要　107
　❷言語障害の分類　108
　❸言語障害の出現率・在籍率　110
　❹言語障害の心理特性　111
　　(1) 構音障害　111／(2) 吃音　113／(3) 言語発達遅滞・言語発達障害　113／(4) その他　114
　❺言語障害児の指導・支援　115
　　(1) 指導・支援の場　115／(2) 指導・支援の枠組み　115／(3) 各障害に対応した指導・支援の内容と方法　117

7章　病弱・身体虚弱，重症心身障害　119

1節──病弱・身体虚弱　119
　❶病弱・身体虚弱の概要　119
　　(1) 慢性疾患の特性　120／(2) 障害としての慢性疾患─健康障害─　122
　❷病弱・身体虚弱の原因と出現率　122
　　(1) 病弱教育機関に在籍する児童生徒数の推移　122／(2) 医療関係の統計からみた病弱児の通常学校在籍状況　123
　❸健康障害の心理特性と病弱児の直面する困難　124
　　(1) 自分の病状を知ることのむずかしさと心理特性　124／(2) 病気に即した生活行動を続けることのむずかしさと思春期　125／(3) 生活行動と健康状態の強い結びつき　126
　❹病弱児の支援　127
　　(1) 病状変化の原因と早期の認識の促進　127／(2) 病気に即した生活行動の維持の促進　128／(3) 媒介過程としての生活行動へのはたらきかけ─教育的支援─　129

2節──重症心身障害　130
　❶重症心身障害の概要　130
　　(1) 超重症心身障害児　131／(2) 動く重症心身障害児　132
　❷重症心身障害の原因と出現率　132
　❸重症心身障害の分類　134
　　(1) 大島の分類　134／(2) 厚生省の分類　135
　❹重症心身障害児の心理特性　136
　　(1) コミュニケーション　136／(2) 行動　138／(3) 発達　140
　❺重症心身障害児の支援　140
　　(1) 医療的な支援　140／(2) 心理的な支援　143

III部　特別支援児の教育支援　147

8章　特別支援教育の概要　148
1節──特別支援教育の基本的視点　148
❶日本の障害者施策　148
（1）障害に対する特別な施策　148／（2）障害者施策の変化─必要に応じた支援へ─　149
❷国連障害者の権利条約　151
（1）権利条約成立の背景と流れ　151／（2）権利条約の教育に関する条項　151
2節──特別支援教育の制度　152
❶調査研究協力者会議と中央教育審議会および学校教育法の改正　152
❷法改正以後　157

9章　特別支援教育の実際　160
1節──特別な支援が必要な子どもの教育課程と授業　160
❶学習上，生活上の困難を改善・克服するための「自立活動」　160
❷学習によって得られた知識を統合化する「領域・教科を合わせた指導」　161
2節──特別支援教育の指導の実際─コミュニケーションを例にして─　163
❶広義のコミュニケーションを基盤とした授業における教師の支援　163
❷状況をつくり，コミュニケーションを促進する教師の支援　164
3節──特別支援教育の授業づくりに求められる教師の資質と専門性　165

IV部　特別支援児の心理とその支援に関するトピックス　169

10章　視知覚機能障害とその支援　170
1節──視知覚の発達とその障害　170
2節──知的障害児における視覚認知活動研究　172
3節──知的障害児への視覚認知活動の支援　175

11章　知能発達の障害とその支援　177
1節──知能と知能検査　177
2節──知能の指標　178
3節──知的障害児者の知能の発達に関する研究　179
4節──知能の発達と生涯発達支援　181

12章　知的障害児の問題解決行動とその支援　185
1節──問題解決とその過程　185
2節──問題解決能力の発達と障害　187
3節──問題解決の支援方法　189
❶問題をわかりやすくする　189
❷プランを発話させる　190
❸ヒントを与える　191

13章　言語の獲得・表出障害とその支援　192
1節──言語発達遅滞の概要　192
❶ことばの鎖からみたランゲージとスピーチ　192
❷言語発達遅滞の原因と状態像　192

目次

　　　3 言語発達遅滞の分類　193
　　　4 特異的言語発達遅滞　194
　　　5 言語発達遅滞事例　194
　2節──言語発達遅滞の診断　195
　　　1 保護者の面接と生育歴調査の重要性　195
　　　2 アセスメントにおける除外診断の重要性　195
　　　3 診断における純粋性　196
　3節──言語障害児の支援　196

14章　学習活動における支援機器利用の現状　198

　1節──「障害者の権利に関する条約」と「合理的配慮」　198
　2節──アシスティブ・テクノロジーとe-AT　199
　3節──アシスティブ・テクノロジーとAAC　202
　4節──情報機器等の障害者アクセシビリティ　203
　　　1 オペレーションシステムの障害者アクセシビリティ　203
　　　2 Webサイトの障害者アクセシビリティ　204
　5節──情報通信機器の発展と普及　205
　6節──障害に応じたe-AT活用と学習支援　206
　　　1 盲児・弱視児　206
　　　2 聾児・難聴児　207
　　　3 病弱・虚弱児　208
　　　4 肢体不自由児　208
　　　5 学習障害児　210
　　　6 自閉症児　211
　　　7 高次脳機能障害　212
　　　8 知的障害児　212

引用文献　214
人名索引　229
事項索引　232

Ⅰ部 特別支援児の概要と理解

1章

特別支援児の概要

1節 特別支援児の教育

1 特殊教育の展開

　特殊教育は，個々の教育的ニーズに応じて教育計画を立案し，実施することが原則である。公教育としての学校教育は，集団的枠組みで教育が計画され，かつ教育の効率化をめざす教育的土壌では特別なニーズを有する子どもたちは疎外されてきた。このような状況にもかかわらず特殊教育の先達たちは特別なニーズを有する子どもたちの教育の場を切り開いてきた。1875（明治8）年頃から京都で始まった聾唖児の教育に端を発し，1878年に京都で盲唖院が，1880年に東京で楽善会訓盲院が，またその後，聾児も受け入れ，訓盲唖院が開校された。知的障害児については，1890年に長野の松本尋常小学校で落第生学級が開設され，1896年に東京で滝乃川学園が創設された。盲および聾児に対しては1923年に「盲学校および聾唖学校令」が制定された。知的障害児，肢体不自由児，病・虚弱児に対しては太平洋戦争後の1947年に制定された学校教育法で，「盲学校，聾学校又は養護学校は，それぞれの盲者，聾者又は精神薄弱（知的障害），身体不自由その他心身に故障のある者に対して教育を行う」と規定されたが，就学猶予・免除の対象として，特に重度の知的障害児は学校教育から除外された。このような経過を経て，盲学校・聾学校の義務制に遅れること半世紀以上の1979（昭和54）年に養護学校の設置義務および就学義務が施行され，特殊教育を行なうすべての特殊学校（現特別支援学校）の義務化が完了した。また義務制実施以降，通学が困難な特別なニーズを有する児童・生徒には家庭等において必要な指導を行なう訪問教育の制度を設けた。2007年度から特殊教育から特別支援教育へ移行し，2018年5月現在では，全国の特別支援学校は1,141校，特別支援学級は63,369学級が設置さ

れている。また特別支援児教育の対象児は小学校・中学校段階で，特別支援学校約7万3千人，特別支援学級約25万7千人，さらに通級児童生徒約12万3千人，以上特別支援教育を受けている児童生徒数は約45万2千人，全児童生徒の4.6%である。

2 特別支援教育への移行

　通常学級などで学習障害（LD）などの困難を有している児童生徒が注目されるようになり，そのための調査研究協力者会議が旧文部省内に設置されたのは1992年であった。その後，LD，注意欠如・多動性障害（ADHD），高機能自閉性，アスペルガー症候群など知的発達の遅れがみられない「発達障害」の存在が明らかになったが，その実態が不明であった。そこで2002年に文部科学省は，「通常の学級に在籍する特別な教育的支援を必要とする児童生徒に関する全国実態調査」を実施した。その結果，該当する児童生徒は6.3％であった。これらの児童生徒は，知的発達に遅れはみられないが，学習面や行動面で著しい困難をもっているとみられる。その後，学校教育法の改正により2007年度から特殊教育から発達障害も含める特別支援教育に移行した。特別支援教育が開始されてから5年が経過し，その実施状況の把握や，インクルーシブ教育を今後構築していくにあたり，前回調査から10年後の2012年度に文部科学省は全国を母集団とした前回とほぼ同様な調査を行なった。その結果，通常学級に在籍するいわゆる「発達障害」の割合は6.5％と前回の調査結果とほとんど同じであった。特別支援教育へ移行後，学習障害，注意欠如・多動性障害，高機能自閉症の支援がさらに必要とされるようになった。このようなことから特別支援教育は，従来の特殊教育のように盲・弱視，聾・難聴，知的障害，肢体不自由などのように障害を分け，障害に応じた指導を行なうのではなく，個々の障害児の教育的ニーズに応じた特別な教育的支援を行なうことにした。このことは障害が多様化し，対象児童生徒数が増加することになった。そのために特別支援学校や特別支援学級に加え，通常学級における「発達障害」児童生徒の支援を充実させる必要が生じてきた。そこで生じる課題として，次のことがあげられた。

①何らかの障害をもちながら通常学級に在籍する6.5％の児童生徒の支援の充実。
②質の高い教育的対応ができる人材の確保と活用。
③教育，福祉，医療などの関係機関による総合的な教育的支援の連携協力体制の確立。
④「個別の教育支援計画」の策定。
⑤「特別支援教育コーディネーター」の配置。
⑥特別支援学校は地域の実情に応じた支援センター的機能と役割を果たすようにする。

3 特別支援教育の進行

特殊教育から特別支援教育へ移行した直後の2007年度から2012年度までの科学研究費補助金研究計画書の研究細目のキーワードは2006年度と異なり，次のように変わった。（A）障害者教育，（B）特別ニーズ教育，（C）障害児保育，（D）特別ニーズ保育，（E）インクルージョン，（F）特別支援学校，（G）特別支援学級，（H）通級による指導，（I）特別な教育的ニーズ，（J）学習困難，（K）知的障害，（L）軽度発達障害，（M）身体障害，（N）精神障害，（O）疾患・病気療養，（P）行動障害，（Q）重度重複障害，（R）育児困難・虐待，（S）学校不適応，（T）教育相談・カウンセリング。特殊教育から特別支援教育への移行が色濃く反映されている。そこには1978年に英国のウォーノック報告で提起された特別な教育的ニーズ（Special Educational Needs）という養護の意味からすれば，理論上，対象の拡大は必然的である。従来の特殊教育や障害児教育の対象に限らず学校不適応，育児の問題や虐待なども対象になる。ところが2013年度からキーワードは，次のように変わった。（1）理念・思想・歴史，（2）制度・政策・行政，（3）心理学的臨床，（4）アセスメント，（5）指導・支援・評価，（6）支援体制・コーディネーター，（7）コンサルテーション・カウンセリング，（8）家族・権利擁護，（9）共生社会・インクルージョン，（10）早期発見・早期教育，（11）通常学級・リソースルーム，（12）特別支援学校，（13）高等教育・キャリア教育，（14）発達障害・情緒障害，（15）知的障害，（16）視覚障害・聴覚障害，（17）肢体不自由・病弱・身体虚弱，（18）学習困難・不適応・非行，（19）ギフテッド・才能。特に注目したいのは（14）以下のキーワードである。これらは，従来の特殊教育の障害種そのものである。たとえば発達障害はかつて情緒障害とみられていた。また学習困難の一部は学習不振とされ，学校不適応などと考えられていた。

4 特別支援教育の課題

障害を有する子どもに対しても心身の発達に応じた教育を行なうことが前提であるが，障害の種類・程度にかかわりなく教育することはできない。障害によっては通常の教育の条件や環境で教育することが困難な場合がある。特別なニーズを有する子どもの教育には，特別な施設，設備，教材・教具やそれに対応できる教員の配置が基本である。特別支援教育という新たな呼称は，従来から行なわれてきた特殊教育に内包された課題を解決するためではなく，従来の特殊教育を核として，その守備範囲が拡大されたに過ぎない。その拡大された範囲に通常の小学校・中学校の通常学級に在籍するとされるLDなどの児童生徒を含めるということである。左記の調査研究協力者会議による「今後の特別支援教育の在り方について」の最終報告（2003年3月28日）

には，「特殊教育の対象にされる視覚障害，聴覚障害，知的障害等の児童生徒に分けて考えることなく，一人ひとりの教育的ニーズに応じて特別の教育的支援を行なうという視点に立ち，教育的対応を考える必要がある」と述べられている。そのために「個別の教育支援計画」の策定が求められる。この策定に当たり関係機関の連携協力が必要であるために，これらの関係機関をコーディネイトするカウンセリングマインドを有する者が求められている。

従来の特殊教育でも関係機関の協力が求められていたが，十分協力が得られなかった。また新たに対象とされるLDなどについては，それらの診断基準や教育的対応に問題はないだろうか。これらの障害の発生機序の解明もままならない現状で，LDなどの用語が一人歩きしないように留意すべきであろう。さらに通常学級に在籍する指導の難しい子どもに対するラベリングだけで終わらないよう留意すべきであろう。加えて高等学校や大学において発達障害が疑われる学生の支援と研究を促進する必要がある。

2節 特別支援児の障害とその相互関連

1 行動システムとの関連でみた特別支援児の障害

特別支援児の障害は多様であるが，生体の行動システムからみると理解が容易になる。行動システムは，生体の機能系とも呼ばれる。行動システムとは，生体の構造が発達とともに整備され，生体が置かれた環境との関連で機能し，行動が発生するシステムをいう。行動システムは，環境からの情報（刺激）を収集（入力）する感覚・受容機能，受容した情報を処理する中枢・処理機能，および処理された情報を表出（出力）する運動・表出機能から構成されている。生理学的には，感覚（求心）系，中枢系，運動（遠心）系に分けられる。感覚系は，外部環境から必要な刺激を，そのモダリティに適合した感覚受容器で受容し，生体信号に変換する。変換された信号は感覚神経路を上行し，上位の脳へ次つぎと受け渡し，モダリティに該当する大脳の感覚野に投射する。感覚には体性感覚，深部感覚，内臓感覚，特殊感覚がある。特殊感覚のうち生体外部からの情報を，距離を介して収集するために遠隔感覚とも呼ばれる視覚や聴覚が通常のコミュニケーションに用いられる感覚モダリティである。これらの感覚モダリティは通常の情報収集に最も高い頻度で用いられるために，感覚・受容機能の障害としては末梢性の視覚障害と聴覚障害に限られる。さて，大脳に到達した生体信号は大脳の感覚野に投射され，その後，連合野で分析・統合（認知・思考・推理な

どの高次精神活動）が行なわれる。これらの活動は，大脳辺縁系などのはたらきによる支持や脳の覚醒系の活動による制御のもとに行なわれる。これらの活動を総称して中枢・処理機能と呼ぶ。この機能の障害として，中枢性の視覚障害（中枢盲など）や聴覚障害（中枢聾など），同じく局所障害である中枢性の言語障害もある。また大脳の局所障害が疑われる学習障害（LD），大脳の局所または全体と皮質下との関係の障害が疑われる自閉症，脳の覚醒系をも含めた脳の機能障害としての注意欠如・多動性障害（ADHD），大脳と皮質下の自律系や情動にかかわる系の障害と考えられている情緒障害などがある。中枢・処理機能で処理された情報の表出は，生理学的には運動系によって行なわれる。運動系は大脳の運動野から発して運動神経路を経て実行される。運動神経路は，錐体路系および錐体外路系から構成され，大脳基底核や小脳などが関与し，直接的には筋や骨などにより実行される。これらの機能を運動・表出機能と呼ぶ。この機能の障害として，肢体不自由や構音に障害を示す言語障害が該当する。肢体不自由に分類される脳性まひ（CP）は，運動神経路の障害が神経路の位置により運動系のみの障害（知的障害を伴わないCP）であったり，知的障害を合併したり（知的障害を伴うCP）であったりする。また筋ジストロフィーは実行をつかさどる筋の障害である。さらに，このような行動のシステムを支える身体の内部障害も特別支援教育の対象である。この障害は胸部，心臓，呼吸器，腎臓などの慢性疾患のために長期療養が必要な病弱・アレルギー性症状を示したり，発育や栄養が不具合であったり，疾病に対する抵抗力が低下し，疾病の徴候が表われやすく生活規制が必要な身体虚弱がある。2003年度より情緒障害のうちの心身症が身体虚弱・病弱に加えられた。なお重症心身障害は処理と表出の両機能の障害とされている。図1-1には行動システムおよびそれを支持するシステム（支持システム）との関連で障害を示した。

2 障害の相互関連

　行動システムと障害との関連でみられる特徴としては，一つに，それを構成する機能系の一つの障害はシステム全体に影響すること，二つに，障害の発生の時期，特に発達初期の障害は生体機能の多面的かつ異質的な障害をもたらすことである。

　したがって，行動システムからみた特別支援児の障害は，それぞれ独立した存在ではないといえる。たとえば，運動・表出機能の障害は，移動などが制限されるために時空間の広がりが制約され，感覚・受容機能における情報収集をも制約される。行動システムでは受容，処理，表出の各機能は内部環境や外部環境を媒介にフィードフォワード（feedforward）としての情報の継時的な流れや，フィードバック（feedback）としての情報の遡及的な流れを有するループが構成されている。そのために一つの障

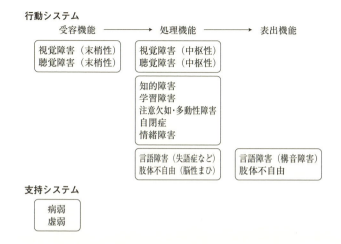

図 1-1　行動システムおよび支持システムと障害

害は行動の発生全体に影響を与える。また障害発生の時期は，このループに著しい影響をもたらすと指摘できる。感覚・受容機能に発達初期から障害がある場合，情報の入力が阻害されるために中枢・処理機能が適切にはたらかなくなり，中枢の発達がさらに阻害されることになる。また，運動・表出機能に発達初期からの障害がある場合でも，フィードバックによる情報が感覚・受容機能や中枢・処理機能へ入力されないために空間認知などの発達が阻害されることになる。このように発達初期の障害は，それがどの機能であっても他の機能の発達に影響を及ぼすために障害像が多面的になる。さらに，障害の原因が特定の機能にあることが明らかな場合でも，それが発達のどの時期に生じたかにより障害像の広がりは異なることになる。

3 障害代行

　行動システムを担う，感覚・受容機能，中枢・処理機能，運動・表出機能のいずれかの系に障害が生じた場合，システム全体に影響を及ぼすために，その影響を最小限に食い止める方法として障害された機能を人工的に代行させ，ループの円滑な活動を図る工夫がなされてきた。これを障害代行という。中枢・処理機能の代行は当面無理としても，感覚・受容機能や運動・表出機能については考案されており，それぞれ感覚代行・運動代行と呼ばれる機器が開発されている。感覚代行としては，オプタコン（optical to tactile converter：optacon），補聴器や人工耳などが，その例である。運動代行としては，電動義手，車いす，人工音声などがその例である。

2章

特別支援児の障害の原因・病理

1節 障害の原因の分類と支援

　特別支援児の障害像について，よく「一人ひとりの障害像は異なり，個々の児童生徒の実態を把握するしかない」といわれる。そのために，個別の実態把握に基づく個別の指導計画が必要であるとされるが，この意見は，あまりにも障害の個別性を誇張しすぎているように思われる。障害の原因を分類し，障害像が形成される過程を整理することによって，障害の類型が整理できるという観点からもとらえてみることは重要ではないだろうか。そうすれば，障害類型に応じた支援の雛型を作成できる。もちろん，個々の対象児への支援では，その雛型に個々の対象児の障害特性に応じたアレンジが必要であろうが，そのようなアレンジをしたうえで，その支援効果を適切に評価する実践研究を積み重ねていくことが大切である。それによって，その障害類型に応じた個別の支援計画の有効性が明らかにできる。これからの特別支援においては，こうした地道な「計画―実施―評価：plan-do-see」のサイクルを継続していくことによって，支援の向上が望める。ここで，重要な点の一つは，実践の効果をしっかりと「評価」することである。客観的な評価がなければ支援の効果を適切に評価できない。もう一つ大切なこととして，障害像を適切に分類評価する実態把握である。障害像を適切に分類するためには，障害の原因・病理に関する基礎知識が必要となる。この章では，特別支援の対象となる障害全般の原因・病理に関する基礎知識を解説する。ただし，個々の障害の原因（病理）は，Ⅱ部特別支援児の心理特性の各章で解説しているため，この章では詳しくふれることはしない。

2節 障害要因の種類

1 病因の二分法による整理

障害の病因のあり方に関して，水谷（1980）は，内因性―外因性，生理型―病理型，先天性―後天性という三つの二分法を図2-1のように整理した。この図を矢印とは反対にたどると，それぞれの二分法がどのような病因をさしているかが理解できる。

①内因性―外因性

内因性は遺伝性ともいわれ，外因性は環境性あるいは獲得性ともいわれる。矢印を逆にたどると，内因性には多因子遺伝・病的遺伝子・染色体異常・代謝異常が病因として含まれる。ところが，染色体異常と代謝異常は外因性へも矢印がつながっている。これは，染色体や代謝の異常が，遺伝性の要因をベースにもちながら，環境性の要因が作用したときに生じることを示している。

②生理型―病理型

生理型から矢印を逆にたどると多因子遺伝に行き着く。水谷は生理型を「平均からの量的な偏り」と見なしたが，近年，多因子遺伝の解明が進められている。このことについては，**2**で述べる。心理的・社会的要因以外の要因は，すべて病理型に含まれることがわかる。

③先天性―後天性

この二分法の区切りは，出生時点にある。その点で，内因性―外因性とは異なる二分法であることがわかる。周生期以降の病因が後天性に含まれる。

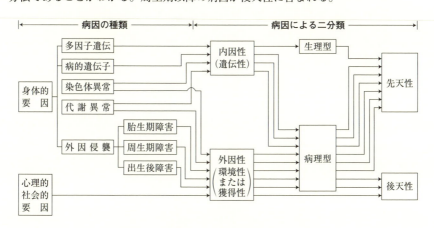

図2-1　病因による二分法（水谷，1980）

2 多因子遺伝

　ヒトの30億のDNA塩基配列をすべて解読する計画があり，「ヒトゲノム計画」と呼ばれた。国際ヒトゲノムシークエンシングコンソーシアムは，ヒトゲノムの高精度配列の最終的な検証と解析を行ない，2004年10月にその成果をNature誌に報告した。こうした遺伝子配列の解明は，長い間，生理型と分類されていた多因子遺伝の機序を明らかにする道を切り開いた。

　杉江ら（2004）は，神経発達障害と遺伝に関する最近の知見をまとめている。その中で，知的障害，コミュニケーション障害，特異的学習障害，注意欠如・多動性障害，自閉症スペクトラムなどの発達障害の多くが，多因子遺伝の疾患と考えられることを指摘している。多因子遺伝疾患では，一つの遺伝子の変化だけでは発病することなく，疾患感受性遺伝子の中で変化した遺伝子の数が多いほど発病の危険が増すと述べている。図2-2は，自閉症スペクトラム，注意欠如・多動性障害（ADHD），特異的学習障害（LD）のうちの読みの障害のゲノムスクリーン候補マーカーの部位を示している。ゲノムスクリーンは，ヒトゲノム計画で完成された染色体の地図に基づ

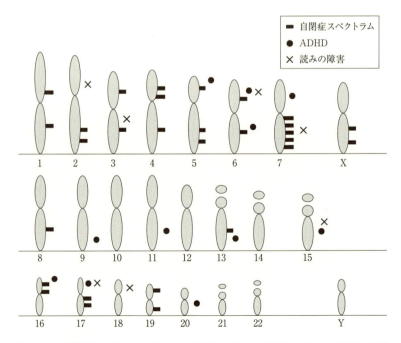

図2-2　発達障害のゲノムスクリーン候補マーカー（杉江ら，2004の凡例を改変）

き，染色体のうちどの辺りに感受性遺伝子がありそうか検討をつける方法をいう。自閉症スペクトラムを例にとると，染色体上に29か所の候補マーカーがある。このうち，3～15個の感受性遺伝子が自閉症スペクトラムの発病にかかわっていると想定されている。それぞれの遺伝子が発病に与える影響の程度に強弱があると予想されている。その中には，自閉症スペクトラムを合併する単一遺伝子疾患と関連する遺伝子があるかもしれない。また，環境因子が発病に直接影響するのか，遺伝子に作用して間接的に発病に作用するのか明らかにされていない。

以上のように，従来「量的偏り」とだけ考えられていた多因子遺伝は，現在，急速な勢いで，感受性遺伝子の絞り込みが進められている。

3 病的遺伝子

細胞が分裂するとき，核には，22組の常染色体と1組の性染色体の合計46本の染色体が形成される。性染色体にはXとYの2種類があり，女性はX染色体が2本，男性はX染色体とY染色体をそれぞれ1本ずつ持っている。染色体は，二重螺旋構造のデオキシリボ核酸（deoxyribonucleic acid：DNA）からできている。1配偶子（卵子や精子）中に存在するDNA塩基配列の総量をゲノムといい，細胞核由来のDNAであるゲノムDNAとミトコンドリア由来のDNAであるミトコンドリアDNAがある。DNAは，化学物質，放射線，ウイルス感染などの種々の要因により変化を受ける。この変化には，遺伝子が全体または部分的に失われる大きな変化（欠失）から，1個のDNA塩基が別の塩基に入れ替わる小さな変化（塩基置換）まである。病的遺伝子は，1種類の遺伝子の異常であり，メンデル遺伝法則に従って遺伝する。これには常染色体優性（家族性アミロイドポリニューロパチーやハンチントン病など），常染色体劣性（フェニールケトン尿症といった多くの先天性代謝異常など），伴性（X染色体連鎖性；デュシャンヌ型筋ジストロフィー症，血友病など）の遺伝形式がある。

4 染色体異常

染色体異常の頻度のうち，新生児期の染色体異常児の頻度は約0.6％であり，周産期死亡児中では約6％，自然流産児中では約50％である。これは染色体異常をもつ個体の多くが，妊娠早期に死亡してしまうためである。染色体異常には，特定の染色体が多かったり少なかったりする数的異常と，染色体が数か所で切断され，別の染色体部位に再結合する構造異常がある。数的異常には，染色体が3本あるトリソミー，逆に1本しかないモノソミーなどがある。生まれてくる染色体異常の中で最も多いものの一つとしては，21番染色体が1本多い21トリソミー（ダウン症）があり，出生

1,000人に1人の割合となっている。ほかにX染色体が1本少ないターナー症候群がある。

5 代謝異常

病的遺伝子に基づく特定の代謝酵素の欠陥による先天的な代謝異常には，アミノ酸代謝（フェニールケトン尿症など），糖質代謝（ガラクトース血症など），それ以外には，脂質や電解質などの代謝異常がある。

先天性代謝異常の胎児は，母体が正常な代謝をしていれば胎盤をとおして母体が代謝するため，代謝の前駆物質の蓄積が生じない。出生後は，乳児自身が代謝を行なわなければならないため，前駆物質が蓄積されてしまう。そこで，出生後できるだけ早期から前駆物質（フェニールケトン尿症ならばフェニールアラニン，ガラクトース血症ならばガラクトース）をほとんど含まない治療食を摂取させることで，前駆物質の蓄積を抑え知的障害を予防することができる。

6 外因侵襲

発達期に環境性の要因にさらされると，さまざまな器官に損傷や奇形が生じる。器官の形成は，早期であればあるほど基盤的な器官が形成されるため，障害は重度で広範となる。

環境性の要因としては，遺伝子異常に対しては，放射線の影響がよく知られている。胎生期には風疹，有機水銀，一酸化炭素，妊娠中毒症，母体外傷，周生期には淋病，重症黄疸，酸素欠乏・過多，出産時外傷，出生後には脳炎・髄膜炎，麻疹，抗生物質，頭部外傷などがあげられる。

これらを種類に分類すれば，感染症・炎症（風疹など），中毒（有機水銀など），栄養・代謝障害（重症黄疸など），物理的障害（外傷など）に分けられる。

3節 障害像の形成過程

障害像の形成過程には，図2-3に示す流れがある。図の中央にある「実態」は，それぞれの職能に応じて異なる時期に特別支援児に出会ったときの子どもの障害像を示している。保健師であれば，たとえば1歳半児や3歳児検診における1歳半，3歳という時期である。保育士や幼稚園教諭であれば，入園時となろう。小学校教諭であれば，6歳ということになる。

2章 特別支援児の障害の原因・病理

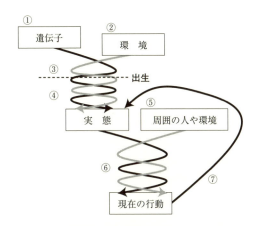

図2-3 障害像の形成過程（Pinel, 2003を改変）

　遺伝による要因（①）は，放射線などの環境要因（②）との相互作用を出生まで行なう（③）。出生後の発達経過（④）においてもこの相互作用は継続され，障害像（実態）を形成する。環境要因（⑤）との相互作用，これには対人的かかわりという重要な社会的要因が新たに加わり，特定の環境において，その子の周囲の人々とのかかわりによって，特定の社会的な（相互的な）活動（⑥）がなされ，その中で現在の行動が生起する。その行動の結果（⑦）は，経験として実態に反映される。
　それぞれの時期に，①—⑦までのすべての複合的な絡み（遺伝に対する「修飾」という言い方もある）によって形成された障害像をみることになる。特別支援の対象となる障害のうち神経発達障害は，発達早期に多くの要因が作用して脳の機能障害を起こし，発達が損なわれた状態である。「実態」は，多くの要因を整理すれば，①—⑦の作用の結果と言い換えられる。しかしながら，個々の対象児では，これらの要因の相互作用が大きいため，一つひとつの症状の原因を特定の要因とだけ結びつけることは困難となる。
　ところで，脳の構造と機能は出生後早期に環境からの入力によって大きく変わることが知られている（津本，1986）。この変化は「臨界期」あるいは「感受性期」と呼ばれ，一定の時期にだけ起こる。それぞれの脳部位には異なった臨界期があると示唆されている。また，最近開発されたヒト脳機能イメージング技術によって，認知や学習などの高次脳機能の発達期可塑性に関しても研究が進められるようになってきた。臨界期に脳機能が変わりやすい原因の一つとして，発達期に過剰に産生されるニューロン，軸索およびシナプスがあり，入力の少ない回路が脱落し，多い回路が強化され

るというシナプス競合プロセスが進行しやすいことがあげられている。そのシナプス競合に関与する物質として神経栄養因子が想定されている。

　このことを障害像の形成に当てはめてみると，出生後の環境との相互作用（図2-3の④や⑥）がきわめて重要であることがわかる。臨界期への相互作用による適切な情報の入力が，神経栄養因子を放出させ，適切な回路を形成することになる。また，臨界期以外にも神経系は可塑性をもっていることがわかってきているため，こうした適切なはたらきかけが障害児の脳内回路の構造的な変化を生じていくことが考えられる。したがって，障害像が形成される過程を整理し，障害の類型を把握し，それに応じた支援の雛型を作成し，その雛型に個別的な障害特性に応じたアレンジを行なった支援をしていくことがきわめて重要であるといえよう。

3章

特別支援児の理解

1節 特別支援児の「障害」の診断・理解

1 診断・理解の意味とあり方

　障害の診断・理解において求められるのは，各種障害の有無や程度の判断と障害の状態把握であるといってよい。言い換えれば，第一に「障害の有無」「どのような種類や程度の障害」であるかを定めること，第二に「どのような状態の障害」であるかを把握することである。この，どのような状態の障害であるかを把握することは，歩を進めて，どのような療育支援なり，教育支援をすればよいのかの支援計画ということとつながるものでなければならない。その際，次のようなことを考慮する必要がある。

　まず，2章で述べたように，特別支援児の心身の障害を引き起こす生物学的・身体的原因，あるいは心理的・環境的原因にはさまざまなものがあることである。障害の一次的原因は前者にあり，障害の種類・タイプが同じであっても，障害の程度や表れ方が後者の二次的原因の影響の結果によるところが大きいと認められる場合もある。これらのことが，特別支援児の障害の種類・タイプや状態の多様性と結びついているといえるのである。

　次には，現在，特別支援学校，小・中学校の特別支援学級，通級指導教室および通常学級等で指導を受けている障害のある特別支援児のうち，障害の軽重にかかわらず，脳の中枢神経系の障害に起因する子どもの割合が多くみられることである。このことに関連して，特別支援学校の子どもを中心に，障害の重度化・重複化，多様化が進行しつつある現状にある。それらのことから，特別支援児の障害の診断・理解のあり方として，第一に多次元的アプローチが大切となる。すなわち，大まかな医学的，

心理学的，教育的および社会的な四つの次元からのアプローチである。それらのうち，医学的アプローチでは，原因診断（診断名）や合併症状などの障害に関連した診断，医療面からの子ども支援上の配慮事項などが求められる。心理学的アプローチは，子どもの行動観察，発達などの心理検査や生活歴・環境調査などに基づく心理・行動面の特性と発達的支援にかかわる診断・理解が重要である。また，教育的アプローチにおいては，子どもの学力，生活，行動・情緒，身体・運動面などについての能力，適正就学，個別の教育支援計画の策定や個別の指導計画の作成等に関する診断・理解が主となろう。さらに，社会的アプローチでは，子どもの日常生活活動（ADL）などの社会生活能力，作業能力，家庭・地域社会に関する診断・理解である。

　第二は，診断・理解の総合性および支援との結合という問題である。一人ひとりの子どもの診断・理解の実際においては，それぞれの専門的立場からの診断・理解が個々ばらばらのままに終わるのではなく，上述の四つのアプローチ結果が総合的に統一されることが望ましい。この意味で，特別支援児の発達や障害全般の理解とその支援についての知識・技能を有する者，たとえば学校における特別支援教育コーディネーターや教育・相談機関の専門家などが，医療，福祉等の関係機関や心理学者との連携協力のもとに子どもを総合的に診断・理解し，個別の指導・支援につなげるように配慮することが必要である。

　第三に，特別支援児の障害の診断・理解過程に注目すると，その対象はあくまで個人としての子どもであり，その子どもに特殊的・個別的にかかわるものでなければならない。したがって，大事なのは特定の個人の特殊具体性である。特殊具体性から出発して，それを一般性の範疇に当てはめ，この一般性を仲立ちにして再び特殊具体性の把握にかえることが，診断・理解過程には求められる。それらの過程のうち，一般性の理解は，特別支援児の各種障害全体，障害の原因や程度などに基づく下位類型，障害の臨床型（たとえば，ダウン症など）といった障害の各層をふまえてなされることが望ましい。

　第四に，診断・理解の本質は，結果を静態としてとらえることではなく，結果が生じる過程や構造特性を，指導・支援による発達的変化を含め動態として把握することである。たとえば，知的障害や学習障害（LD）などの特別支援児の知的機能の診断・理解にあたって，そのねらいを単に知能指数や知能年齢の値を知能検査によって算出すること自体に置くのではなく，発達的観点から，そのような結果が生じる心理的過程と知能構造上の特性を把握するところに重点を置くべきである。

❷ 障害の心理学的な状態把握

　特別支援児の障害の診断・理解は，どのような障害の種類・タイプの子どもであっても，関連する専門分野からの多次元的アプローチに基づき，総合的，多角的になされなければならないことは，先に述べたとおりである。ただし，ひとくくりに特別支援児といっても，障害を引き起こす原因は異なり，症状も多種多様であり，個人差の大きいのが特徴である。したがって，特に障害の状態に関する診断・理解においては，どのような能力面に重点を置くのかがそれぞれの障害によって変わってくる。このことは，本書のⅡ部でふれている特別支援児の各障害の概念（定義）内容と密接に関係している問題である。

　ここでは，多次元的アプローチのうち，心理学的観点からの障害の状態にかかわる診断・理解の概要を述べる。

　視覚や聴覚の受容機能に障害のある特別支援児においては，視覚障害，聴覚障害が子どもの心身の発達に及ぼしてきた影響，視覚，聴覚，触覚による認知機能や活用の程度と状況，運動・動作や移動能力，言語理解能力，コミュニケーションや対人的社会性の状況などについて，心理学的な検査や調査等により把握することである。

　知能・適応行動，言語・コミュニケーション・社会性・行動，特殊な認知・学習過程，注意機能・情緒と行動の制御，情緒の各処理機能に主たる障害をもつ特別支援児には，それぞれ知的障害，自閉性障害（自閉症），LD，注意欠如・多動性障害（ADHD），情緒障害の子どもがいる。これらの子どもは，認知的処理機能の障害の領域や程度・水準が個人個人によって異なるのが特徴である。また，脳の中枢系の障害ということで，それぞれの障害の中核症状のほかに，他の障害の症状を合併する場合も認められ，障害の程度・水準が同じであっても，障害の態様は子どもによりさまざまである。

　それらのことから，処理機能に障害のある特別支援児は，それぞれの障害種により状態把握の心理学的診断の内容・領域と方法が異なってくるといえる。ただ，各障害の定義に関連した内容・領域の状態把握に共通して用いられる手法として，行動観察法，心理学的諸検査法，調査法や事例史研究法があげられる。知的機能（知能）と適応行動に発達の遅れや障害をもつ知的障害児の場合を例にとれば，図3-1に示されているような内容・領域と方法が心理学的な状態把握の中心になろう（梅谷，2002）。

　運動，言語の表出機能に障害のある特別支援児の心理学的診断は，次の内容・方法が柱になるだろう。肢体不自由では，その起因疾患，障害の程度が多様であるため，行動観察や諸検査をとおして，日常生活動作，コミュニケーション能力，視知覚等の発達，認知・知能の発達段階や概念学習上の困難，作業能力，障害受容・自己理解，

I部 特別支援児の概要と理解

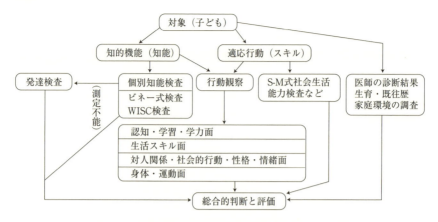

図3-1　知的障害の判断と状態把握の概略（梅谷，2002）

および社会性発達状態などについての個別的な把握である。一方，言語障害の診断では，医療と教育，心理的アプローチとの連携が大切となる。そのため，構音障害，発語の流暢性の障害，話す，聞くなどの基礎的言語機能の発達の遅れや偏りの障害についての状態把握は，三者のアプローチが一体となって行なわれる必要がある。この三者の連携・協力による障害の状態把握の必要性に関しては，病弱・身体虚弱，重症心身障害の場合についても同じことがいえる。

上述したような特別支援児のそれぞれの障害状態把握に基づいて，特別な支援・指導上の配慮事項を明らかにし，あわせて長期・短期の目標と手立てなど，個別の教育支援・指導計画とその実践に活かすようにすることが診断・理解には求められる。

2節　特別支援児理解の視点

1 障害の基本的心理特性の理解―差異欠陥と発達遅滞―

特別支援児の「障害」の基本的心理特性をどのように考え，理解したらよいのかをめぐっては，大別して二つの見方がある。すなわち，差異欠陥説と発達説である。これはもともとは，知的障害児の障害の中核的心理特性の一つである認知の障害を，健常児との対照において，健常児とは質的に異なる（非連続性）とみるか（Luria, 1963），あるいは健常児からの量的な発達の遅れ（連続性）とみるか（Zigler & Balla, 1982）に端を発している問題であるが，認知機能や過程以外の障害を含め，特別支

児全体に対しても当てはまる問題である。

　前者の見方に基づく理解は，同じ生活年齢あるいは知能発達年齢の健常児と比較した場合の特別支援児の認知・行動・社会適応などの困難性が，一つあるいは複数の心的過程の特殊な欠陥によって特徴づけられるものであり，発達的な遅れの状態によって特徴づけられるものではないと考えるものである。他方，後者の理解では，特別支援児は健常児と同じ過程と段階を経て発達するが，発達が遅れ，健常児と同じ最終の水準には達しないと考える。

　これまで，それら両様の基本的心理特性の理解をめぐって，二者択一の論争がされてきているが，実際的には次の二つの要因を考慮した理解が大切であろう。一つは，特別支援児の障害を引き起こした原因との関連で理解することである。特別支援児の中には，脳の中枢神経系になんらかの機能障害ないしは機能不全があるか，あるいはあると推定され，これに起因して，感覚，運動，認知，情緒，行動上などの質的な発達的偏りや歪みの症状が表われる場合，内因・生理的あるいは心理・社会環境的原因による量的な発達の遅れの症状が表われる場合やその他の場合がみられ，特に前の二者の違いに応じて子ども一人ひとりを理解する必要がある。子どもによっては，両者が複雑に絡み合って年齢や生活場面により，障害状態が変化していくので注意しなければならない。

　もう一つは，知的障害児の最近のさまざまな心理学的研究成果に基づいて指摘されているように，種々の訓練・援助による子どもの発達的変化との関連で理解することであろう（梅谷，2004）。このような理解が必要なのは，まず，これまで通説として認知・学習上の質的欠陥と見なされてきたことが，実際は健常児の一連の発達過程の未分化な前段階に相当するものである場合が認められることである。さらには，子どもの実態に応じて，訓練・援助の内容と方法を工夫することにより（たとえば，訓練量や教示の仕方，提示材料の性質など），一定の限界があるものの，外的な訓練・援助を与えることによる短期記憶や言語媒介の機能などの認知・学習困難の改善が認められ，必ずしも固定的な欠陥と理解しないでよい場合も明らかにされつつあるからである。

　以上のことから，特別支援児の心理特性の理解には，障害の症状を引き起こしている背景要因との関連で，子どものタイプによっては健常児とは質的に異なるものとしての「差異の理解」をもとに，「発達的観点からの理解」を加味する配慮が求められるといえよう。このような理解のアプローチは，特別支援児の指導・支援の実践的対応のあり方にもつながることになる。

2 発達と個人差の理解
(1) 発達における質的変化と量的変化―縦の発達と横の発達―

　特別支援児を含め，子どもの発達は，感覚―身体・運動，言語・認知，社会性―などの発達が相互に影響しあって，一定の順序性と方向性をもって行なわれる。また発達には，階段を上がるように急に質的に変化する（縦の発達）時期と，なだらかな坂道を進むように緩やかに量的に変化する（横の発達）時期とがある。前者は発達の節目と呼ばれ，それまでできなかったことが一気にできるようになっていく時期のことである。一方，後者はできることがより確かに，巧みになっていく時期のことである。それら二つの時期の変化と移行の関係を，堅田（1980）は，「子どもの発達は，質としての発達時相を段階的にあるいは非連続的に経過する。しかも，ある発達時相内における量的変化を経ることによって，次の発達時相へ移行することができる。このように，子どもの発達は，質から質へと非連続的に移行し，その移行は同じ質における量の連続的変化を経ることによってはたされる」と述べている。それら相互の関係を模式的に示したのが図3-2である（梅谷，2004）。

　発達障害の子どもの場合に，前の質的段階から後の質的段階への移行，すなわち発達の節目を越えることができるかどうかの縦の発達に着目することは，障害の有無や程度などの判断の重要な目安となる。同時に，心身の発達になんらかの遅れ，偏りや歪みをもつことにより認知・学習上の困難を示す特別支援児，とりわけ障害の重い子どもの理解と発達支援にとって，特定の発達時相内での横のスキルの発達変化に注目することがきわめて大事な視点である。たとえば，発達年齢が2歳以下で，ピアジェ（Piaget, J.）のいう感覚運動的知能段階にとどまり，次の知能段階への移行に限界のある重度知的障害児の場合についてみると次のことがいえる。この子どもが自発的に，あるいは指導・支援によって，視聴などの感覚や身体の全身・部分運動を媒介として環境にはたらきかけていく経験を何度も繰り返す中で，感覚運動水準に根ざした

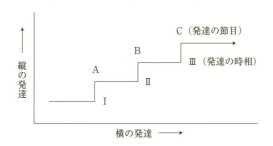

図3-2　子どもの発達の模式図（梅谷，2004）

非言語的知識や概念がしだいに確かなものになり，またその行為にかかわるスキルもいっそう巧みになっていくという，学習による横の発達変化が生じることである。

(2) 個人差―個人間差異と個人内差異―

特別支援児は，2章で述べたように，それぞれの障害により原因や発生機序が異なる。これは，同じ障害種内でもいえることである。したがって，特別支援児と各種障害児は，多岐にわたる症状を有する症候群（syndrome）であるところに一つの特徴がある。このことは，一面，各障害種による障害状態の群間差異と同時に，各群内での個人間差異や個人内差異が大きいことを表わしているともいえるのである。

特別支援児の心理特性の理解と指導・支援において，それらのことをふまえたアプローチをとらないと，誤解あるいは不適切な理解と指導・支援に陥る可能性が生じることになるので注意が必要である。一つの例として，次のような研究結果に関する理解をあげることができる。

しばしば，特別支援児の知能発達や学習過程などの研究結果で，障害母集団内の知能得点や所要試行数などの学習成績の平均値のプロットに基づいた知能発達曲線や学習曲線が示されることがある（図3-3の二者択一の弁別学習曲線の例参照）。このような曲線は，あくまで知能発達や学習過程などの変化に関して，個人差を捨象した平均処理に基づき，抽象的に作り出された曲線であって，特別支援児一人ひとりが示す実際的変化とは必ずしも対応していないのである。個人個人の実際の学習過程にあっては，図3-3のような漸進的変化曲線ではなく，始期のチャンスレベルの正反応率

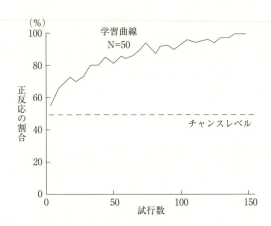

図3-3　知的障害児の平均弁別学習曲線（Zeaman & House, 1963）

I部 特別支援児の概要と理解

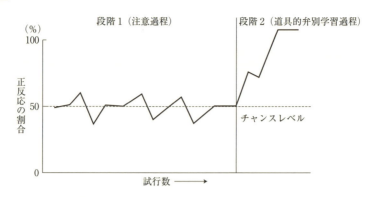

図3-4 弁別学習過程における2つの段階と学習成績の変化(模式図)(梅谷, 2004)

が続く過程と終期の正反応率が急激に増加し学習を達成する過程の, 質的に異なる二つの過程(図3-4)から成っているのである(梅谷, 2004)。主として, 知能・認知発達水準などの違いによる個人差が表われるのは, 前者の学習過程(期間の長さ)であって, 後者のそれではない。

したがって, 平均処理は群の母集団を形成する一般的性質の観念的理解には役立つが, それ以上のものではない。さらに理解を深め, 個別的な発達支援を図るには, 各下位グループあるいは事例ごとの個人間差異をふまえた発達や学習の構造と過程の特性を把握することが肝要なのである。

また, たとえば知能指数の値や知能発達水準が同じであっても, 発達支援(障害)児の示す知能の構造や機能の様相はそれぞれの個人によって異なることが認められる。言語性知能得点と動作性知能得点間の違いなどの個人間差異がそうであり, このことは個人内差異に着目した特性把握が必要になることを意味している。いずれにしても, 個人をもとに一般的特性を介して, 個人間差異の把握, さらには個人内差異の把握へと向かう過程が, 特別支援児を含め子ども一般の心理・行動の理解には求められるといえる。

3節 特別支援児理解への心理学的アプローチ

1 実験・観察的方法をとおした理論的アプローチ

特別支援児の心理・行動をどのように見極め, 理解したらよいかについては, 大別して二つのアプローチが考えられる。一方は, 実験・観察的方法をとおしたもので,

これは主として特別支援児の心理・行動の基礎的・理論的特性の解明と理解をめざしたものである。他方は，指導・支援をとおしたもので，特別支援児に対する指導・支援実践による行動の形成・変容の評価過程の中で，心理・行動特性をも理解するものである。

ただし，そのような分け方は便宜的なもので，前者のアプローチによる理解の上に立って後者のそれがとられる，あるいは後者のアプローチの中で前者のそれがとられるといったように，両者は相互補完的な関係にあるといってよい。また，どちらのアプローチがとられるにせよ，特別支援児の心理・行動特性の状態を正確かつ客観的に理解する，という科学としての信頼性と妥当性を備えたものでなければならないことはいうまでもない。

理論的アプローチは，通常，特別支援児を含む子どもの心理学的理解の方法としてとられるもので，大きく実験・観察的方法としてとらえることができるものである。この方法のおもなものとしては，以下のものなどがある。

①実験法：計画的に条件を定めて，その条件によって起こる行動や行動の変化などを観察，記録する。
②観察法：子どもが一定の場面においてとる態度，言語などの行動を観察する。
③検査法：心理検査（テスト）を用いて，子どもの知能や発達などの心理特性や状態を測定する。
④面接法：子どもやその保護者等と直接対面し，コミュニケーションをとおして，子どもの特性やその問題事項などについて質問する。
⑤質問紙法：子どもの意識や行動など，調査しようとする事項について各自に記入させる。
⑥事例（史）研究法：特定の事例について，その子ども個人の生活歴，生活環境，既往歴，相談歴などを過去にさかのぼって調べ，子どものもつ問題とその形成過程を明らかにする。

特別支援児の心理的特性について十分な理解を得る，さらに個別的な発達支援を図るには，子どもの理解と支援の対象となっている心理的領域がどのようなものであれ，それらの方法のいくつかを複合的，補完的に採用することでの多角的な取り組みが必要である。

2 指導・支援をとおした実践的アプローチ

特別支援児の心理・行動発達の過程や構造についての基礎的・理論的特性を理解す

ることは，子どもの指導・支援計画の作成と実践にとって必要不可欠な前提条件であるといってよい。この基礎的特性の解明というよりも，教育や福祉などの現場での実践をとおして子どもの発達支援を図ることに主眼を置く教員や職員などにあっては，指導・支援実践を仲立ちにしたアセスメント過程の中に上述の理論的アプローチをも盛り込みながら，心理的理解を得るという手立てがとられる。

　子どもの個別の指導・支援の実践においては，次の3段階のアセスメントが大切である。すなわち，特別支援児一人ひとりの発達，学習，社会的適応等に関する指導・支援計画作成の事前の診断的アセスメント，個別の計画に基づく指導・支援中の子どもの反応や達成度などの形成的アセスメント，および指導・支援と子どもの発達的変化との関係に関する指導・支援の事後の総合的アセスメントである（藤田，1988）。これら一連の連続した実践過程のアセスメントと連動した形で，指導・支援による子どもの発達的変化をふまえた心理的理解がなされることになる。

　通常，診断的アセスメントを除いた実践的場面では，実験法や心理検査法のように物的・人的場面や提示材料（教材・教具）の変数の統制は行なわないか，非常に緩やかである場合が多い。したがって，指導・支援の実践的アセスメントのうちの形成的・総合的アセスメントにおいては，主として指導・支援による子どもの個人内変化に注目することが必要であるといえる。この際，子どもの反応や達成度についての資料の収集と分析の手法としては，指導・支援の経過で観察されるエピソードを客観的に記録・分析する記述法，指導・支援の過程や結果を数値で記録・分析する数量化法などがある（藤田，1996；藤田・富永・井上，1994）。あるいは，それら両者を併用する方法も有効である。

　この種のアプローチに基づく心理学的理解においては，指導・支援による子ども一人ひとりの質的・量的形成過程の観点から，縦断的・発達的にとらえていくことが望ましい。

II部
特別支援児の心理特性

4章

受容機能の障害

1節 視覚障害

1 視覚障害の概要

　視覚障害は，視覚器の健康状態の変化（病気，変調，傷害など）に伴う，①眼鏡などの光学的矯正によっても回復不可能で永続的な視機能（視力，視野，色覚，光覚，眼球運動，調節，両眼視など）の障害，②歩行やコミュニケーション，身辺処理などの活動制限，③社会生活における参加の制約，のある状態の総称である。なお，これらの状態は背景因子（環境因子と個人因子）と相互作用し，その水準と程度は変化しうると考えられている（WHO，2001）。

　教育的な観点からは，学校教育法施行令第22条の3の表に，視覚障害者の障害の程度として「両眼の矯正視力がおおむね0.3未満のもの又は視力以外の視機能障害が高度のもののうち，拡大鏡等の使用によっても通常の文字，図形等の視覚による認識が不可能又は著しく困難な程度のもの」との規定がある。このような障害の程度を対象として，特別支援学校（視覚障害）が設置されている。平成25年10月4日付け25文科初第756号初等中等教育長通知に，弱視特別支援学級の指導の対象は「拡大鏡等の使用によっても通常の文字，図形等の視覚による認識が困難な程度のもの」，通級による指導（弱視）の対象は「拡大鏡等の使用によっても通常の文字，図形等の視覚による認識が困難な程度の者で，通常の学級での学習におおむね参加でき，一部特別な指導を必要とするもの」との規定がある。すなわち，教育上の視覚障害は，視力や視野，光覚などの視機能に高度な障害があることによって，黒板や教科書の通常の文字や図形などを認識することが困難であり，特別な教育的な配慮が必要な状態と考えられる。なお，軽度の視覚障害では通常の学級における指導も想定される。教科等の学

習を通常の学級において指導する場合には適切な配慮が必要であり，個々の障害の状態や各学校等の実情を踏まえて工夫をしていくことが重要である。上記のとおり，視覚障害のある子どもの就学先はいくつか考えられるが，その決定においては，障害の状態，本人の教育的ニーズ，本人・保護者の意見，教育学，医学，心理学等専門的見地からの意見，学校や地域の状況等を踏まえた総合的な観点から行なわれるべきである。

2 視覚障害の原因

　視覚器は，眼球，視路，視覚中枢および，眼窩や眼筋，眼瞼，涙器，結膜などの附属器からなる。このうち眼球は重さが7gで，前後径が24mm，容積が6.5cc，比重が1.08である。眼球は，線維膜（角膜，強膜），血管膜（虹彩，毛様体，脈絡膜），神経膜（網膜）の3層の膜でまわりを囲まれており，その中に房水，水晶体，硝子体が入っている。網膜と視覚中枢を結ぶ神経線維束を視路という。視路は視神経，視交叉，視索，外側膝状体，視放線から構成されている。視覚中枢は，後頭葉の大脳皮質にある。左眼の眼球水平断面図を図4-1に，ヒトの視覚経路の模式図を図4-2に示した。

　外界の光は，虹彩によって光量を調節されるとともに，角膜・房水・水晶体・硝子体などの透光体で屈折し，網膜上に像を結ぶ。網膜では，視細胞が光を吸収し，興奮を生ずる。その興奮が視神経に伝わり，視交叉，外側膝状体，視放線を通って視覚中枢に伝達される。さらに上位中枢による処理を経て，視覚が生ずる（柿澤，2007）。

　これらの視覚器のいずれか，あるいは複数における健康状態の変化が視覚障害の原因となる。視覚障害の原因は，社会的環境の変化や治療医学の進歩，衛生思想の普及

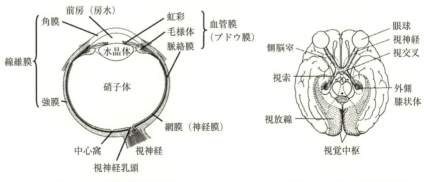

図4-1　左眼水平断面図　　　　図4-2　ヒトの視覚経路

表 4-1　視覚障害原因疾患（上位 5 疾患）（柿澤, 2012）

特別支援学校（視覚障害）小・中学部 (1,150人中)			小・中学校弱視特別支援学級 (298人中)		
①未熟児網膜症	371人	32.3%	①未熟児網膜症	64人	21.5%
②小眼球・虹彩欠損	145人	12.6%	②医学的弱視	26人	8.7%
③視神経萎縮	121人	10.5%	③小眼球・虹彩欠損	25人	8.4%
④硝子体疾患	64人	5.6%	④白内障（含む摘出後）	19人	6.4%
⑤視中枢障害	55人	4.8%	⑤視神経萎縮	18人	6.0%
			網膜色素変性症	18人	6.0%

によって著しい変化が認められている。特別支援学校（視覚障害）に在籍する児童・生徒の視覚障害原因についてみてみると，感染症や栄養障害などによる視覚障害の発生は少なく，先天素因や原因不明，外傷，全身病（糖尿病など）が多い。学齢児の視覚障害原因では先天素因が最も多く，約5割を占める（柿澤, 2012）。

表4-1は，2010年度における全国特別支援学校（視覚障害）小・中学部および小・中学校弱視特別支援学級児童生徒の視覚障害原因上位5疾患である。未熟児網膜症，小眼球・虹彩欠損，視神経萎縮の割合が高い。特別支援学校（視覚障害）高等部・専攻科生徒の視覚障害原因上位5疾患は，網膜色素変性，視神経萎縮，未熟児網膜症，糖尿病網膜症，緑内障である。

18歳未満における視覚障害の状況について，2012年の厚生労働省の実態調査によると，全国に4,900人程度の視覚障害児の存在が推計されている（厚生労働省, 2013）。この値は，人口1万人当たり約2人に相当する。2012年度の特別支援学校（視覚障害）在籍者数は3,456人であり，そのうち，幼稚部が222人，小学部が672人，中学部が519人，高等部が2,043人（本科普通科663人，残りは職業課程等）である。特別支援学校（視覚障害）の在籍者数は1959年度の10,264人をピークとして，減少傾向にある。一方，重複障害を有する者が特別支援学校（視覚障害）には多数在籍し，2010年7月には小学部において，約6割（60.7％）が重複障害児童であった（柿澤, 2012）。2012年度の弱視特別支援学級の在籍者は417人であり，小学校が322人，中学校が95人である。また，通級による指導（弱視）は161人（小学校が141人，中学校が20人）である（文部科学省, 2013）。2005年に文部科学省が小・中学校の通常の学級に在籍する弱視児童生徒を調査した結果，その数は1,739人（小学校が1,255人，中学校が484人）であった（池尻, 2005）。学生支援機構による2012年度の調査（学生支援機構, 2013）の結果，大学等の高等教育機関に在学している視覚障害学生は694人（盲148

人，弱視546人）であり，視覚障害学生を受入れている高等教育機関は217校であった。国公私立大学のおよそ5～6校に1校の割合で視覚障害学生が在籍していることになる。

3 視覚障害の分類

　視覚障害は，盲と弱視に分類される。教育的観点からは，教育活動を行なう際の学習手段に基づいて，盲と弱視を分類することが多い。

①盲：点字を常用し，主として触覚や聴覚などの視覚以外の感覚を用いて学習する必要のある状態。
②弱視：普通文字を用いた学習が可能であるが，文字の拡大や拡大鏡の使用等の特別な配慮のもとに学習する必要のある状態。

　視力と使用文字の関係を調べると，視力0.01未満では点字使用者の割合が多く，0.01以上では普通文字使用者の割合が多い（柿澤，2012）。教育活動で使用する文字を決める際には，このような視力のほかに視野の状態や将来の視力の見通し，機器による視覚補償の可能性，学習効率，本人の意欲など，さまざまな要因が考慮されている。

　2012年度の特別支援学校（視覚障害）において，点字教科書使用者は，小学部で297人，中学部で236人，高等部本科普通科で221人であった。また，活字教科書使用者は，小学部で339人，中学部で274人，高等部本科普通科で413人であった（全国盲学校長会，2012）。特別支援学校（視覚障害）には点字教科書を用いる盲児童生徒とともに，視覚を用いて教科書を活用する弱視が多数在籍している。

　心理学的な観点からは，盲と弱視の分類に加えて，視覚的経験の記憶である視覚表象の有無によって盲が二つに分けられる。視覚表象の有無と失明時期の関係には個人差があり一様にはいえないが，3～5歳以前の失明では視覚表象が残っていないとされている。視覚表象を有する場合，視覚以外の感覚に基づく対象物の知覚像を視覚像に変換し，視覚的・空間的な存在として理解することができる。また，失明以前の経験を総合したり組み合わせたりして，視覚像を創り上げることも可能である。一方，失明前の視覚経験やその記憶が，失明後の視覚以外の感覚に基づく認識・理解を阻害し，環境適応が進まなかったり，歩行時に恐怖心が生じたり，点字の利用が進まなかったりする場合がある。視覚表象がない場合には，視覚以外の感覚に基づく外界の認知が行なわれ，概念や行動・動作，思考，情緒的反応などが形成される（佐藤，1988）。

4 視覚障害児の心理特性

(1) 心理的発達

　先天的な盲児も，正常な発育・発達を示す例は多い。視覚情報の欠如自体は，発達の阻害要因に必ずしもならないのである（五十嵐，1993）。しかし，視覚情報の不足や欠如は人間の行動を制限し，発達過程に変化をもたらす可能性を否定することはできない。特に，発達初期の視覚障害の存在は，その後の発達に必要な愛着行動や定位行動，接近・接触行動，移動行動などの形成に影響しやすい。その結果，身体発育・発達や知的発達，社会性の発達等が2次的に阻害される可能性がある。また，視覚障害児は視覚的模倣がむずかしく，模倣を通して獲得することの多い日常的な動作や技術は，一つひとつ教えなければ身につかないことが多い。

　最も重要なのは，視覚障害児の発達の状態を理解し，視覚障害児を取り巻く環境を整え，適切な時期に適切な学習場面を設定することである。その結果，視覚障害児の潜在能力は顕在化し，順調な発達が導かれる（香川，2013）。

　一方，視覚障害に脳損傷等が合併する場合には，重複障害が認められる場合が多く，発達の多くの側面に影響が出てくる（Fielder et al., 1993）。

(2) 触覚の発達

　就学前の視覚障害児は，触覚とその弁別能力，さらに，触覚を用いた探索走査のスキルが，視覚に障害のない子どもよりも低い発達段階にある可能性がある。他の感覚と同様，触覚の発達においても視覚を基礎とした環境へのアプローチや探索・認知行動がその発達を促進するからである。

　触覚を視覚と比較すると，以下のような特徴をもつ（佐藤，1988）。

①情報の把握範囲が狭い。
②情報収集が継次的である。
③情報収集に時間がかかる。
④大きすぎるもの（山や海，建物など）や小さすぎるもの（ありなどの昆虫など），複雑すぎるものの把握がむずかしい。
⑤直接触れないもの（壊れやすいもの，動くもの，光，触ると危険なもの）は把握できない。

　このような特徴があるがゆえに触覚は，視覚や聴覚と違って，積極的・能動的に，巧みに手指を動かすことが情報収集に不可欠である。そこで，視覚障害児には自ら手を伸ばし触る行動を形成する必要がある。生後早期から触る機会を増やし，触る楽し

さを実感させることが大切となる。それは、視覚障害児の世界を広げることに役立つ。さらに、自分を取り巻く世界へはたらきかける動因が形成され、積極的に触覚を用いて探索・認知する行動の形成につながってくる。

視覚障害児、特に盲児にとって、点字や図形認識に触覚のスキルが必要となる。点字触読においては、上下動の少ない、触圧の軽い、左から右への滑らかな触運動の獲得が上手に読む条件となる。図形認知においても、指先で図形をたどり、その軌跡を頭の中で再構築するために、触運動が重要な役割を果たす。手・指を動かしながら触る触運動感覚（ハプティック知覚）（大内、2001）は、単純な触知覚と比較して4倍程度鋭敏（指先の触覚2点弁別閾は2mm強、ハプティック知覚は0.5～0.6mm）であることが指摘されている。3歳程度で線上を指でたどれることから、遊びの中に触知覚やハプティック知覚の要素を取り入れ、発達を促す必要がある。

(3) 言語発達

視覚障害児の言語能力は、視覚に障害のない子どもと比較して、同程度かそれ以上に発達していると誤解しがちである。しかし、視覚障害児の言語は、視覚に障害のない子どもより自己中心的で、単語の意味が制限されていることが多い。視覚障害児は視覚による確認が困難であること、さらに、視覚障害児の両親が子どもに話しかける際に、身振りなどの非言語的情報や物事の詳細、視覚的情報を含んだ言い回しをとることがあまりないことがその原因として考えられる（柿澤、1999）。

視覚障害児は、バーバリズム（verbalism）と呼ばれる、実態を伴わない音声だけの言語を多発する傾向が強いとされている（佐藤、1988）。これも、実体験のないままに、多くの言葉が耳に飛び込んでくる結果である。視覚障害児は、実世界と言語とを結びつける手がかりが不足している状態で、言語を発達させている。不足した手がかりを補うことによって、これらの傾向は、改善しうると考えるべきである。

(4) 常同行動

健常児は、しばしば、指しゃぶりや揺さぶり、頭をぶつける、手をパタパタ動かすなどの紋切り型の行動を示すが、これらは一過性の傾向にある。視覚障害児は、これらの常同行動とともに、目押し、光凝視、光のほうを見ながら眼前で手指をぶらぶら動かすなど、ブラインディズム（blindism）と呼ばれる独特の行動を示すことがある（佐藤、1988）。

人間の視覚中枢の完全な発達には、豊富な、バランスの良い、適切な環境刺激が欠かせない。視覚系の感覚遮断がある場合、神経学的な組織の成熟を確保するために、

脳が"自己刺激"する行動が、視覚障害児に認められるいくつかの常同行動（目押し、光凝視など）の原因であると考えられている。また一方、視覚障害児が受容する外界からの刺激の不足を表わしている場合もある。子どもの興味を引く活動を用意することによって、このような常同行動は止まることが多い。さらに、刺激過多が常同行動の原因の場合もある。周囲の環境が視覚的に複雑すぎて手に負えない場合に反復行動の中に引きこもる場合があり、これは特に、中枢性視覚障害の子どもに多く認められる（Fielder et al., 1993）。

なお、視覚障害児の常同行動の原因を、すべて視覚障害に帰すべきではなく、知的障害や情緒的な問題、発達障害、言語障害の存在などの確認が必要である。

(5) 弱視児の視知覚・認知

視覚は認知発達の基礎となる。外界に興味・関心を向けるうえで、視覚が果たす役割は大きい。弱視児が視覚を通して外界の魅力に気づき、外界へはたらきかけ始めるために、「見る力」の育成が不可欠となる。

弱視児の見えにくさにはいろいろな側面がある。香川（2010）はこれらを、①ピンボケ状態、②混濁状態、③暗幕不良状態、④照明不良状態、⑤振とう状態、⑥視野の制限状態に分類している。これらの状態では細部の違いが見えないために、木の葉はどれも同じに見えたり、漢字を正しく書き写したりすることがむずかしくなる。遠くのものがよく見えず、街を歩いていても風景の把握がむずかしい。小さい虫は動きが速く、姿が見えない。大きな建造物を見ても、全体像が把握できず、部分の把握にとどまる傾向がある。加えて、眼を近づけたり、レンズなどで拡大したりして見た場合には、対象を分割して見ることになり、まとまりとしての理解がむずかしくなる（佐藤、1988）。

加えて、環境の状態によって見え方に変化が起こる場合もある。たとえば、昼間明るい場所では特に困難が無くても、夕方や夜、暗くなると、見えにくさが増して読みや歩行がむずかしくなり、支援が必要になることがある。逆に、薄暗い部屋の中では支障なく本が読めても、明るい屋外ではまぶしすぎて物が見えないこともある。弱視児一人ひとりについて、その見にくさの状態を随時確認することが大切である。

香川（2010）は、弱視児の視覚認知能力について、①見えても見えずの段階、②見る能力相応に見える段階、③見えないものまで見ることができる段階の3段階をあげている。見えても見えずの段階とは、「見ること」そのものへの意欲が十分に育っていない状況である。見る能力相応に見える段階は、もっている視覚機能を十分発揮して見ている状態である。見えないものまで見ることができる段階は、たとえ明確に見

えなくても今までの経験に基づいて予測しながら見る状態である。「見ることが嫌」にならず「見ることが楽しい」と感じ,「積極的に見よう」とする意欲と,それを支える基本的な視覚活用の技能を,弱視児は育てる必要がある。それは「見る力」そのものの発達に結びつくとともに,知的発達や言語発達,身体発達等にも良い影響をもたらすことになる。

ところで,生後ある時期まで,子ねこに縦縞だけを見せて育てると,成長しても横縞の刺激を認識できないという実験結果がある(Blackmore & Cooper, 1970)。横縞の刺激を生後受けなかったがゆえに,横縞に反応できない脳ができ上がったのである。生後の環境からの情報によって,脳の神経細胞同士を結ぶシナプスの結びつき方や情報の伝達の効率が変化し,特定の情報を処理する神経の回路が形成される。特に乳児期には,ある機能を担う脳の回路が集中的に作られる時期があり,敏感期(sensitive period)と呼ばれている。先天的な弱視の場合,視覚中枢の正常な発達に必要な情報が敏感期に不足している可能性がある。その場合には,斜視や屈折異常などが原因で生じる医学的弱視(amblyopia)(Bangerter, 1955)と同様な状態になることが考えられる。

また,生まれながらにして,あるいは乳幼児期に白内障や角膜混濁などによって眼が見えなくなり,後に手術で見えるようになった人(開眼者)を対象とした研究がある(鳥居・望月,2000)。手術直後は,これらの人々の視知覚は明暗の弁別以外になにもできない状態の場合が多い。その後,各種の学習を積むことによって,徐々に視知覚が形成されることになる。この形成過程は,弱視児の視知覚・認知の特徴の理解とともに,視覚に障害のない場合の視知覚形成過程を知る有力な手がかりになる。

開眼手術を行なう場合,少なくとも明暗の弁別が可能であることが手術前の条件となる。これは,網膜から視神経,視覚中枢に至る器官とその機能に障害が無いことを意味する。開眼手術後の視知覚の変化には,まず,明暗弁別の向上がある。よりこまかな明暗の差も,弁別が可能となるのである。さらに,色彩の弁別が可能となってくる。識別できる色彩は,赤や緑,青などの原色から始まり,その数が次第に増加するとともに,中間色の弁別が可能となる。

開眼手術後,初期の段階では,簡単な平面図形でも図領域の抽出が困難である。練習を積むにつれて,図と地の分化が可能となり,図領域を探し出すことが可能となる。次いで,図の大きさの弁別が可能になるという。その弁別の方法は,図形に対して顔を左右水平方向に動かしたり,図形自体を眼前で左右方向に動かすことによる。この水平方向への走査は,図形の大きさばかりでなく,図形の広がりの認識や形の弁別にも,当初用いられる。その後,図形の輪郭や縁に対する注視行動や,それらに対

する走査が可能となるとともに，より高度で効率的な形態視が可能になると報告されている。

5 視覚障害児の支援
（1）乳幼児期の支援

　生後早期に外界から提供される情報のうち，保護者からの働きかけが占める割合は大きい。家庭生活における喜びの共有ややりとりが，子どもの心理的発達を促進する。こうした保護者から乳児への働きかけの量や質は，保護者の情緒的な状態によって大きく変化する。子どもが障害をもっていることを発見し，医師による検査や診断，早期治療といった過程をたどっていく際，保護者にはショックや悲しみ，不安，疲労そして憂鬱が生じることが多い。

　子どもの反応パターンによっては，保護者のストレスがさらに増大することもある。たとえば，重度の視覚障害乳児は，保護者にまなざしを向けず，話しかけても無表情であり，急に抱き上げると驚き，泣き出す。こうした子どもの行動は，保護者に心理的・情緒的な疲労をもたらす。その結果，子どもの障害に向かい合う保護者の意欲は減退し，乳児にとって非常に重要な，保護者と子どもの間の相互交流の質が低下してしまう場合がある。

　乳幼児に視覚障害がある場合には，心理的・情緒的サポートや発達相談を保護者に提供することが最優先事項となる。悩み苦しむ保護者をサポートし，子どもを持った喜びや保護者としての自信を回復する手助けが必要である。たとえば，子どもに話しかけても，子どもの顔に表情の変化がないのは，興味がないのではなく，そういう方法で聞いていることを理解させる必要がある。話しかける際に，子どもの手を保護者の顔に当てると，子どもの顔が生き生きと変化するのを見せる必要がある。こうした介入が，視覚に障害をもつ乳児とその保護者の成長に大きな手助けとなる。

　幼児期には，上記の支援に加えて，視覚障害児が利用できる触覚的な情報や見やすい情報，聴覚的情報が整った環境における小集団による発達支援が提供されることが望ましい。通常の幼稚園や保育所で提供される食事や排泄，衣服の着脱などの基本的な生活習慣の指導や友だちや先生との交流などの内容に加えて，教育相談や発達相談などの相談業務も備えている特別支援学校（視覚障害）の幼稚部利用や，特別支援学校（視覚障害）幼稚部と連携している地域の幼稚園・保育園の利用が望まれる。特に，指導者と保護者の相互理解と信頼関係，子どもの変化をともに喜び合う共感関係を築いていくことが，子どもの成長を促す要因となる（猪平，2010）。

(2) 盲児の支援

①点字

　視覚を活用できない場合，コミュニケーションや思考を深める手段として，点字が活用される。特別支援学校（視覚障害）では，前述のとおり，活字教科書とともに点字教科書が利用されている。図4-3は日本点字の50音である。このような日本語のほか，外国語，数学記号，理科記号，楽譜なども点字による表記がある。

　点字は，点字盤と点筆を用いて書かれるが，点字盤による書きの場合，読みとは点字の向きが左右逆転するため入門期には負担が大きい。パーキンスブレイラーなど，凸面に打ち出せる点字タイプライターの場合，書いた文字をそのまま触って確認できるため，特に，入門期に活用されている（香川，2010）。

　なお，近年の情報処理技術の開発・発展によってコンピュータを用いた点字の管理が可能となっている。また，コンピュータを介して，新聞などの漢字かな混じり文を自動的に点字に置き換え，点字プリンタや音声で出力したり，点字で打たれた文章をスキャナで読み取り，漢字かな混じり文に直したりすることが容易に行なえるようになっている（視覚障害リハビリテーション協会，2003）。しかしながら，点字はかな表記を基本とするため，意味をとらえやすいように「分かち書き」を行なう必要がある。こうした「分かち書き」を含めて，正確な点字表記には熟達者による校正が不可

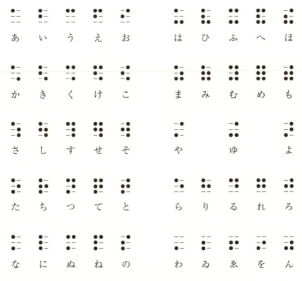

図4-3　日本点字表記50音（凸面）（日本点字委員会，2001）

欠である（鳥山, 2003）。

②歩行

　盲人の歩行といえば，白杖歩行が一般的である。このほか，晴眼者による手引き歩行，盲導犬歩行，電子機器を利用した歩行などがある。自立性や簡便性，経済性などの観点から，最も多く利用されているのは白杖歩行である（佐藤，1991）。

　白杖には，①身体を防御する機能，②先端で道路等の状況を探索する機能，③携行者に視覚障害があることを示す機能という三つの機能がある。これらの機能を十分活用するためには，白杖操作技能の習得とともに，空間概念の発達や理解（山本，1993），環境認知のための保有感覚の活用，歩行地図の構成と利用などの能力が必要となる。これらの能力の獲得に際し，レーズライタやサーモフォーム，立体コピー，立体地図や模型などが利用されている（全国盲学校長会，2000）。

③日常生活動作

　整容動作やトイレの利用，入浴，布団の上げ下ろし，身だしなみ，食事・喫茶，身の回りのものの管理，履物の整理と管理，金銭管理，電話，書字，家庭管理，裁縫，買い物など，普段何気ない動作も，視覚を利用している場合が多い。盲児は，これらの動作の獲得において，視覚を介して他者の動作を模倣することができないため，繰り返しの指導が必要となる。その際，具体的な言葉の使用や聴覚の利用，触覚を介した直接体験が必要である。

　なお，日常生活に役立つ各種の道具や用具が販売され，活用されている（便利グッズサロン，2002）。

(3) 弱視児の支援

①読み書き

　文字の読み書きは，国語としての学習だけでなく，その他の教科の学習においても基礎となる。ひらがな，カタカナ，漢字，数字などは読み書きの基本であるが，弱視では正確に覚えるのがむずかしい場合がある。一文字一文字は読めても，文章を読むには時間がかかる。また，鉛筆を持ち，思うところへ書くことも困難な場合がある。さらに，漢字の筆順の理解は，見て覚えることがむずかしいため，困難なことが多い。このほか，板書の書写，地図や辞書の利用，作図，理科の実験，実技教科や体育，スポーツ大会，修学旅行，定期試験など，弱視児のもつニーズは多い（香川，2010）。

　これらのニーズへの支援として，①拡大教科書，拡大教材や弱視レンズ，拡大読書器などを用いた網膜像の拡大，②地図や図表の単純化やノイズの除去，③図と地のコ

ントラストの増強や白黒反転，④色彩の強調や除去，⑤照明の工夫，⑥カメラやビデオカメラ，携帯端末の利用，⑦時間の延長や代替手段の工夫（体育・定期試験など）が行なわれ，見やすい環境の整備とともに周囲の理解と配慮によって不可能であったものが可能となることも多い。なお，その際，学習の効率や疲労度，見る意欲を引き出す工夫などについても考慮が必要である（香川，2010）。

ところで，前述の弱視の見えにくさ（香川，2010）のうち，①ピンボケ状態や⑥中心暗点状態では文字や図形の拡大を好む場合が多い。一方，⑦視野狭窄状態では，視覚対象をむしろ小さくする対応を好む。②混濁状態や③暗幕不良状態では，背景を黒くして文字や図形を白抜きとする工夫が効果的である。

②弱視補助具

弱視補助具は，弱視者の見えを強化し，補うための光学レンズや非光学的機器である。多くの補助具は，視対象の像の拡大や対象自体の拡大，明るさの調節，コントラストの強調，視対象や課題の強調・最適化を意図したものである（香川，2010）。

代表的な弱視補助具に，弱視レンズがある。弱視レンズは，小さいものを拡大して見せる光学的レンズの総称である。弱視レンズには，遠くのものを見るための遠用弱視レンズと読書や文字を書く際に用いる近用弱視レンズがある。いずれにおいても，以下の点に留意して機種を選定する必要がある（稲本ら，1995）。

①見え方との関連で，対象を認知するのに十分な倍率のあること。
②レンズを通した視界が広く，明るいこと。
③像の歪みが少ないこと。
④長時間使用しても疲れづらい大きさ，形，重さであること。
⑤ピント操作が簡便にできること。
⑥壊れにくいこと。
⑦携帯性の高いこと。

このほかの弱視補助具には，拡大読書器や遮光眼鏡，拡大コピー器，カメラ・ビデオカメラ，コンピュータなどがある。なお，弱視児の中には，こうした補助具を人前で使いたがらない場合がある。弱視児本人に弱視補助具使用の利点を理解させるとともに，広く人々の理解を促す啓発活動が必要である。

③歩行

一人で外出する際など，信号機が見づらい，ATMや切符販売機の表示が見づらい，行き先表示や料金表示，トイレの表示が見づらい，階段や段差につまずく，歩行者や看板，駐車中の車にぶつかる，人ごみで友人を見失う，すれ違っても挨拶ができ

ない，待ち合わせがむずかしいなどの困難がある（共用品推進機構，2001）。

遠用弱視レンズやビデオカメラの利用など，弱視児童生徒自身による工夫や対応と同時に，文字の拡大や表示位置・色・コントラストの工夫，音声表示の併用など環境の整備が困難を低減する場合も多い。

見えにくさ（香川，2010）との関連では，①ピンボケ状態や⑥中心暗点状態の場合，文字や図形の認識に大きな困難をもつ一方，歩行時の困難は少なく，歩行時には特別な支援を必要としないことも多い。一方，⑦視野狭窄状態では，歩行に大きな困難をもつことが多く，支援が役立つ。特に，夕方から夜間，周囲が暗くなると，昼間は見えていた中心部も見えにくくなることに留意が必要である。②混濁状態や③暗幕不良状態では，まぶしさを伴うことから，屋外歩行時にはサングラス等遮光眼鏡の着用が好まれる。

④日常生活

買い物時には，商品の詳細や値札がわかりづらい，店員が誰なのかわからない，お金の識別がむずかしい，レジの金額が見づらい，支払いに時間がかかる，釣銭の確認がむずかしいなどの困難がある。また，料理場面においては，調味料の区別がつかない，分量を正確に計れない，火が通ったかや煮立っているかが見てわからないなど，また，化粧や洋服が似合うかどうかなどの確認がむずかしいなども，報告されている（共用品推進機構，2001）。

これらについても，授業等を活用して，広く経験を積むとともに，具体的な解決方法について，一つひとつ指導が行なわれている。また，困難を低減する各種の用具・道具が開発されている（便利グッズサロン，2002）。

(4) きょうだいへの支援

家族の中に視覚障害児が存在することが，きょうだいに影響を及ぼすことを否定することはできない。障害のある人々に対する社会の態度ばかりではなく，親の態度もまた，きょうだいの態度に影響を与える。障害児と一緒に生活することが必ずしも障害を十分に理解することにつながるとはかぎらず，視覚障害児のきょうだいの約26％に行動上の問題が生じていることが報告されている（Fielder et al., 1993）。きょうだいは，視覚障害児の成長に重要な役割を果たすが，視覚障害児とのかかわり合いがきょうだいに及ぼす影響や，幼少期に親や教師の役割をきょうだいが果たすことの影響については，ほとんど明らかになっていない。きょうだいの視覚障害児に対する寛容さは年齢とともに変化しがちであり，たとえば思春期早期には視覚障害児の存在が他の時期よりもいっそう気になりやすい。きょうだいの年齢に応じた支援内容を考慮

する必要がある。

(5) 視覚障害児用支援機器

視覚障害児が活用している支援機器として，次のようなものがある（全国盲学校長会，2000）。

①音や音声で情報を得る機器（器具）
　感光器，音声秤，音声体温計，音声体重計，音声温度計，音声方位計，音声電圧計，音声時計，タイマー，音声電卓など。
②触って情報を得る機器（器具）
　立体コピー，レーズライタ，サーモフォームなど。
③見やすくして情報を得る機器（器具）
　弱視レンズ，遮光眼鏡，拡大読書器，拡大教材，ビデオカメラ，携帯端末など。
④コンピュータによる情報機器（器具）
　点字ワープロソフト（点字・音声出力），点字―活字変換ソフト（点字・音声出力），画面読み上げソフト，点字ディスプレイ，点字プリンタ，3Dプリンタ，点図作成ソフト，画面拡大ソフトなど。

　これらのうち，音声を利用するものは，手軽に早く情報を得るために適しているが，聴く片端から情報が消えていくので，熟読が必要な場合には不向きである。点字など触覚を利用するものは，じっくり読んだり触ったりすることに適しているが，作成に時間と労力を必要とする。電子情報は，障害の有無にかかわらず共用でき，出力形態を自由に変化することができるが，1行ずつしか点字表示できないので全体把握がむずかしい。このように，それぞれが特色をもつことから，これらを組み合わせて利用する必要がある（鳥山，2003）。
　留意点として，これらの機器の導入や使い方を指導することが視覚障害教育なのではなく，各教科等の内容・目標を踏まえて，個々のニーズに即して的確な機器や教材・教具を利用し，通常の教育に準ずる教育を行なうこと，あわせて視覚障害に基づく種々の困難の改善・克服を行なう知識・技能を育てることが視覚障害教育の基本であることを忘れてはならない。

2節 聴覚障害

1 聴覚障害の概要

　種々の音や音声がもたらす情報は聴覚をとおして得られるが，これが困難あるいは不可能になると，さまざまな障害像がもたらされる。そのうち，一般の人々にとって比較的推測しやすい聴覚障害像は，音そのものの受容に関することである。われわれは日常，さまざまな大きさや種類の音の中で生活している。音は，われわれに空間的な広がりを感じさせ，日常聞き慣れた音の存在は，環境が安全であることを知らせてくれている。また，音声は人間相互のコミュニケーションに用いられ，集団として生活する人間が生物としてもつ最も基本的な機能の一つである。

　もう一つの障害像は，出生の早期から重度の障害をもった場合に生じる，音声言語，すなわち日本語の獲得の困難である。音声言語は，聴覚をとおしてのコミュニケーションにより，乳幼児期にその基礎が自然に獲得されるものであり，発達とともに思考や情緒などの機能とも密接にかかわっていく。これに伴う発音の障害は外部からもわかりやすいが，言語の形成やそれと密接にかかわる思考活動は外部から見えるものではなく，障害像の客観的な把握はきわめて困難なものとなる。

　聴覚障害は，このように，環境音を含む一般的な音の聞こえの困難と，音声や言語習得の困難という，2種類の障害像を含んでいるといえよう。

2 聴覚障害の原因と出現率

(1) 難聴の原因

　難聴の原因は特定されないことも多い。特に乳幼児期に発症した難聴や軽度の難聴の場合にはわかりにくく，幼児期には見過ごされている場合もある。遺伝的な原因が認められているものもある。難聴を引き起こす原因はさまざまであるが，中耳炎や滲出性中耳炎，風疹，髄膜炎や流行性耳下腺炎，薬物による中毒，騒音等によるものがあげられる。また，加齢に伴う難聴や，片耳のみが難聴となる場合もある。

(2) 出現率

　聞こえの程度別にみた難聴の出現率については，軽度の難聴も含めると，3千万人以上に難聴があるといわれ，会話が困難なほどの重度の聴覚障害者は，約28万3千人になるといわれている。すなわち，1万人に1～2人は，まったく聞こえない程度の障害があり，千人に1～2人は会話が聞き取れない，百人に1～2人は会話を聞き違

える程度の障害があるといわれている。また，平成18年身体障害児・者実態調査（厚生労働省，2008）によれば，70dB以上の聴力レベルの者を障害者とした場合，18歳以上の聴覚・言語障害者は約34万人といわれる。また，欧米の基準に近い40dB以上の聴力レベルの人についてみると，出現率は5％程度とされ，1億数千万人に対して600万人以上が聴覚障害者と推定される。

3 聴覚障害理解の要因

聴覚障害を理解するための要因として，聞こえの程度，聞こえの質，失聴の時期があげられる。

(1) 聞こえの程度

聞こえの程度はデシベル（dB）を単位として表わされ，それぞれの難聴者が聴くことのできる最も小さな音の大きさで，その人の聞こえの程度が示される。難聴の程度については，便宜上いくつかの区分がなされている。大まかには，軽度（平均聴力レベル30～39dB：1対1での会話は可能だが，ささやき声の聞き取りは困難で，会議での聞き取りが少し困難な状態の者），中等度難聴（40～69dB：近くでの大きな声はわかるが，会議で聞き取りが困難な者），高度（70～99dB：耳元に接すれば会話が可能なレベルの者，耳元の大声で会話が可能な者），重度（100dB～：音声での会話はまったく聞き取れない者）というように分けられている。また，聴力の国際的な比較を可能とするため，WHOからは次のような分類が提示されている。すなわち聴力が25dBまでを（no impairment），26～40dBを（slight），41～60dBを（moderate），61～80dBを（severe），81dB以上を（profound, deafness）とする分類である。デシベルを単位として表わされる数値と日常聞かれる音の大きさとの大まかな対応としては，ささやき声や深夜の郊外の音，新聞をめくる音などが20～30dB，普通の会話の声が60dB前後，セミの声や大声での会話が約80dB，工場や電車の通るガード下では90～100dBの騒音で，120dBを越える音に対しては不快感や耳の痛みを感じる。近年では，難聴の早期発見と補聴器や人工内耳を活用した早期療育・教育が普及しきているが，それぞれの子どもが受けた，補聴器の装用をはじめとする早期の聴覚学習の実態は必ずしも一様ではない。その結果，聞こえの程度を表わす聴力レベルの値と，ことばの聞き取り能力との関係は，単純には推測しにくい。

(2) 難聴の種類

外部から耳に入る音や音声の情報は，外耳，中耳，内耳，神経経路，大脳などによって処理される。外耳から入る音や音声は空気の振動として伝達され，内耳で振動か

ら神経の活動に変換される。その後は神経の信号として，伝達，分析，統合等の処理が行なわれ，信号の意味の理解がなされる。音声等の信号が振動として伝達・処理される部分を伝音系といい，神経信号として処理される部分を感音系という。大きく分けると，外耳と中耳は伝音系を，内耳以降は感音系を構成する。

　伝音系の障害を伝音難聴といい，医学的な治療がかなりの程度可能である。また，この部分は音響信号が振動として伝達されているため，障害は振動の減衰として生じることが多く，外部から入る音の音質面での劣化は生じにくい。聞こえの低下も感音難聴に比べると概して小さく，最も重い場合でも，耳元の大きな声ならば聞き取れる。したがって，処理できる音の大きさの範囲は狭まり，小さな音から大きな音まで，不自由なく聞き取ることはむずかしくなるが，障害による減衰分を見越して，入力信号を補聴器等によって増幅して提示することによって，かなりの程度補償することが可能となる。

　一方，感音難聴は，感音系に障害を受けた場合の難聴であり，音の信号が振動から神経の活動に変換される部分や，神経の活動として伝達・処理される部分に障害が起こる。感音難聴に対しては医学的な治療が必ずしも有効でない場合が多く，聞こえの程度の障害も軽いものから重いものまで多様である。また，聞き取る音の音質面での障害が生じるのが特徴である。音が一定以上大きくなると急激に大きな音に感じたり，音質の聞き分け能力が低下し，たとえ大きな音で提示された場合でも，音質の違いをもとに，ことばを聞き分けることが困難あるいは不可能となる場合がある。

　伝音系と感音系の両方に障害がある場合は，混合難聴と呼ばれる。

　これらの難聴は，それぞれに特徴的な障害像を現わすもととなる。

(3) 聴力を失った時期

　音声言語の最初の獲得は，親やきょうだいなど，子どものまわりにいる人々の話しことばを聞き取ることによってなされる。人間は，聴覚機能が正常であれば，出生後数年の間に，会話に必要な基本的なことばを自然に習得する。

　しかし3歳以前に聴覚に障害を受けると，その障害の程度に応じて，発音をはじめとし，ことばの表出や，思考のための言語の習得にさまざまな障害を受けることになる。特に，感音系に重度の障害を受けた場合，音声言語の獲得に大きな影響を受ける。その障害の状態は，日本語の習得過程にそって，思考，情緒等の発達とのかかわりの中で，きわめて長期間にわたってさまざまな二次的障害をも生み出すことになる。また，言語は抽象的な知識体系であり外部からは見えにくく，思考そのものと直接的にかかわっているため，本人にとっても健聴児との違いがわかりにくいといった

特徴がある。このようなことからも，聴覚障害は他の障害に比べて，外部から見えにくい障害，わかりにくい障害であるといわれている。

　3歳以降に障害を受けると，日本語の獲得に対する重篤な障害は免れるが，障害の程度によって，特に，周囲の人々とのコミュニケーションの困難さから生じる，集団内での孤立感をはじめとした，さまざまな心理的な影響を受けることになる。学校での生活・学習を進めていくうえで，集団への適応や学習の困難はきわめて大きな課題となる。日本語獲得後に聴覚に重度な障害を受けた場合，後天聾と呼ばれることがある。また，3歳という年齢は，基本的レベルの日本語獲得のおおよその目安であり，3歳頃までの言語発達はきわめて急激であるが，15歳くらいまでは言語獲得の敏感期ともいわれ，言語獲得能力はなお積極的に機能するといわれている。

　このように，聴覚の障害は，どのくらいの大きさの音が聞こえるか，あるいは聞こえないかという，「聞こえの程度」，また，聴覚機構のどこに障害を受けたかによって，増幅音による聴覚補償の効果の有無に大きな違いの生じる「障害を受けた部位」，さらに，音声言語の獲得の前，あるいは獲得後に障害を受けたかという「障害を受けた時期」の，三つの要因によって心理的な障害像が規定される。たとえば，補聴器を使えば通常のコミュニケーションがほぼ可能である場合，出生後の早い時期の重度の障害のため，コミュニケーションや日本語の習得に大きな困難をもつ場合，日本語を習得しているが補聴器の恩恵をほとんど受けられない場合など，さまざまな障害像がみられる。このような生理学的，心理学的な条件の違いは，子どもたちの生活や学習の面でさまざまなニーズを生みだすこととなる。聴覚障害児ということばでひとくくりにされる子どもたちであっても，その障害像は多様であり，個々のニーズはきわめて幅広いものであることを十分に認識する必要がある。

４ 聴覚障害児の心理特性と支援
(1) 聞こえと補聴器
①聴力検査

　聴力検査には，純音聴力検査，語音聴力検査，幼児聴力検査，電気生理学的聴力検査などがある。

　純音聴力検査の結果は，聴力の基礎的資料として広く用いられる。日本聴覚医学会が定める方法を基に測定がなされ，耳介から純音を提示して反応を求める気導聴力検査と，頭部の骨を伝達経路とする骨導聴力検査とがある。気導聴力検査では，オージオメータを使用して，125，250，500，1000，2000，4000，8000Hzの純音について，聴きうる最も小さな音の音圧を求め（閾値），それらの値がオージオグラムに記載さ

れる。個人の聞こえの程度を代表する値としては，聞こえの良いほうの耳の500,1000, 2000Hzの閾値をもとにした，平均聴力レベルが用いられる。聴力の値は，以後の社会適応状況の推定，補聴器の調整等に用いられるほか，福祉的な諸手当の基準としても用いられる。

語音聴力検査は，音声の聞き取り能力を測定するものであり，数字の発音を用いて，それが聴き取れる最小音圧を調べる語音聴取閾値検査と，最も聞きやすい大きさで単音節を提示し，その正答率（語音明瞭度）を求める語音弁別能力検査とがある。また，日常場面にできるだけ近い状況での聞き取り能力を推測するため，種々の単語や文などを用いて聞き取り能力を調べる。これらは，補聴器等の適合状態の客観的評価にも利用される。

聴覚障害児の早期教育を効果的に行なうためには，できるだけ早期の聴力評価と補聴器や人工内耳の装用が必須であり，乳幼児期の発達レベルに応じたさまざまな聴力評価法が工夫されている。基本的には，乳幼児が音に対して示す聴性行動反応に着目し，検査音に対する「まばたき」「振り向き」「発声」「ほほえみ」「泣きだし」「泣き止み」「驚愕」などの反応を観察する。条件詮索反応聴力検査（COR）や視覚強化聴力検査（VRA），プレイ・オージオメトリーでは，おもちゃを利用した専用の装置を用い，音に対する条件反応を利用して聴力を推定する。このような検査の実施には，経験的な技術が要求されるが，幼児期であってもかなり的確に聴力を推定することが可能である。

聴性脳幹反応による聴力検査（ABR, AABR）は，睡眠下で実施すること，測定が容易なこと，反応閾値が自覚閾値に近いことなどから，新生児や乳幼児および重度発達遅滞児に対する他覚的聴力検査として用いられ，近年では，新生児の聴覚スクリーニング検査として用いられる場合も多くなっている。この検査により障害の早期発見が容易となり，早期療育への可能性を高めたが，障害発見後の医療と教育の連携による支援については，必ずしも十分な体制が整えられていない場合もあり，親の障害受容等の課題をはじめ，今後の支援体制の整備が急務とされている。

②聴覚補償と補聴器

補聴器を有効に活用するためには，一人ひとりの子どもの聞こえの状態に合わせて，多機種の補聴器の中から適切な機種を選択し，さらに出力音の音響特性（増幅の程度，音質の調整，出力音の制限等）を調整しなければならない（補聴器フィッティング）。近年補聴器は，高性能化・小型化され，またデジタル技術も導入されるなど，音響特性の調整もしやすくなり，個人の聞こえの特徴や補聴器を使用する場所の音環境に合わせて特性を変化させるなどの機能が備わってきている。

補聴器の基本的な機能は音の増幅であるので，感音難聴のように音質の聞き分けが困難な場合には，補聴器によってことばを聞き分ける能力がすぐに改善されるわけではない。また，個人に合った補聴器の特性は，年齢が低いほど1回の調整で決めることはむずかしく，時間をかけて繰り返し調整する必要がある。音やことばの認識は，末梢の聴感覚器のみで行なわれるのではなく，大脳を含む総合的な聴覚情報処理によって行なわれる。したがって，補聴器をとおして新たな音を聞くことによって，聴覚情報の処理に関する学習が生じ，音やことばの聞こえの状態や聞き分けの能力も変化していく。このような聴覚学習は，短い期間で生じるものや，長期間を要するものもある。また，補聴器は装用者にとって聞きたい音だけを選択して増幅してくれるわけではない。健聴の場合にはあまり気にならない雑音であっても，補聴器をとおすと大きく増幅されてしまうことがある。補聴器の利用者がいる場合には，周囲の音環境にも十分配慮する必要がある。

　近年，人工内耳の装用が広まり，新生児聴覚スクリーニング検査による難聴の早期発見と相まって，装用の早期化も進んでいる。人工内耳は，マイクロホンでとらえた音をスピーチプロセッサで分析し，手術によって蝸牛内に埋め込まれた電極を通して聴神経を直接刺激することにより，音情報の認知を行なうものである。中途失聴の成人への適用に始まり，現在では，先天性重度聴覚障害の小児への適用が世界的に広がってきている。人工内耳という名称ではあるが，埋め込み手術によって健聴児と同様の聴覚機能がただちに得られるわけではなく，手術後の聴覚学習がきわめて重要である。補聴器に比べて，提示音が強く，音声の聞き取りを意図した刺激呈示が可能であること，装置の装用が安定していることなどがその利点であろう。人工内耳装用児への教育的な配慮や支援については，補聴器装用の場合とほぼ同様であるが，装置への磁気や衝撃の影響など，補聴器の場合とは異なる対応も求められる。装用手術から，その後の指導・支援については，教育と医療機関とが，それぞれの専門的な観点から緊密な連携のもとに対応していくことが，人工内耳の優れた効果を得るうえでたんへん重要である。人工内耳先進国である，欧米やオーストラリアでは，早期の装用により，初期言語発達に大きな成果が得られていることが報告されている。

(2) 日本語能力

　聴覚障害児の会話レベルの言語は，幼児期から適切な教育がなされれば，コミュニケーション場面での困難は伴うものの，ほぼ基本的な意味のやりとりが可能なレベルに達する。一方，視覚からの入力が可能な文字言語能力については，古くから関心がもたれ，その発達を促すために，教育や研究の場できわめて多くの努力が払われてき

ている。しかし近年においても，高い文字言語能力をもつ重度聴覚障害児もみられるが，一般的にみると日本語習得の状況は必ずしも満足のいくものとはいいがたい。

　日本語能力を示す一般的な指標として，読書力検査が利用されることが多い。読書力検査の結果では，特別支援学校（聴覚障害）の中学部あるいは高等部段階にあっても，聴覚障害児の平均的な読書力レベルは小学校3年生ないし4年生の段階であり，内容的には，語彙や文脈把握力，文章の意味の正確な把握，文法知識等の遅れが指摘されている。このような読書力の遅れは，外国においても指摘されており，聴覚障害児の読解力は健聴児と比べてその伸びは緩やかであり，15歳で小学校3学年レベルに達するとそれ以降は伸びがみられず，15歳での健聴児との差は7学年であるといわれている。

　聴覚障害児は，発達の早期から高校段階の教育まで，日本語の育成とそれを基盤とした教育を受けているが，日本語能力の個人差はきわめて大きく，年齢を重ねるにつれ，その差は大きくなる。多くの聴覚障害児は，基本的なレベルの日本語の語彙や文法は獲得しており，中には，学年相応あるいはそれ以上の読書力を示す者もいるが，日常生活や社会生活における十分な読み書き能力を習得するには多くの困難を伴うことが多い。

(3) 認知的能力

　聴覚障害児の読み書きに関する能力は，必ずしも聴力と対応するものではなく，認知能力等とのかかわりも大きいことが推察されている。

　認知能力は複合的な能力であるが，これを表わす一つの検査として知能検査がある。聴覚障害児を対象とした知能検査の結果から，非言語的な能力に関しては健聴児とほぼ同じかやや低いが，言語的な能力については，健聴児に比してかなり低い結果となることが古くから指摘されている。言語性知能検査の結果は社会的・文化的影響を受けやすく，聴覚障害児の日本語習得の未熟さとの関連が深いといわれている。言語性検査の結果は，学習到達度の予測等には適しているが，幼児を対象とする場合には，非言語性の検査を用いざるをえない。一方，言語的要因の影響の少ない，実際的課題，機械的・直接的な操作課題，空間的・図形的課題については基本的に遅れはみられない。しかし，このような非言語性の課題であっても，推理や概念を必要とする意味的内容を含む課題や抽象的方略を要求する課題，記号を扱う課題等では，健聴児に比べて遅れがみられる。これらの課題では，課題は視覚的なものであっても，課題解決に際して，言語的な能力との関係の深い概念操作や抽象化能力が求められると推察されている。また，彼らの日常の学習の手段自体が，彼らに不得手な日本語による

ためであるともいわれている。

聴覚障害児の言語情報処理に関しては，短期記憶の実験をとおして得られた知見が示されている。文字系列の短期記憶課題でみられる誤答の分析から，健聴児では聴覚的に類似した文字間で誤りが生ずるが，聴覚障害児では視覚的に類似した文字間，あるいは形の類似した指文字間で混同が起こることが明らかにされ，聴覚障害児の言語情報処理における視覚的なコードの優位性が示唆されている。このような，視覚情報の利用は，聴覚障害児の学習全体にわたって行なわれていると考えられる。

(4) 語彙

聴覚障害児の語彙研究は古くから広く行なわれており，獲得している語彙の量的，また質的な特徴が示されている。語彙の量的な面に関しては，発達に伴う語彙数の増加が健聴児に比べて少なく，1年から4，5年の遅れがみられ，小学部高学年ないしは中学部の中程で発達が停滞し，個人差もきわめて大きいことが報告されている。また，獲得している品詞の中では，名詞，動詞の占める割合が大きく，助詞の適切な使い方が困難であるといわれている。

一方，獲得語彙の質的な面については，抽象度の高い語や，具体的な語であっても日常あまり接しない語は獲得されにくい。個々の語についても，その語のもつさまざまな意味のうち，一部の意味しか理解されていないこと，また，語と語相互の関連性の定着が弱いことなどが指摘されている。感情を表わす語やさまざまな状況に応じた動詞の使い分けについては，基本的なレベルでの使用においては健聴児との違いは見られないが，複雑な感情の表現や，種々の動詞を，使われる文脈に合わせて適切に使い分けることはむずかしい。さらに，語彙テストによる聴覚障害者の語彙構造に関する研究からも，聴覚障害児は日本語の基本的な語彙構造を獲得してはいるが，彼らの語彙は，数多くの場面でのさまざまな使用経験をとおして，自然な形で獲得された健聴者の語彙とは異なっており，外国人留学生や帰国子女などが，学習をとおして習得した語彙の特徴と類似している。これらのことは，聴覚障害児の語彙の習得には学習の要因が強く影響することを示している。

健聴児と同様な発達を示す側面についてもいくつかの指摘がある。聴覚障害幼児の語彙は，健聴児と同様に，彼らの生活での必要性を反映していること，また，語彙の獲得過程では，まず，ことばが事実との関連で習得され，後にことばとことばとの関連の中での習得へ進むといったことなどである。

このように，聴覚障害児の語彙については，基本的には健聴児と同様な発達過程をたどり，基本的な意味が理解されている。しかし，獲得している個々の語の意味的な

内容については，健聴児との質的な違いを有することが示されており，指導場面で用いられる語については，聴覚障害児の獲得している語の意味や関連事項が，聞こえる子どものものとは異なる可能性があることに十分配慮する必要がある。

(5) 性格特性

　聴覚障害児の行動や性格に関する研究では，自己中心性や神経症的傾向といった特徴が指摘されていることもあるが，聴覚障害児のパーソナリティを評価する場合には，その方法等について十分な吟味が必要である。性格特性を評価するための，テストの概念，標準化，適用の方法等は，日本語の理解を前提にしている。習得された日本語そのものが，量的・質的に健聴児と異なることが予測される聴覚障害児の場合には，その点を十分に考慮することが必要である。聴覚の障害により，音声や環境の音情報を十分に把握することができないということは，耳の聞こえる人々とは異なる心理的環境にいると考えられる。特に，聴覚を介してのコミュニケーションが円滑かつ十分にできないことは，健聴児者との対人関係においてさまざまな心理的な葛藤を生み出し，性格の形成に影響を及ぼすことも考えられる。難聴児の観察研究や性格検査に関する研究結果から，幼稚園の頃までは，子どもの活動や遊びは個人のレベルであるため，友だち関係や性格面での問題は生じにくいといわれている。しかし幼稚園後期から小学校の頃になると，活動は集団的な色彩をもつようになり，難聴児はコミュニケーションの困難さから，自己の表現が理解されなかったり，他者からの話しかけを聞きのがして笑われたり，からかわれたり，無視されたりという経験をもつ場合がある。このような経験は，聴覚障害児の集団活動への参加困難や，集団からの疎外という状況を引き起こしうる。その結果，そのような子どもたちが心的外傷を受けてしまう場合が示唆されている。また，難聴児が過保護な養育を受けており，社会生活で自己を発揮することができない場合は，当惑感や劣等感をもち，やがて外界を拒否し自己の生活空間の中に閉じこもり，身を守ろうとするようになってしまうこともありうる。多くの聴覚障害児が健聴児の社会に参加し，活動している一方で，こういった問題が生じうる条件があることに対しては，十分な配慮が必要である。

　聴覚障害に伴う，このような心理的・社会的環境から生じうる性格特性については，統合教育により健聴児の中で生活する難聴児には特に配慮すべき事柄である。また，重度の聴覚障害をもち特別支援学校（聴覚障害）で育つ子どもたちについても，健聴児・者とのかかわりの中では同様な課題をもつことが推測され，このような傾向は，成人においても，とりわけ職場での不適応状態にある場合などには指摘されることがある。しかし多くの聴覚障害児は，青年期を経て大人になるにつれ，障害を受容

し，努力しながらも聞こえる人々の集団の中で適応し，個性を発揮し，一社会人として活躍している。そして，聾者の集団の中にあっては，心豊かなコミュニケーションをとおして成熟した社会生活を行なっている。聴覚障害児の特徴として記述される種々の行動は，聴覚障害そのものの直接的な結果というよりも，彼らが健聴社会との相互作用をとおして身につけた行動特性であり，自らを守るための防衛的な対処の結果であるとも考えられる。

　したがって，聴覚障害児が，通常の学級の中で生活し，学習を進める場合，聴覚障害やそこから生じうるさまざまな課題について，教師や級友が理解していることが重要である。聴覚の障害は，コミュニケーションや日本語の不自由さから友人関係にまで影響し，さらに学習の遅れや集団の中での孤立，心的障害などのさまざまな困難を生じさせることになる。このような二次的障害を防ぐためには，計画的な障害理解教育が必要となる。通常の教育の側での心理的な壁はまだ厚く，理解教育そのものについてもいくつかの試みは行なわれているが，効果的な理解教育を実施するためには，指導内容や実施方法に関する検討が必要である。

　近年，特別支援教育の展開の中で統合教育が推し進められているが，聴覚障害児，特に重度の聴覚障害児の場合には，コミュニケーションを中心とする社会適応や言語による学習の特異性から，通常の学級での適応が困難となる。そのような子どもたちのためには，コミュニケーションや障害に合わせた学習環境が保証された教育の場，特別支援学校（聴覚障害）が必要となる。

処理機能の障害

1節 知的障害

1 知的障害の概要
(1) 知的障害の定義

　感覚器官をとおして受容された外部の刺激情報は，脳の中枢において認知，記憶，思考など，高次の精神機能のはたらきによって処理される。知的障害は中枢系の欠陥あるいは機能不全により，受容したさまざまな刺激情報を適切に処理することができない状態をいう。

　アメリカ知的・発達障害学会（American Association on Intellectual and Developmental Disabilities：AAIDD, 2010, 旧AAMR）では，知的障害を「知的な機能と概念的，社会的，そして実際の適応技術として表れる適応行動の両方における有意な制限によって特徴づけられる障害である。この障害は18歳以前に発現する」と定義している。

　アメリカ精神医学会（American Psychiatric Association：APA）のDSM-5（2013）では知的障害の診断基準として知的機能の欠陥（deficit），適応機能の欠陥あるいは不全，ならびに発達期での発生という三つの要件をあげている。知的機能は推理，問題解決，抽象的思考などの能力を含み，標準化されたテストでおよそ2標準偏差以下（おおむねIQ70以下）が診断の基準となる。適応機能は社会的な生活を営むうえで必要な能力を指し，情報や意思を伝えるコミュニケーション能力，ルールや習慣，公共での行動規範を理解する社会的スキル，家庭や地域社会での自立，新しい知識や技術を学ぶ学校教育あるいは職業に関する機能が含まれる。これらの能力は文化的に考慮され，標準化されたテストで測定される。発生時期については発達期とされ

ているが具体的な年齢については述べられていない。なお，AAIDDの定義およびDSM-5では，いずれも従来のmental retardation（精神遅滞）に代わり，intellectual disability（知的障害）という用語が用いられている。

わが国では明確な定義はないが，文部科学省初等中等教育局特別支援教育課（2013）の「教育支援資料」では，「知的障害とは，一般に，同年齢の子供と比べて，『認知や言語などにかかわる知的機能』が著しく劣り，『他人との意思の交換，日常生活や社会生活，安全，仕事，余暇利用などについての適応能力』も不十分であるので，特別な支援や配慮が必要な状態とされている。また，その状態は，環境的・社会的条件で変わり得る可能性がある」と定めている。

(2) 知的障害の分類・類型

知的障害といっても，その発生原因や障害の程度はさまざまである。多様な障害を分類，整理することは知的障害の特徴を把握するうえで有効である。

知的障害の原因は，①内因性―外因性，②先天性―後天性，③生理型―病理型に分けられる。①と②は原因の発生時期で分ける方法である。①は受精時期，②は出生時期を境にして分けられている。「内因性」は遺伝子などになんらかの異常がみられるもの（病的遺伝子，染色体異常，多因子遺伝など），「外因性」は胎児期，周産期，出生後の障害と考えられるものである。「先天性」は出生期以前の時期であり，遺伝子の異常などが考えられる。「後天性」は出生時および出生後早期に中枢神経系に神経細胞の器質的障害や機能的障害を受けている。③は特異な病理メカニズムの有無で分ける方法である。「生理型」は病理的なメカニズムは存在せず，知的機能の不全という状態のみがみられる。「病理型」は一定の遺伝性疾患と外因性を含めたものである。

知的障害の程度についてDSM-Ⅳ（1994）では，軽度（IQ50-55〜70），中度（IQ35-40〜50-55），重度（IQ20-25〜35-40），最重度（IQ20-25以下）に分けていた。DSM-5では認知・学力，社会性，生活自立の各領域においてみられる行動特性や支援の必要性が軽度，中度，重度の程度別に記述されている。それぞれの程度に対応したIQ値は示されていない。障害の程度と行動特性等を概観すると，軽度は学齢期から成人になるにしたがって年齢相応の読み書きや計算等の学習が困難になり，具体的な支援が必要となる。家事やお金の取り扱い等，生活をより円滑に営む上でも支援を要する。中度は成人になっても学力は小学生レベルであり，多くの支援を必要とする。発話は極めて単純だが，家族や友だちとの人間関係は良好である。食事，着脱衣等の基本的な生活習慣の獲得や単純な労働は可能である。重度はことばや数量の理解がむずかしく，日常生活全般にわたって広範囲な支援を必要とする。単純な会話や身振りを

通してのコミュニケーションは理解でき，人とのかかわりもよい。

2 知的障害児の心理特性と支援
(1) 知能（認知機能）
①知能の発達

　知能とは，新しい問題に直面したとき，まわりの様子を観察し，必要な情報を獲得・保持し，いろいろな場面を想定して結果を予測する，などの過程をとおして問題に対処する能力のことである。知能が十分発達していないと，適切に問題の対処ができず，不適応行動となって表われるのである。

　知能における発達の様相は，知能検査の結果によって知ることができる。梅谷（2004）は知能検査結果による従来の研究から，健常児・者の知能の一般的発達傾向を①健常児・者の全般知能は11～12歳頃まで急速に発達し，発達の個人差が大きく，特に生後2～3年間で顕著である，②11～12歳以後は発達が緩やかになり，18～20歳頃にピークに達する，とまとめている。また，知的障害者の知能発達についてはフィッシャーとジーマンの研究（Fisher & Zeaman, 1970）から，①一般的に知的障害児の知能発達は生後から16歳頃の発達が急で，以後の変化はなだらかとなり，おおむね60歳以後は衰退傾向を示す，②個人差は12歳頃まで直線的に増大し，20歳頃にピークに達したあと，減少傾向に転じる，と指摘している。

　これらの研究から健常児・者と知的障害者児・者の知能発達の様相を比較すると，知的障害児においても健常児と同様に急速に発達する時期がみられるが，その速さは健常児より緩慢で，個人差も大きいという特徴がうかがえる。

　彼らはさらに知的障害児を軽度（IQ67～52），中度（IQ51～36），重度（IQ35～20），最重度（IQ20～0）と境界線児（IQ83～68）に分け，知的障害の程度と知能発達の様相について比較検討した（図5-1）。図5-1から，重度になるほど発達の速度が緩慢であり，発達が停滞する精神年齢の水準が低いことがわかる。

②知能の特性

　上に述べてきた知能発達の様相は知能検査による量的な変化である。しかし，知的障害児の発達水準が3歳であっても，質的な内容は健常児の3歳と同じとはかぎらない。発達水準は同じでも生活経験の差により，質的な違いがあるかもしれない。そこで次に知的障害児の知能の特性について述べる。

　知的障害児の知能特性について，知能検査の下位問題の通過率から検討した研究がある。梅谷（2004）によると，スローンとカッツ（Sloan & Cutts, 1947）はスタンフォード・ビネー検査の結果から，知的障害児・者（平均CA（生活年齢）約20歳，

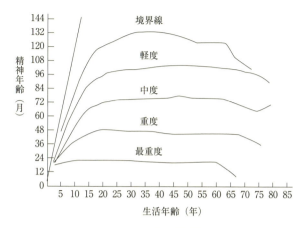

図5-1　知的障害児・者の障害程度と知能発達
(Fisher & Zeaman, 1970)

平均IQ50程度）が比較的容易に通過する問題項目として，ビーズのひも通し，数唱，定義，語彙，動物の名などをあげ，反対に通過困難な問題項目として，文の記憶，反対類推，類似点，言語表現の不合理指摘などをあげた。この結果から，知的障害児・者は具体性のある課題は解決が容易だが，抽象的な課題は困難である，と指摘した。また，大井（1956）も鈴木ビネー式知能検査の結果から，知的障害児は手指の数，ひも結びなど，日常具体的な生活場面で接するような課題は容易であり，逆唱や混乱している文章の整頓など，より高次の抽象能力（分析と総合の能力）を必要とする課題は困難であると指摘している。

　言語性IQと動作性IQが算出されるウェクスラー式知能検査（WISC，WAISなど）では，健常児が両IQともほぼ同じ値を示すのに対し，知的障害児では動作性IQに比べて言語性IQが低い傾向を示すことが数多くの研究で指摘されている。下位問題別にみると，知的障害児が遂行困難な課題は語彙，知識問題，数唱，算数問題など言語性の課題に多く，容易な課題は組み合わせや絵画完成など，動作性の課題が多いことが報告されている（Gallagher & Lucito, 1961）。このことから，知的障害児は具体的，知覚的にものを構成する能力はあるが，情報を抽象化したり短期に記憶し，言語的に表現したりする課題は困難であると考えられる。

　以上の研究から，知的障害児と健常児の全般的知能発達が同じ水準であっても，知的障害児は健常児に比べて具体的な課題は解決できるが，記憶や抽象化が必要な課題は困難であるという知能特性がうかがえる。

II部 特別支援児の心理特性

③抽象能力と概念形成

知的障害児にとってむずかしいとされる「抽象化」とは，複数の刺激対象から異なる属性を捨て去り，一定の基準に当てはめて共通項を取り出すことである。たとえば，コイとメダカは形や大きさは違うが，水中に棲む，脊椎がある，ひれがある，などの共通の特徴から「さかな」というカテゴリーにまとめることができる。この共通項が概念（特に類概念という）であり，類概念は認知機能に影響を及ぼす。ここでは抽象化が困難だといわれている知的障害児の類概念の形成について述べる。

類概念に関する研究には，分類課題を用いたものが多い。園原と字地井（1957）は健常児に絵や単語が書いてあるカードを自由に分類させ，その分類理由を尋ねた。その結果，健常児はおおむね，①色や形などの知覚的水準，②道具の用途などの機能的水準，③動物，野菜などの概念的水準へと類概念を獲得し，また年齢の増加に伴う知覚的水準から概念的水準への移行の過渡期はCA5～7歳頃であることを指摘した。

知的障害児の類概念の発達を同一MA（精神年齢）水準の健常児と比較検討した研究に，清水（1962），寺田（1970）のものがある。寺田は軽度知的障害児（MA4～10歳，IQ60～70）と健常児（MA6～9歳，IQ95～105）を対象にカード分類を行ない，その後，分類理由について言語報告を求めた。その結果，知的障害児は健常児において概念的水準での分類が優勢になるMA6～7歳代でも色彩，形等の知覚的水準での分類が優勢であることが示された（図5-2）。また，MAが上昇するにつれ概念的水準での分類が優勢になるが，その過渡期は健常児に比べて1～2歳程度遅れることを

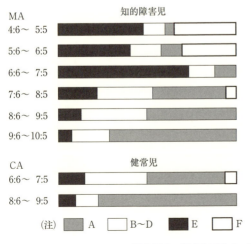

図5-2　概念形成（等価性認知）の発達（寺田，1970）

A…類を名称（名詞）で明確に示した反応（例：花，野菜，のりもの，動物など）。
B…名称（名詞）の形式はとるが，不明確な反応（例：動くもの，のれるもの，空を飛ぶもの）。
C…動作・状態を介在させた類別反応（例：飛ぶから，動く，動かない，速い，食べる，咲く，野菜屋にあるなど）。
D…事物相互の結合による類別反応（例：ばったは山にいる，鋏で風船のひもを切る，金魚は池にいる，など）。
E…色彩・形を基準にした類別反応（例：赤いから，まるい，とがっている，羽が4つある，黒い目がある，など）。
F…理由のないもの，理由の趣旨が不明瞭なもの。

指摘した。寺田はさらに，知的障害児（MA 4歳代，IQ41〜69）でも類概念を表わすことばは所有しており，概念名を教示する事前訓練を行なうことによって，分類水準が高まることを見いだした。このことから，知的障害児は類概念に対応したことばは所有していても，分類に際して自発的に概念の命名と言語利用が困難であると考えられる。

このような知的障害児にみられる概念形成の特徴は，話しことばの発達にも影響を及ぼしている。

(2) 学習特性

次に学習特性について述べる。学習とは種々の経験や練習をとおして行動が比較的永続的に変化することである。この経験（刺激）と行動（反応）の変化の仲立ちをするのが媒介過程と呼ばれるものである。媒介過程には非言語（注意）的な過程と言語的な過程が考えられるが，いずれも認知機能の発達に大きく関係している。ここでは，まず，非言語的な媒介機能を取り上げる。

①注意の特性

「注意」は一般的には「ある特定の物や事柄に意識を焦点化し，集中するはたらき」と理解されている。注意には受動的注意と能動的注意がある。受動的注意とは，不意に物音がしたときにその方向に振り向くといったように，外的な刺激によって不随意的に喚起されたものをいう。これに対し，能動的注意は目的や関心によって積極的・随意的にはたらく注意をいう。能動的注意の一つに「選択的注意」と呼ばれるものがある。選択的注意とは身の回りにあるさまざまな刺激のうち，特定の刺激にのみ注目し，それ以外の刺激を無視するはたらきである。学習の際は有効な手がかりを選び出し，適切に利用することが必要であり，選択的注意がきわめて重要な役割を果たす。

知的障害児は必要な手がかりを選び出すことが困難である。その原因の一つとして，注意の範囲の狭さと注意の集中・持続の困難さがあげられる。注意の範囲とは，われわれが同時に観察し，認知できる対象やその属性の範囲のことである。それは認知能力や概念形成の発達および生活経験などによって規定される。知的障害児は色や形などの刺激属性が未分化なため，漠然と色や形を認識しただけで，それ以上の違いには気づかないことが多い。あるいは，ある特定の刺激にのみしか興味の対象が向かない，などの傾向がみられる。

注意の集中・持続の困難さは注意欠如・多動性障害（ADHD）の特徴としてあげられるが，知的障害児においても頻繁にみられる。すなわち，一つの刺激対象に向けられている注意の持続時間が短く，注意散漫で，関係のない多くの刺激に注意が向いてしまう。また逆に，一つの刺激にのみ過度に集中してしまう場合もある。これを

「固執性（perseveration）」と呼んでいる。固執性は特に，中度以下の知的障害児に特徴的である。

②非言語（注意）媒介と学習

学習過程についての研究手法として，しばしば弁別学習課題が用いられる。弁別学習とは複数の刺激から「正しい」とされる刺激を一定の基準に達するまで選択するという学習である。色（白・黒）次元と大きさ（大・小）次元からなる二次元二刺激価の課題例を図5-3に示す。弁別学習（先行学習）終了後，弁別学習の学習機制（学習のしくみ）をみるために正負の刺激を転移させ，新たに弁別移行学習を行なうことが多い。弁別移行学習には正刺激が同一次元内で転移する弁別逆転移行と正刺激が他の次元の手がかりに移る弁別非逆転移行がある。

ジーマンとハウス（Zeaman & House, 1963）は知的障害児に課した弁別学習の結果から，①弁別学習の過程には複数の次元の中から適切な次元に注意を向ける注意（観察）反応の段階と，適切次元内において正の手がかりを選択する道具的反応の段階がある，②学習達成の速さは注意反応段階の長さに関係し，道具的反応段階は個人間に大きな差はないことを指摘した。また，注意反応は道具的反応に先立って出現するため，適切な注意反応がなされれば，注意を媒介とした反応が可能になり，逆転移行学習の達成が速くなると考えた。彼らの理論は注意説（観察反応説）と呼ばれている。

知的障害児，特に中・重度知的障害児は健常児に比べ，弁別学習の達成が遅く，逆転移行が困難である。彼らはその理由として適切次元に対する注意反応の確率が低い

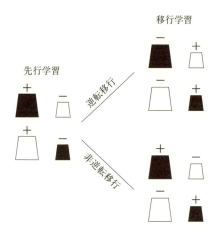

図5-3　弁別逆転移行と非逆転移行の課題例
(Kendler & Kendler, 1962)

ことをあげている。

　適切次元へ注意を喚起し，その確率を高める方法の一つに過剰訓練がある。過剰訓練は先行学習を達成したあと，さらに一定期間，正の刺激に対する道具的反応を繰り返し，その後，正負の刺激を転移する学習形態である。知的障害児を対象にした過剰訓練の研究では次元内移行，逆転移行の促進効果が多く認められている（Campione et al., 1965；Orlrich & Ross, 1966）。喜多尾ら（1996）は知的障害児を軽度，中度に分け過剰訓練効果について健常児と比較検討したところ，中度知的障害児においても過剰訓練効果が認められることを報告した。

　過剰訓練効果の有効性は，日常生活の中で刺激属性の違いに気づかせる配慮が必要だということを示唆している。そのためには，能動的に刺激に注意させる場面を設定し，選択場面をとおして個々の刺激属性の違いに気づかせる必要がある。また，個々の刺激にのみ注目させることはかえって刺激に対する固執を招く可能性もあるため，「色（白―黒）」「大きさ（大―小）」など次元の相対的関係に対応した注意反応が生起するような指導もあわせて行なう必要がある。

③言語媒介と学習過程
　ここでは言語的な媒介機能と知的障害児の学習との関係について述べる。これは先に述べた類概念の形成と密接に関連している。

　学習と言語媒介の利用との関連に着目した研究にケンドラーらの一連の研究がある（Kendler, 1964；Kendler & Kendler, 1959, 1962, 1970）。彼らは健常児・者を対象に図5-3の課題を用いて弁別移行学習の学習成績を比較した。その結果，年少児では逆転移行学習に比べて非逆転移行学習が容易であるが，年齢が増すにつれて逆転移行学習が容易になるという結果を得た。彼らはこの結果に基づいて図5-4のよう

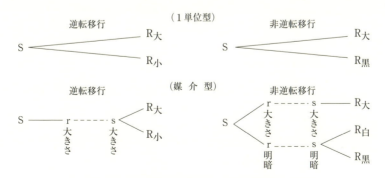

図5-4　1単位型と媒介型による移行学習の分析
（Kendler & Kendler, 1962）

な図式を設定し，学習における媒介過程を説明している。
　まず，1単位型反応様式とは刺激と反応が単純に結びついた反応様式である。そこには媒介過程は想定されていない。子どもは先行学習を達成したあと，形成したばかりのＳとＲの結びつきを消去し，改めて移行弁別課題を学習する。逆転移行学習の場合，正負の刺激は100％入れ替わるが，非逆転移行では50％入れ替わるだけである。したがって，1単位型反応様式が優勢な子どもは逆転移行学習に比べて非逆転移行学習が容易となる。他方，媒介型反応様式ではＳとＲの間に媒介過程（r…s）が想定されている。すなわち，外的刺激（S）が内的媒介反応（r）を喚起し，それが内的媒介刺激（s）となり，外的反応（R）が生起する，と仮定される。この媒介過程は外的刺激の適切次元に対応した表象（言語）的概念を利用した媒介だというところに特徴がある。媒介型反応様式が優勢な子どもは逆転移行では先行学習の媒介反応（大きさ）がそのまま使用できるため，外的選択反応を大から小へ変えるだけでよい。他方，非逆転移行では新たな媒介反応（色）を形成しなければならない。このため，非逆転移行に比べて逆転移行の達成が容易になる。1単位型反応様式から媒介型反応様式への移行は子どもの発達に関係し，過渡期はCA4～6歳と考えられている。
　知的障害児を対象としたこの種の研究では，知的障害児における言語媒介利用の困難さを指摘したものが多い（Sanders et al., 1965；梅谷，1976）。梅谷（1979）は軽度知的障害児と健常児の反応様式の変化を発達的に比較検討し，媒介型反応様式が優性になる過渡期は健常児に比べてMAで2～3歳程度遅れ，MA5～8歳にかけての時期になると指摘した。中・重度知的障害児については，MAの発達のピークが7歳程度であることから，彼らのほとんどは1単位型反応様式の段階にとどまっていると推測される。
　知的障害児にみられる言語媒介利用の困難さの改善策として，言語命名（labeling）や言語化（verbalization）と呼ばれる言語教示訓練の研究がある。言語命名とは，先行学習を始める前に，適切次元内の手がかり名を教示（命名）する訓練，言語化は正の反応をするたびに，選択理由を答えさせる訓練である。これらの研究によると，言語命名および言語化訓練とも，軽度知的障害児には同じ発達年齢の健常児ほどではないが，逆転移行促進効果が認められる。しかし，中度知的障害児では逆転移行が容易にならないことが指摘されている（喜多尾・梅谷，1983；喜多尾ら，1986；梅谷ら，1995）。これらのことから，軽度知的障害児は適切な言語媒介を生成することは困難だが，言語的な手がかりが与えられるとそれを利用した媒介反応をとることができる。つまり，言語媒介を自発的につくり出す能力に欠けている（所産欠陥；productive deficiency）。他方，中度知的障害児は言語的な手がかりが与えられても，

それを利用して学習することが困難である（媒介欠陥；mediational deficiency）と考えられる。

(3) 記憶特性
①記憶のメカニズム

学習を達成させるためには，適切あるいは不適切な選択をしたかどうかという情報を記憶しておかなければならない。そこで次に，記憶のしくみと知的障害児の特性について述べる。

記憶のしくみについてはアトキンソン（Atkinson, R. C.）とシフリン（Shiffrin, R. M.）のモデルが代表的である（図5-5）。これによると，記憶は感覚記憶（sensory memory），短期記憶（short-term memory），長期記憶（long-term memory）の三つの部分に分けられる。感覚器官をとおして受容した情報はまず，感覚記憶に保持される。感覚記憶での情報の容量は無制限である。しかし，大部分の情報はほんの一瞬のうちに消失してしまい，選択的な注意が向けられた情報のみがイメージ的あるいは言語的な符号化（coding）という過程を経て短期記憶に送られる。短期記憶の容量には限界があり（7±2個の情報単位），保持時間も短い（数十秒）。しかし，同じ情報を繰り返しリハーサル（rehearsal；復唱）したり，覚えやすいようにグループごとにまとめたりするなどの記憶方略をとることにより，短期記憶の一部は長期記憶に移行する。長期記憶は容量が無制限であり，一度長期記憶に送られた情報は消失しにくい。なお，短期記憶と関連して作動記憶（working memory）と呼ばれる概念がある。これは，買い物でおつりをもらうときに，一時的に合計金額を記憶する，という

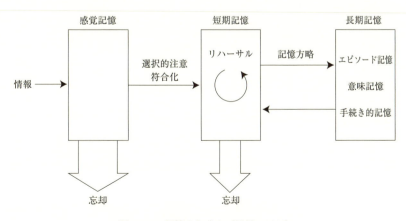

図5-5　記憶のしくみ（松村, 1998）

II部 特別支援児の心理特性

ように問題解決や作業遂行の際，処理中の情報を一時的に記憶しておくことである。作動記憶は情報の保持と処理という二つの機能をもった高次な記憶過程といえる。

②知的障害児の記憶特性

知的障害児において特に特徴がみられるのは，短期記憶であるといわれている。まず，符号化の属性に関する研究がある。符号化とは受容した情報が何であるかを認識することである。「はな」という物理的情報は「きれいな花」といった意味的符号化のほうが「は」「な」という文字の形態や音の響きといった視覚的，音韻的符号化よりも短期記憶に保持されやすいといわれている。この符号化する属性は発達に伴って変化し，年少児では視覚的，音韻的符号化が優勢であるが，しだいに意味的符号化をするようになることが明らかにされている。知的障害児においても精神年齢の上昇とともに意味的符号化をするようになるが，同一精神年齢の健常児に比べると，音韻的符号化をする子どもが多い傾向が認められている（松村・木村，1986）。

短期記憶での情報が長期記憶に送られる過程ではリハーサル，体制化（organization），精緻化（elaboration）などの記憶方略が用いられる。知的障害児はこれらの方略を自発的に用いることが困難であると指摘されている。

リハーサルとは，記憶（記銘）すべき情報を外言あるいは内言で繰り返し復唱することである。エリス（Ellis, 1970）は，順に覚えた九つの数字の位置を想起させる課題を用いて，知的障害者の系列位置曲線を健常者と比較した。その結果，終末に近い位置（新近位置）にあった数字の想起率は健常者とほぼ同じであるが，初頭位置にあった数字の想起率は健常者に比べて著しく低いことを見いだした。初頭位置の数字は想起までの時間が長いため，繰り返しリハーサルが必要となる。このことから，健常児は自発的，能動的にリハーサルをするため成績の落ち込みは少ないが，知的障害児はリハーサルを行なわないため成績が劣ると指摘した。

他の記憶方略のうち，体制化とは関連する情報をまとめ，整理して覚える方略であり，特に同一概念カテゴリー（たとえば「くだもの」）にまとめることを群化（clustering）という。また，精緻化とは物を覚えるとき，項目そのものでなく，ごろ合わせで年号を覚えたり，項目と項目を結びつけて有意味な文章をつくったり（たとえば「子ども」「木」という項目を「子どもが木に登る」というフレーズで覚える）するなどして項目を加工することである。知的障害児は概念形成の発達が未熟なため，群化や精緻化などの方略を自発的に利用することは困難である。しかし，カテゴリーごとにまとめて覚えるように教示したり，カテゴリー別に提示して再生させることにより，方略の使用が可能になることが報告されている（Gerjuoy & Spitz, 1966）。

このような記憶特性を，知的障害児自身はどのように認識しているのであろうか。自分自身の記憶能力や記憶方略の使い方など，記憶に関する知識はメタ記憶（metamemory）と呼ばれる。松村・福島（1993）は，自分が再生できる数を過剰に予測した知的障害児が多いことを報告している。自分が選んだ方略の遂行状況を監視し，適切な方向に修正していくモニタリングの研究では，知的障害児はモニタリングの技能は劣るが，自己点検訓練により記憶方略を学習させると，再生の成績が向上することが指摘されている（松村，1994）。

知的障害児における長期記憶の保持や消失過程については健常児と変わらないとされている。しかし，データの数が少なく，結論づけるのは尚早である。

(4) 行動特性と学習支援
①行動特性（行動障害）
知的障害児にみられる行動特性について，以下の三つに分けて述べる。

知的障害の病因や知的（認知）機能の制限に起因する行動特性 注意散漫，衝動性・興奮性，多動性，固執性・こだわり，視覚―運動協応動作の障害などの行動がみられる。このうち，衝動性・興奮性とは落ち着きなく歩き回る，やることに一貫性がないなどの状態をいう。固執性・こだわりには物に対するものと自分の行動に対するものがある。特に，行動に対する固執性・こだわりは新しい場面に対して既存のやり方を応用したり，行動を転換させたりすることがむずかしく，不適応行動の原因となりやすい。視覚―運動協応動作は，点線を見ながらなぞり書きをする，というような場合であり，字を覚えるなど，あらゆる学習にとって重要である。これらの行動特性は脳の器質的障害や病理的機制が認められる病理型知的障害児において顕著である。

対人的・社会的環境の中で二次的に生ずる不適応行動 依存性・外的指向性の強さ，不安感の増大，動機づけの弱さ，頑固，対人関係の狭さ，コミュニケーションの障害，などがあげられる。外的指向性とは問題解決などの際，大人の助けなどのような外的手がかりに依存することである。外的指向性の強さや動機づけの弱さについてジグラーらは，知的障害児は認知的機能や社会的経験に制約があるため，自ら解決の手順を見いだすことが困難である，と述べている（Zigler & Balla, 1989）。また，知的障害児は日常，失敗経験が多く，成功経験が少ない。このため，目標達成への期待が低く，行動が消極的になるという指摘もなされている（Rotter, 1954）。他方，まわりの人に行動を注意されると，さらにこだわったり，その場で固まったりすることがある。いわゆる「頑固」であるが，これもよくみられる行動の一つである。コミュニケーションの面では，知的障害児は相手の指示や要求を理解できないことが多い。この

ため，不適応行動をとってしまうことが考えられる。逆に，自分の要求を相手にうまく伝えることができないこともある。この場合はいらいらしてかんしゃくを起こすなど，情緒不安定に結びつきやすい。

重度・最重度においてより強度に認められる行動障害 常同行動，自傷行為，偏食・異食，反芻，徘徊行動，奇声，夜驚，などがあげられる。

②**行動特性に配慮した学習支援**

上では知的障害児の行動特性について述べた。教育に際しては，それらの特性に配慮した次のような学習支援が必要である。

注意力を高める支援 知的障害児の注意を喚起させ，その注意を学習の対象に方向づけるには，学習に必要な手がかりを強調することが必要である。そのためには教材のめだちやすさを高め，学習に必要な手がかりを明示してあげることが大切である。たとえば，靴の左右を間違えないように靴の内側に赤い印を付けることなどがあげられる。次に，日常生活の中で刺激属性の違いに気づかせること，複数の刺激を比較し，選択行動をさせることをとおして知覚・認知の分化を促すことも必要だと考えられる。たとえば，歌を歌う際，指導者側が曲目を提示するのではなく，歌のイメージを描いた複数の絵カードの中から歌いたい曲を選ばせる，といった方法がある。選択行動は注意力を高めるほかに，自ら選ぶという活動をとおして能動的に学習に参加する，という態度を養ううえでも有効である。

コミュニケーションの支援 コミュニケーションの不具合から生ずる不適応行動を軽減させるためには，知的障害児に理解しやすい形で情報や指示を提供すること，および表現の方法を工夫してあげることが大切である。このような要件を満たす教材としてコミュニケーションボードがある。これは活動の場所や内容などをシンボルマークや絵で表わし，ノートやボードに貼ったものである。指導者と児童・生徒はそれぞれの意思に従ってシンボルマークなどを示し，お互いの意思疎通を図ることができる。朝のホームルームのときは，一日の流れに従って絵カードを貼っていくと，一日の流れが理解しやすく，見通しをもった行動が期待される。この方法は，校外学習の事前学習および調理学習でのレシピ・手順書などにも応用できる。最近ではデジタルカメラの画像を使用する例も増えている。

また，言語理解力を高めるためには類概念の形成を促さなければならない。指導法の一つに「なかまあつめ」がある。これは「キリン」や「ゾウ」の絵カードを「動物」，「サクラ」や「チューリップ」を「花」という上位概念に分ける課題である。正しく分類できない子に対しては「動物はどれ？」というように質問して上位概念名を教示することによって，上位概念の意識化と形成を促す。知的障害児は言語媒介の利用が

困難であることを先に述べた。コミュニケーションボードの使用やカード分類などによって概念の形成を促進させることは，学習の転移を容易にさせるためにも重要であろう。

2節 自閉症

1 自閉症の概要
(1) 自閉症とは
　自閉症の概念は，米国の児童精神科医カナーにより早期幼児自閉症（early infantile autism）として報告された（Kanner, 1943）。その特徴として，著明な引きこもり，同一性保持の強迫的な欲求，遅延性反響言語などの特有な言語などがあげられた。カナーは自閉症を母子関係の枠組みでとらえたので，心因論に基づく受容的対人関係の構築が課題とされた。同時期に，アスペルガー障害の概念が，オーストリアの小児科医アスペルガーにより特有の行動様式と対人関係を示す「自閉的精神病質」として報告された（Asperger, 1944）。現在では，自閉症は脳障害に基づく発達障害と見なされている。

　また，ウイング（Wing, 1996）により，「自閉症スペクトラム障害」という概念が提出された。「スペクトラム」とは「連続体」であり，典型的な自閉症からアスペルガー症候群，重度の知的障害を伴う例から知的な遅れがない例まで，連続した一続きのものと見なした概念である。彼女は自閉症スペクトラム障害を規定するのは，「障害の三つ組（triad of impairments）」であると論じた（表5-1）。

表5-1　自閉症の三つ組（Wing, 1996）

かかわりの障害	相互的な社会関係の質的な障害
コミュニケーションの障害	言葉の有無にかかわらず，その社会的使用の欠如
こだわりの障害	狭小で反復性のある常同的な行動・関心・活動

(2) 診断基準
　「国際疾病分類第10版（ICD-10）」（世界保健機関；World Health Organization：WHO, 1992）や「精神疾患の診断・統計マニュアル第5版（Diagnostic and Statistical Manual of Mental Disorders：DSM-5）」（アメリカ精神医学会；American Psychiatric Association：APA, 2013）の診断基準がよく使われる。ICD-10によると

小児自閉症（DSM-5では自閉スペクトラム症）は，「3歳以前に発症し，対人関係の障害，コミュニケーションの障害，こだわり，限局された興味の範囲を主症状とする。男児が女児に比べ3～4倍多い」と定義されている。アスペルガー症候群は，ICD-10では，小児自閉症の行動や症状の特徴はあるが，著しい言語の遅れがなく社会性以外の認知の障害がないことが記載されている。なお，DSM-Ⅳ-TR（APA, 2000）まではアスペルガー障害として記載されていたが，DSM-5では削除された（表5-2）。

表5-2　自閉症に関する用語

ICD-10	DSM-Ⅳ-TR	DSM-5
小児自閉症	自閉性障害	自閉スペクトラム症
アスペルガー症候群	アスペルガー障害	（削除）

2 自閉症の原因と出現率

(1) 原因

自閉症は，1960年代までは親子関係の樹立の失敗といった心因説もあったが，現在では脳の機能障害が原因であると考えられている。脳の機能障害を引き起こす要因についてさまざまな説が提起されているが，自閉症のすべてを説明する答えには至っていない。ここではいくつかの説を紹介する。

①外部要因説

母親の周産期になんらかの困難があった場合，子どもに自閉症がみられる割合が高いとの報告がある（Green et al., 1984）。これに対して，子どもになんらかの問題があり，そのために妊娠の経過や出産に問題が生じやすいとの反論がある（Rutter et al., 1993）。

②遺伝要因説

一卵性双生児がともに自閉症を呈する割合が高いのに対して，二卵性双生児ではその割合が低いという報告（Folstein & Rutter, 1977）を受けて，家族の障害について調査がさかんに行なわれた。障害の内容は摂食障害や強迫神経症（Gillberg & Rastam, 1992），言語障害（Bolton, 1994）にまで及んだ。自閉症のある人のきょうだいは，なんらかの障害を発症するリスクが高いと見なされた（LeCouteur et al., 1996）。現在，自閉症には複数の遺伝子が複雑に関与し，遺伝性に加えて環境要因が関与して発症すると考えられている。

(2) 出現率

DSM-Ⅳ（1994）刊行時には，自閉症の有病率は，1万人あたり2～5人であり，そのうち3／4は知的障害を伴うと記述されていた。しかし最近では，自閉症スペクトラム障害の概念が普及し，それに伴い自閉症の有病率は上昇している。

イギリス自閉症協会は，これまで提出された研究報告に基づき（Wing, 1996；Elhers & Gillberg, 1993），人口1万人あたりIQ20以下の者が20人，IQ70以上の者が71人と見積もり，重度の知的障害のある者から高い知的能力を示す者まで含めた自閉症スペクトラム障害の出現率は，1万人に91人と公表している。

わが国では，文部科学省が2013（平成24）年に，「通常の学級に在籍する発達障害の可能性のある特別な教育的支援を必要とする児童生徒に関する調査」を実施した。調査結果によれば，小・中学校の通常の学級において，知的発達に遅れはないものの学習面または行動面で著しい困難を示すとされた児童生徒の割合は，全体の6.5%であった。そのうち，自閉症と関連する「対人関係やこだわりなど」の問題を著しく示す児童生徒は1.1%であった（文部科学省初等中等教育局特別支援教育課, 2013）。

3 自閉症の分類

(1) カナータイプ自閉症

障害の三つ組に加えて，知的障害がある（おおむねIQ70以下）ものが多い。コミュニケーション障害が最も重篤であり，強度行動障害と認定される例もある。将来にわたり特別な配慮と支援が必要である。

強度行動障害 強度行動障害児・者とは，「直接的他害（噛みつき，頭つき，など）や間接的他害（睡眠の乱れ，同一性の保持：たとえば場所・プログラム・人へのこだわり，多動，うなり，飛び出し，器物損壊など）や自傷行為などが，通常考えられない頻度と形式で出現し，その養育環境では著しく処遇の困難なものをいい，行動的に定義される群」である（行動障害児（者）研究会, 1989）。

(2) 高機能自閉症

高機能を説明する際に用いられるのがIQ70以上という基準であり，IQが70台くらいの境界域の人から，IQが140台の知的能力が非常に高い人まで一括して論じている。つまり，必ずしも平均よりも高い能力を意味しない。高機能は「能力が平均より高い」という意味ではなく「明らかな知的な遅れがない」という意味で使われている。なお，高機能自閉症という用語は診断名ではないので，ICD-10やDSM-5に記載されていない。

4 自閉症児の心理特性
(1) 障害の三つ組の現われ
①かかわりの障害

視線が合いにくい，ひとり遊びが多い，呼名を無視する，共感性に欠ける，指差しをしない，自分の興味を他者と分かち合わない，ジェスチャーを使用しない，同年齢の子どもとの友だち関係に興味が少ないなどの症状がみられる。

ウイングは，児童・青年にある自閉症のある児・者（以下自閉症児・者とする）の対人関係を，孤立型，受動型，積極・奇異型の3群に分類した（Wing, 1996）。杉山（2002）は教育的対応について表5-3のように解説している。

強迫的質問癖 人を選ばず，本人の興味のある事柄，たとえば世界の天気予報や地下鉄の駅名などを聞いてまわる。自閉症児・者が対人的な交流を，彼らなりの方法で生み出していると考えられる。

ファンタジーへの没頭 ファンタジーへの没頭は，自分の好きなアニメや，架空の友人との交流であることが多い。独語を繰り返したり一人で笑ったりするので，奇異な印象を与えることもある。

表5-3 社会的相互交渉の障害の分類とその対応
（Wing, 1996；杉山, 2002より作成）

孤立型	
特徴	対人関係を特定の人以外は避ける 知的障害の程度は重く，過敏性など認知のゆがみも強い 睡眠障害やてんかん発作などの身体的な問題を生じる場合が多い
対応	こだわりが強い場合が多いので，学童期に消去を図る必要がある

受動型	
特徴	受け身的な対人関係をとる 過敏性などの認知のゆがみは少ない 自発性が乏しい
対応	自発性を求めるよりも，一連の行動の組み立てを指導する

積極奇異型	
特徴	人と積極的に，独自の奇異なやり方で接する 知的障害は軽いが，特に多動性を抱えるものが多い 強迫的質問癖やファンタジーへの没頭がみられる
対応	対人関係での衝突から，問題行動を示す場合がある 安心できる対人関係の樹立が望まれる

②コミュニケーションの障害

言葉の遅れや偏りは，親が子どもの発達を心配するきっかけになる（Howlin & Moore, 1997）。喃語が欠如していたり，あったとしても同月齢の子どもに比べて質・量ともに乏しいことが知られている。

学齢期以降の言語能力は，ほとんど言葉の表出のないものから，多彩な語彙をあやつるものまで幅広い。多くは，基本的欲求を表出するために言葉を用い，思考や感情を伝えるための言葉は少ない（Ives & Munro, 2002）。

反響言語（エコラリア）　語りかけられた言葉をそのまま使うこと。大人の口調やアクセントをそのまま真似たり，テレビのCMを繰り返したりする。その場ですぐにおうむ返しすることもあれば（即時性反響言語），時間が経過してから言葉を表出することもある（遅延性反響言語）。

主客の逆転　語りかけられた言葉をそのまま使うので，自分自身をさす言葉として「わたし」「ぼく」を使わずに，自分の名前を用いることが多い。また，「いただきます」と言うべきところ，「めしあがれ」と言って食べ始めるなどの例がある。

非言語コミュニケーションの問題　話の内容に合わせて表情を変化させたり，身振りを加えたり，声のトーンを変化させたりすることに困難がある。そのため，話し言葉は単調になる。

③こだわりの障害

想像力の欠如のために，行動や思考に融通性がなく，こだわりとなって現われると考えられている。常同的な単純な繰り返し行動，融通のなさ，儀式化したパタンの行動様式，限定された興味の範囲，特定の物への執着などがみられる。

思考の硬さ　物事をすべて白か黒かで判断する。人も善人か悪人かのどちらかとなる。規則に従うことは，安堵感につながる。そのため，予測不能の事態に柔軟に対応することが困難で，急な予定変更にはひどく動揺する。

「ごっこ遊び」や「ふり遊び」の欠如　店員と客，運転手と乗客のように，何かの役になりきって遊ぶことがむずかしい。また，物を何かにみたてて遊ぶこと（例，おかしの箱を車にみたてて走らせる）を理解しない。もしそのような様子があったとしても，遊び仲間の様子をそのまま真似ているだけであり，発展性や融通性が乏しく，いつも同じパターンで遊んでいる。

(2) 発達の視点から

①乳幼児期

乳幼児期は，おとなしくて手がかからなかったという報告がある一方，多動で手が

つけられず困惑したという報告もある。1歳6か月児健康診査の際に，始語の遅れ，他者と「ごっこ遊び」をしない，親に要求や報告などの気持ちを伝えるために指差しをせず，欲しいものがあるとクレーンにより伝えるなどの特徴がみられる児は，後に自閉症の診断がされる例が多い。

クレーン現象　他人の手を，自分の要求をかなえる道具のように扱う。たとえば，冷蔵庫の中の飲み物が欲しいときに，「ちょうだい」「あけて」とは言わずに，親の手をクレーン車のクレーンのように操作して冷蔵庫のドアを開ける。

ジョイント・アテンション（joint attention）の困難　共同注意，もしくは共同注視と訳される。大人と子どもの両者が同じものに注意を向けて，心の交流を深めている状態をさす。たとえば，子どもが絵本の犬を「ワンワン」と言って指差し，大人が「ワンワンがいるね」と応じる様子がこれにあたる。自閉症児・者で指差しが乏しいのは，ジョイント・アテンションに困難があるためと考えられている。

②児童期・思春期

児童期・思春期になると，以下のような特徴的プロフィールが明らかになる。

マインドブラインドネス（mindblindness）　心の理論（theory of mind）とは，日常生活において他者の心的状況をどのように推察・理解しているかを説明する認知心理学的概念である。バロン-コーエンとボルトン（Baron-Cohen & Bolton, 1993）は，自閉症児・者が，心の理論に乏しいために社会的関係の樹立に困難を示すとし，他者の感情や思考に無頓着な様子をマインドブラインドネスと名づけた。

中枢性統合（central coherence）の障害　自閉症児・者は，断片的な情報処理は優れているが，全体を統合してそれに意味を見いだすことに困難がある（Frith, 1989）。そのため，物事を独特な見方で処理する。行動上の表われとして，たとえば，ジグソーパズルの各ピースの形状に注目するので，絵柄が逆さまもしくは無地であっても組み立てることができる。また，文章全体の流れを配慮しないので，「海水は，塩と……」に対して「こしょう！」と言葉を続けるなどの例が報告されている（Ives & Munro, 2002）。

(3) その他の心理・行動特徴

感覚異常や運動スキルと運動制御の問題は，自閉症児・者の生活に大きく影響し，さまざまな行動上の問題につながる可能性が高い。

①感覚異常

ある感覚に対して非常に敏感もしくは鈍感といった特徴は，自閉症の根幹であると指摘されている（Williams, 1993）。この特徴は，視覚・聴覚・味覚・触覚などすべ

ての感覚でみられる。敏感さは，電話のベルが鳴るたびに耳をふさぐ，ある舌触りの食べ物はかたくなに拒否する，といった行動となって現われる。鈍感さは，転んでも痛そうにしない，暑くても上着を脱がない，といったエピソードとなる。

個人内で，ある感覚には非常に敏感であるのにある感覚には非常に鈍感，または身体部位によって敏感な部分と鈍感な部分が混在することがある。たとえば，自ら手をかんでも平然としているのに（鈍感），髪の毛をとかされることを嫌う（敏感）という例がある（Ives & Munro, 2002）。

②運動スキルと運動制御の問題

手と足を協調させて運動する，右手と左手を協調させて操作するといった協調運動に困難を示す例が多い（Leary & Hill, 1996）。不器用さ（clumsiness）は，全身を用いる粗大運動（例，なわとびや三輪車をこぐのが苦手）から，手指を用いる微細運動（例，ボタンをはめるのが困難）にまで関係する。

ギルバーグ（Gillberg, 2002）は，DAMP症状（Deficits in attention, motor control and perception；注意欠如・多動性障害と発達性協調運動障害の両方の基準を満たす状態）を呈する例が多いと指摘している。

5 自閉症児の支援

(1) TEACCH

TEACCHとは，Treatment and Education of Autistic and Related Communication Handicapped Childrenの略語であり，直訳すると「自閉症とその周辺のコミュニケーション障害のある子どもを対象とした治療と教育」になる。生活場面や学習場面を構造化して環境や状況の理解を促進することを目的としている（Mesibov, 1997）。自閉症には，「刺激の過剰選択性」（Lovaas et al., 1987）という認知特性があるために，雑多な環境では混乱や不安を招くことがある。そこで安定をはかるための環境調整が「構造化」といえる。構造化は，以下の4つの工夫から成り立っている。

①空間の構造化：作業や学習に応じた場所を用意する。
②時間の構造化：スケジュール管理をして見通しをよくする。
③活動の構造化：活動の内容や作業の手順を，シンボルカードやジグなどでわかりやすくする。
④ワークシステム：「どんな作業を」「どのくらい」「終わったら次は何があるのか」を「実物」「色」「記号」などを用いてわかりやすくする。

(2) SST

SSTは，Social Skills Trainingの略語であり「社会的スキル訓練」と呼ばれる認知行動療法に基づく指導方法である。対人関係を中心とする「社会生活技能」と，身辺自立にかかわる「日常生活技能」の2つの側面から，自閉症児・者の自己対処能力を高め，自立を支援する方法が開発されている（Spence 1995；Howlin et al., 1999）。

①社会生活技能

社会生活技能とは，社会的スキルのうち，対人関係を中心とするスキルをさす。自分の気持ちを他者に伝えるには，使用する語彙に加え，表情や声の大きさや調子，相手との距離，視線といった「非言語的行動」の役割が大きい。状況に合わせて，言語的・非言語的行動を上手に用いてコミュニケーション能力を高める取り組みを「社会生活技能訓練」という。

②日常生活技能

日常生活はさまざまな行動から成り立っている。食事や整理整頓，清潔，金銭管理も自立した生活を送るためにはとても重要である。さらに，電話をかける，電車や公共交通機関を利用する，役所や図書館などの公共施設・機関を利用する，なども生活者には大切である。このような日常生活を円滑に行なうために必要な行動を「日常生活技能」という。

(3) 応用行動分析技法

行動の意味を環境との相互作用から分析し，個人が適切な環境を示し，また維持していくことを目的としている。よい行動を学習させて強化し，不適切な行動を抑制するために，何が行動の強化刺激になっているか点検をする（山本・加藤，1997）。

(4) 感覚統合療法

自閉症児・者はさまざまな感覚器官をとおして脳に入ってくる情報を取捨選択することや統合することに困難がある。そのため，外界に対して適切な反応がむずかしいと考えている。感覚統合療法では，さまざまな刺激を与えて，適切に反応する能力を高めるよう支援する。

3節 学習障害（LD）

1 学習障害（LD）の定義
(1) 教育的定義

「学習障害（Learning Disability：LD）」という用語は，1963年にカーク（Kirk, S.）により提唱された（清水，2004）。知的機能の全般的発達遅滞はないが，それにもかかわらず読む・書くなどの能力の習得や使用に困難のある状態をさす教育領域の用語であった。

日本ではLDへの本格的な取り組みは1990年代になって始まった。文部科学省は，LDを次のように定義している（文部科学省，1999）。

「学習障害とは，基本的に全般的な知的発達に遅れはないが，聞く，話す，読む，書く，計算する又は推論する能力のうち特定のものの習得と使用に著しい困難を示す様々な状態を示すものである。学習障害の原因として，中枢神経系に何らかの機能障害があると推定されるが，視覚障害，聴覚障害，知的障害，情緒障害などの障害や，環境的な要因が直接的な原因となるものではない。」

聞く・話すなどの能力の遅れの基準については，小学校2，3年生では1学年以上の遅れ，小学校4年生以上では2学年以上の差のある場合としている（文部科学省，1999）。

(2) 医学的定義

アメリカ精神医学会の制定したDSM-Ⅳ（APA, 1994）では，「通常，幼児期，小児期，または青年期に初めて診断される障害」という大分類の中に，学習障害（Learning Disorders）が位置づけられていた。そして読字障害（reading disorder），書字表出障害（expressed writing disorder），算数障害（arithmetic disorder），ならびに特定不能の学習障害，に分類されていた。

しかしDSM-5（APA, 2013）では，神経発達症群／神経発達障害群（Neurodevelopmental Disorders）という枠が設けられ，その中の一つとして限局性学習症／限局性学習障害（Specific Learning Disorder）が設定されている。すなわちDSM-Ⅳで，いわば発達期に生じる障害，というあいまいな大枠の中におかれていた学習障害が，第5版では，他の自閉症スペクトラム障害やAD/HDなどとともに，生物学的基

盤を有する障害であると明示されたわけである。さて，DSM-5の定義を概観してみてみよう。

まず，限局性学習症／限局性学習障害を，以下の6つの症状の少なくとも1つが存在することによって示される学力的スキル（academic skill）の習得と使用に困難をもつもの，としている。ただしこれらの困難は，それらに対して介入が行われたにもかかわらず，生じたものでなければならない。

①不的確または速度が遅く，努力を要する読字（例えば，ひとつの単語を不正確にあるいはゆっくりとためらいながら音読する，単語を前後の文脈から推測して読む，すなわち勝手読みをしばしばする，単語を音読すること自体に困難がある，など）
②文章理解の困難（例えば，正確に読めるかもしれないが，文のつながりや推論，あるいは深い意味などを理解していない，など）
③綴りの困難（母音や子音を付け加えたり，省略したり，置き換えたりする）
④書字表出の困難（例えば，1つの文の中でいくつもの文法的誤りがあったり句読点のつけ方を誤ったりする，段落の作り方が拙い，考えを表すことに明確さを欠く，など）
⑤数字の概念，数値，または計算を習得することの困難
⑥算数・数学的推論の困難

上記のような状態にある学力的スキルは，個人の生活年齢で期待されるものよりも実質的にかなり低く，学力や職業，日常生活に重大な影響を与えるものである。これらの学習の困難は学校時代に始まるが，時間制限のあるテストを受けるときや，長く複雑なレポートを期限までに提出しなければならないようなときなど，極度に強い学力負荷のかかるような状況にならないと，明確に現れにくい場合もある。さらにこれらの学習の困難は，知的障害，未矯正の視力・聴力や他の精神的・神経的障害，心理社会的困難，教育的指導の不十分さ，などによっては適切に説明できないものである。

読みに関する障害については，ヨーロッパ圏では1800年代後半から，脳損傷により生じた失読症（dyslexia）の研究として行なわれてきた。しかし発達過程において生ずる障害は，成人後の損傷によるものとは異なる面もある。発達期における読み・書きの障害は，developmental dyslexiaと呼ばれることもある。DSM-5では，「dyslexiaとは単語認知の正確さあるいは流暢さに問題があり，デコーディング，スペリングの能力が乏しいことによって特徴づけられるもの」とされている。

(3) 定義のあいまいさ

　医学領域における定義は,「聞く」「話す」に関する項目を含まず（他の障害で定義される）,かつ,知的障害を排除しない点で教育領域における定義と異なっている。この背景には,各領域の考え方の違いもある。医療においては,診断は治療に直結するものであり,適切な治療を行なうためには疾患を厳密に把握する必要がある。他方,教育においては,さまざまな状況で多様な困難を抱える子どものニーズに,現行の教育制度の中で応えていく必要がある（山口ら,2000）。「学習障害」のとらえ方は,国によっても異なっている（山口・金子,2000）。

　読む・書く・聞く・話すといった能力は,脳内に生ずる多数の神経活動の相互的作用過程に基づく。おのおのの過程は,生理学的にも心理学的にもきわめて複雑であり,今なお究明されたとはいえない。さらにLDには,AD/HD,自閉症スペクトラム障害,発達性協調運動障害などとの合併が少なくないとみられており（Biederman et al., 1991；Willcutt & Pennington, 2000）,ここに学習障害の特性を的確にとらえ定義することのむずかしさがある。

2 学習障害の原因と出現率
(1) 原因

　学習障害には前節で述べたように多様な特性が含まれており,それぞれの特性を生み出す原因は今なお確定されていない。ここでは,読字障害を例にとって原因説をみてみよう。読字障害では,聴覚・音韻情報にかかわる処理過程に原因を求める説,視覚情報にかかわる処理過程に原因を求める説,さらに系列的学習,特に手続き学習過程に原因を求める説に大別することができよう。

　音韻にかかわる原因説では,文字と音韻を結びつける処理に問題のあることが従来から指摘されてきた（Shaywitz, 2003）。さらに音韻処理過程のみでなく,処理速度にも問題のある場合があり,この二つが読み困難の原因であるとする二重欠陥説（Wolf & Bowers, 1999）もある。また急速な音韻変化の処理（Tallal, 1980）に問題があるとする説もある。

　視覚情報処理説には,視覚的注意スパンに関する処理不全説や視覚系大細胞（magnocellular）機能不全説,読書中の眼球運動統制不全説などがある。読みには視覚的注意が重要な役割を果たしているが（Lallier et al., 2013）,発達性ディスレクシアではその時間的特性あるいは空間的特性に問題があると想定される。ボーデンとギアシ（Boden & Giaschi, 2007）は,視覚系大細胞経路の関与する読み過程モデルを提起し,眼球運動との関連性を論じている。またレイコック（Laycock et al., 2008）

は，視覚系における大細胞系経路の不全が背側経路による初期処理のフィードフォワード／フィードバック機能の低下をもたらし，読みの困難を生じさせると想定している。アヒサー（Ahissar, 2007）は，発達性ディスレクシアでは反復刺激を有効に処理できず，知覚の不安定化が生じやすいと想定している。

　読みの作業でもう一つの重要な要素は，流暢性である。発達性ディスレクシアでは，潜在学習（implicit learning）に問題があるとする考え方もある（Folia et al.,2008）。音素と書記素の連合が進行しにくい場合には，流暢性が低下すると想定される。ニコルソンらは，読み書きの困難の背後には手続き学習の自動化に問題があり，小脳機能が関与しているとみている（Nicolson & Fawcett, 2011）。ワーキングメモリは，読み能力の獲得と流暢な使用の際に重要な役割を果たすと想定されている。ワーキングメモリが十全に機能しないならば，読み能力の獲得に時間を要し，また流暢に使用することに困難を生じることになろう（Gathercole et al., 2006：Gathercole & Alloway, 2008）。

　読みの困難の原因としては，これまで音韻処理過程説が有力視されてきた。だが，読みは複雑な一連の過程である。視覚に関連する機能，聴覚に関連する機能，さらに前頭領あるいは小脳の各系の機能がそれらに関与し，複合的に作用して読みという行為がなされると想定される。これらの相互作用のどこかで十分機能しない事態が生ずるとき，読みの困難が生じることになる。読み・書きをはじめとするさまざまな障害特性の重なり合う子どもたちが存在しており，今後，そのような現象を含めて説明しうるモデルが求められるであろう。このように，読字の障害はさまざまな原因で生じうるのであるが，それだけに一人ひとりの特性をていねいに検討して指導に活かすことが求められるであろう。

　算数にかかわる能力も，きわめて複雑な心理的過程を背景としている。算数に密接にかかわる機能としては，数・量・図形の表象化と操作の機能，さらに推論の機能がある。ドゥアンヌら（Dehaene et al., 1999）は，数学的思考においては言語的表象と視空間的表象が課題の特性に応じた役割を果たすことを示した。シャレヴら（Shalev et al., 2001）は，算数障害を構成する要因の多様性を指摘している。伊藤（1999, 2001）は，算数障害のある子どもたちに数概念の獲得の困難さのあることを示唆し，また文章問題の解決においてはプランニングにおけるつまずきが重要であることを示した。

　書字もまた複雑な過程であり，文字表象の表出順序にかかわる想起過程と表出運動過程を含む。漢字の書字については，偏と旁といった空間的処理にかかわる困難と，書き順という系列的処理の困難が生じうる。前川（2003）は，書字困難に関して，手

を柔軟に動かすことの困難，継次処理の困難，空間関係の把握・構成の困難，これら三つに重なる要因としての書字行為のモニターとプランニングの困難をあげている。

読み・書き・聞く・話す・計算するといったいずれの能力についても，ワーキングメモリー（Baddeley, 1986）が関与する。したがって，ワーキングメモリーは，（特異的）学習障害に共通しうる要因である。しかしワーキングメモリーについては，AD/HDや自閉症スペクトラム障害などでも機能低下があると考えられている（Geurts et al., 2004）。（特異的）学習障害に特有の原因としては認めがたいが，発達障害における心理的共通性を反映するものかもしれない（室橋, 2005）。

(2) 出現率

学習障害が広義にとらえられていた時期には，その出現率は数％から20％くらいの範囲で幅広く報告されていた（森永, 1988）。現在，アメリカ精神医学会の発行するDSM-5（2013）では出現率を5〜15％（成人では約4％）としている。言語によって文字と音韻の対応規則の透明性（Wydell & Butterworth, 1999）が異なっており，イタリア語，日本語などは対応が明確であるのに対して，英語などはより不明確である。このように読み障害では，言語学的特性の違いから，言語圏による出現率の差異のあることも考えられる。

3 学習障害の分類

定義の項でみたように，学習障害は，読み・書き・算数の各能力の習得と使用に関する困難をもつ，均一でないグループの総称である。また原因の項でみたように，それぞれの障害にさまざまな原因が想定され，それに対応した分類（視覚性，聴覚性など）も考えられうる。しかし，読字障害が文字と音韻の結合の問題とみられるように，学習障害では異種の情報処理を統合することに問題があるといえる。

歴史的には，ジョンソンとマイクロバスト（Johnson & Myklebust, 1964）が言語性LD（聴覚性言語の欠陥，読みの障害，書き言葉の障害，算数の障害）に加えて，非言語性LDの重要性を指摘した。非言語性LDでは，身振り，身体像，空間知覚，左右知覚，社会性知覚などに困難が生じやすいとされる。しかし近年，非言語性LDについては，アスペルガー症候群との類似性が指摘されるようになった（Gunter et al., 2002）。

上野（2003）はLDの特性を，①学力の困難，②言葉の困難，③社会性の困難，④運動の困難，⑤行動の困難に分けた。①は狭義の学習障害に対応する特性，②と③は教育における学習障害に対応する特性，③から⑤はLDの中核となる症状ではないが

重複しやすい特性であるとしている。

4 学習障害の心理特性
(1) 読み・書き・算数

　読みには，視知覚処理，文字―音韻変換，作業記憶などさまざま心理的機能が関与する。したがって読みの困難の現れ方もさまざまである。「初めて出てきた語や，普段あまり使わない語などを読み間違える」「文中の語句や行を抜かしたり，または繰り返し読んだりする」「音読が遅い」「勝手読みがある（「いきました」を「いました」と読む）」。さらに，「文章の要点を正しく読みとることがむずかしい」といった困難があげられよう（文部科学省，2002）。文字―音韻変換の処理速度の遅い子どもが，教室で音読を指示されると，早く読もうとするあまりに，抜かし読みや勝手読みをしてしまうことも考えられる。

　書きでは，「読みにくい字を書く（字の形や大きさが整っていない。まっすぐに書けない）」「独特の筆順で書く」「漢字の細かい部分を書き間違える」「句読点が抜けたり，正しく打つことができない」「限られた量の作文や，決まったパターンの文章しか書かない」といった困難があげられよう（文部科学省，2002）。たとえば，書字のプランニングにエネルギーを消費してしまう子どもは，作文を書くように指示されても，構想を練ることにエネルギーを用いる余裕がなく，内容の乏しい作文になってしまうことも考えられる。

　算数では，「簡単な計算が暗算でできない」「計算をするのにとても時間がかかる」「答えを得るのにいくつかの手続きを要する問題を解くのがむずかしい（四則混合の計算，二つの立式を必要とする計算）」「学年相応の文章題を解くのがむずかしい」「学年相応の量を比較することや，量を表わす単位を理解することがむずかしい（長さやかさの比較「15cmは150mm」ということ）」「学年相応の図形を描くことがむずかしい（丸やひし形などの図形の模写。見取り図や展開図）」「事物の因果関係を理解することがむずかしい」といった困難があげられよう（文部科学省，2002）。たとえば，空間に関する作業記憶に困難のある子どもが，文章問題を解くよう指示されても，視空間的表象の関係把握にエネルギーを消費するために，数的操作を誤りやすくなることも考えられる。

　いずれにしても，LDは学校や家庭という環境がどのように対応するかによって障害の現われ方が変わってくる面をもつ。子どもを取り巻く人たちが，子どもの特性を理解して対応するようにし，日常活動や社会参加をできるだけ制限，制約しないように工夫することが望まれる。そのときには，これらの特性は社会参加を進める要因と

もなるであろう。

(2) 二次障害

　広義の学習障害においては，その心理的特性は多様である。本人は，おのおののもつつまずきを自分自身で補償しようとする。しかし本人のみの努力では限界があり，二次障害をもつ可能性は高い。知的機能が平均以上であるか，平均以下であるかによっても二次障害のありさまが異なってくると考えられる。平均以上である場合には，本人自身のコントロールはある程度うまくいくが，本人の努力を人知れずなすことが多く，そのストレスは強い。そのため，周囲がなぜと思うような刺激によって，不適切な反応が生じてしまうこともあると想定される。他方，知的機能が平均よりも低い状態にあると，自己コントロールがうまくいきにくく，周囲との摩擦が生じやすくなる。ここでは，対人関係をベースとする周囲の状況を適切に把握しにくいことが，強く影響してくると想定される。二次障害は発生しやすく，重篤になりやすい。自殺企図に結びつくこともありうる（DSM-5：APA，2013）。

5 学習障害の支援

(1) 読み・書き・算数

　ジョンソンとマイクロバスト（Johnson & Myklebust, 1964）は，読み・書きの具体的な支援方法について多くの提案をしている。英語を対象とするが，参考になる点は少なくないであろう。また英語圏では，綴りと発音の関係の指導法としてフォニックス（phonics）が広く用いられているが，失読症（dyslexia）への指導法としても基本的に有効であると考えられている（Shaywitz, 2003）。日本における学習障害のある中学生あるいは小学生への英語指導の際にも，基本的役割を果たすと思われる（奥村・室橋，2013）。天野（1986）は，精神遅滞を対象としたひらがなの基礎的な読み過程の分析と訓練の方法を提案している。読み困難が強い場合には，試みられてよい方法であろう。また漢字書字に関しては，小池ら（2002, 2004）がCD-ROMで学習支援教材を提供している。言語性知的機能が低くない場合には，聴覚法（口唱法）と呼ばれる方法も利用できる。これは漢字の書き順について，漢字を構成する要素の名称を系列化して記憶しておき，書字の際に利用する方法である（藤吉ら，2010：下村，2006）。算数障害では，困難さの内容と現われ方が多様であり，支援方法の検討については子どもの困難さをていねいに分析することから始める必要がある。熊谷（2002, 2003）は，指導方法のさまざまな工夫を提案している。

　また，文部科学省ではLD，AD/HD，高機能自閉症のある児童生徒への教育支援に

関するガイドラインを提案している（文部科学省，2004）。本人への説明のしかたも含めて具体的に述べられており，学級経営や学習指導を工夫する際に，ヒントになるであろう。

また書きの困難のある場合には，パソコンとワープロソフトを利用できるようにすることが支援方法の一つである。特に，作文は手書きである必然性はなく，書字の苦手な子どもには，ワープロを利用して構想にエネルギーを用いることができるようにしたほうがよいであろう。

(2) 二次障害

学習障害を狭義にとらえた場合には，読み・書き・算数のそれぞれに限定された困難さであり，他の障害が合併していない場合であれば，本人が困難さを回避する努力の中ではめだたないかもしれない。しかしその努力が効を奏さなければ，周囲から障害の存在を指摘され，さらに二次障害をもつことにつながるであろう。

狭義の学習障害は，学校教育場面ではむしろめだたない存在であり，対応も遅れがちになりやすい。しかし，読み・書き・算数は，まさに学習の基本能力である。これらを十分に習得できず，使用できないことへの周囲の落胆，軽蔑といった反応は，本人の学ぼうとする意欲を弱め，自己評価を低下させる。また知的機能としては平均以上のレベルにありながら，読み・書き・算数の困難をもつギフティッドと呼ばれる子どもたちが存在する。勉強ができるとみられるため，学習障害という問題が見過ごされてしまう。日本の学校教育の中では，看過されやすい問題である。

心理特性の項で述べたように，学習の不適応は，幼児期あるいは児童期初期における読むこと・書くこと・数えることのわずかなつまずきが出発点となることが少なくないと思われる。親や指導する立場の人たちが，「他の子どもと同じ時間内に同じ速度で同じ量だけやりとげなければならない」と考えることは，不適応のきっかけをつくるともいえる。どの子どもも，読み・書き・算数を学ぶことを，本来的に欲している。しかし，子ども一人ひとりの学び方には違いがあるのであり，教え方についてはその子どもの学び方の特性に合わせることが望まれる。

4節 注意欠如・多動性障害（ADHD）

1 注意欠如・多動性障害（ADHD）の概要
(1) 概念
　同年齢の子どもたちと比べ落ち着きがない，興味があることには没頭するが嫌なことやわからないことにはほとんど関心を示さない子どもは学習や集団活動に参加することがむずかしく，学校場面などで困った子どもとして取り上げられる。そのような子どもたちの中に，注意欠如・多動性障害（Attention-Deficit/Hyperactivity Disorder：ADHD）と診断，判断される子どもがいる。

　ADHDの概念は，上林ら（2003）によれば，学術的な記述としてはイギリスの内科医スティル（Still, 1902）による「道徳的統制の欠如」「意志による行動抑制の重大な欠陥の現われ」を示した子どもたちの報告が最初といわれる。その後，このような状態像は病因からは脳炎後の行動障害，器質的衝動，微細脳障害，微細脳機能障害など，症候としては落ち着きのなさ，多動—衝動性障害，多動児，多動性反応など多くの診断名が論議されてきた。

(2) 定義
　現在，ADHDという用語は，アメリカ精神医学会（American Psychiatric Association：APA）による診断基準である「精神疾患の診断・統計マニュアル第4版テキスト改訂版（Diagnostic and statistical manual of mental disorders Fourth Edition Text Revision：DSM-Ⅳ-TR）」（APA, 2000）に基づいている。同様の診断基準に，世界保健機関（WHO）による診断基準である「国際疾病分類第10版（International Classification of Diseases 10th Edition：ICD-10）」（WHO, 1992）があり，この中では多動性障害（Hyperkinetic Disorders）として扱われているが，臨床場面での使用においてはほとんど両者に違いはない。

　DSM-Ⅳ-TRにおけるADHDの診断基準を表5-4に示す。この中では不注意の9項目，ならびに多動性の6項目と衝動性の3項目をあわせた9項目の多動性—衝動性症状について，それぞれの行動上の特徴からADHDのサブタイプを操作的に定義している。

　不注意あるいは多動性—衝動性症状のうち6項目，あるいはそれ以上が当てはまる場合にはADHD混合型（combined type）と判断される。また，不注意症状のうち6項目以上が当てはまるが，多動性—衝動性症状が6項目未満の場合にはADHD不注

Ⅱ部　特別支援児の心理特性

表5-4　DSM-Ⅳ-TRにおけるADHDの診断基準（APA, 2000）

A. (1) か (2) のどちらか：
(1) 以下の不注意の症状のうち六つ（またはそれ以上）が少なくとも6か月以上続いたことがあり，その程度は不適応的で，発達の水準に相応しないもの：
《不注意》
(a) 学業，仕事，またはその他の活動において，しばしば綿密に注意することができない，または不注意な間違いをする。
(b) 課題または遊びの活動で注意を集中し続けることがしばしば困難である。
(c) 直接話しかけられたときにしばしば聞いていないように見える。
(d) しばしば指示に従わず，学業，用事，または職場での義務をやり遂げることができない（反抗的な行動，または指示を理解できないためではなく）。
(e) 課題や活動を順序立てることがしばしば困難である。
(f) （学業や宿題のような）精神的努力の持続を要する課題に従事することをしばしば避ける，嫌う，またはいやいや行なう。
(g) 課題や活動に必要なもの（例：おもちゃ，学校の宿題，鉛筆，本，または道具）をしばしばなくしてしまう。
(h) しばしば外からの刺激によってすぐ気が散ってしまう。
(i) しばしば日々の活動を怠ける。
(2) 以下の多動性-衝動性の症状のうち六つ（またはそれ以上）が少なくとも6か月以上持続したことがあり，その程度は不適応的で，発達水準に相応しない：
《多動性》
(a) しばしば手足をそわそわと動かし，またはいすの上でもじもじする。
(b) しばしば教室や，その他，座っていることを要求される状況で席を離れる。
(c) しばしば，不適切な状況で，余計に走り回ったり高い所へ上ったりする（青年または成人では落ち着かない感じの自覚のみに限られるかもしれない）。
(d) しばしば静かに遊んだり余暇活動につくことができない。
(e) しばしば"じっとしていない"，またはまるで"エンジンで動かされるように"行動する。
(f) しばしばしゃべりすぎる。
《衝動性》
(g) しばしば質問が終わる前にだし抜けに答え始めてしまう。
(h) しばしば順番を待つことが困難である。
(i) しばしば他人を妨害し，邪魔する（例：会話やゲームに干渉する）。
B. 多動性-衝動性または不注意の症状のいくつかが7歳未満に存在し，障害を引き起こしている。
C. これらの症状による障害が二つ以上の状況〔例：学校（または職場）と家庭〕において存在する。
D. 社会的，学業的，または職業的機能において，臨床的に著しい障害が存在するという明確な証拠が存在しなければならない。
E. その症状は広汎性発達障害，統合失調症，または他の精神病性障害の経過中にのみ起こるものではなく，他の精神疾患（例：気分障害，不安障害，解離性障害，またはパーソナリティ障害）ではうまく説明されない。

意優勢型（predominantly inattentive type）と判断される。そして，多動性—衝動性症状のうち6項目以上が当てはまり，不注意症状が6項目未満の場合にはADHD多動性—衝動性優勢型（predominantly hyperactive-impulsive type）と判断される。なお，DSMは2013年に第5版のDSM-5が出版されており（APA，2013；日本精神神経学会，2014），上記の診断基準に種々の変更がなされている。上述に関連する大きな変更点として，後述する関連障害である反抗挑戦性障害や行為障害とともに破壊的行動障害（Disruptive Behavior Disorder）のカテゴリーに属していたのに対し，神経発達症群／神経発達障害群（Neurodevelopmental Disorder）のカテゴリーに自閉症スペクトラム障害（DSM-Ⅳ-TRまでの広汎性発達障害）等とともに含められたこと，上記自閉症スペクトラム障害が除外診断から外され，併存が認められたこと，症状の存在が7歳以前から12歳以前に引き上げられたこと，3つのサブタイプを廃し過去6か月間の症状の現われ方として混合状態（Combind Presentation，不注意優勢状態（Predominantly Inattentive Presentation），多動性／衝動性優勢状態（Predominantly Hyperactive/Impulsive Presentation）として特定すること，症状の程度として重症度（severity）を3段階で特定表記すること，等があげられる。

また，国内では，文部科学省（2003）による『今後の特別支援教育の在り方について（最終報告）』の中で，通常の小・中学校に在籍する特別な支援を要する子どもの一つとして，学習障害，高機能自閉症とともにADHDがあげられている。この報告の中では，DSM-ⅣとADHDの行動評定尺度であるADHD-RS-Ⅳを参考に，試案としてADHDを「年齢あるいは発達に不釣り合いな注意力，及び／又は衝動性，多動性を特徴とする行動の障害で，社会的な活動や学業の機能に支障をきたすものである。また，7歳以前に現れ，その状態が継続し，中枢神経系に何らかの要因による機能不全があると推定される。」と定義している。

先述したDSMの改訂に対応して，国内においては日本精神神経学会から病名・用語翻訳ガイドライン（初版）としてADHDの邦訳として注意欠如・多動症／注意欠如・多動性障害が提案され（日本精神神経学会精神科病名検討連絡会，2014）た後に出版に至っており，診断基準の変更にどう対応していくかが議論されている段階である。

2 注意欠如・多動性障害の出現率と分類
(1) 出現率

DSM-Ⅳ-TRにおいては，ADHDの出現率は学齢期の子どもで3〜7％とされる。上林ら（2003）によれば，児童期にADHDの診断を受けた子どもの約70％は，思春

期以降もADHDの症状が持続し、さらに30〜50％は成人になっても症状が持続することが報告されている。また、DSM-Ⅳ-TRによれば男女比は2対1から9対1とされる。このようにADHDが男児において多いことは一貫しているが、調査対象によって幅があるのは、ADHDのタイプによる違いや、医療機関を受診するのは多くが男児であることによるものと考えられている。あわせて、バークレー（Barkley, 1998）は成人を対象にした場合には性差が小さくなるとしており、出現率は年齢と性別によって異なるといえる。

(2) 分類

アメリカ精神医学会の分類に従えば、ADHDは大きく三つのサブタイプに分けられることは先に述べたが、ADHD混合型は以前からさまざまな研究が行なわれてきており、子ども本人や周囲にとって最も困難が生じるタイプといえる。ゼントール（Zentall, 2005）によれば、ADHD不注意優勢型はADHD全体の27％、ADHD多動性―衝動性優勢型が18％、そしてADHD混合型が55％と報告されており、混合型の割合が最も多い。ADHD不注意優勢型は、多動性や衝動性に関連する症状がないために集団の中では見落とされがちといわれているが、集中できる時間が極端に短いため、忘れ物が多かったり、人の話を聞けなかったりすることが多く、本人もそのことが自覚できる場合が多いために不安や抑うつ感を感じやすいとされる。また不注意に関する問題は小学校中学年程度に明らかになることが多いとされ、成人期までその多くが継続して存在することから、成人になって医療機関での診断を受ける場合も多い。ADHD衝動性―多動性優勢型はほとんどが幼児期に判断され、多くの場合は発達に伴い不注意症状が現われ始め、混合型に移行するといわれている。デュポールとストーナー（DuPaul & Stoner, 2003）は多動性―衝動性優勢型の疫学や臨床的特徴、学校での行動、治療予後についての研究報告が少ないこと、混合型の子どもと同じ合併障害を示しがちであることから、ADHD多動性―衝動性優勢型はADHD混合型のより軽度な状態、あるいは初期症状と見なすのが妥当であろうと述べている。

3 注意欠如・多動性障害の原因と関連障害

(1) 原因

バークレー（Barkley, 1998）は、いくつかの原因の中で最も知見が蓄積されているのは神経生物学的研究と遺伝的研究であると述べている。

神経生物学的研究では、当初はADHDのある子ども、成人において、注意や行動制御の困難にかかわる脳の構造的異常が検討されてきた（Ernst, 1996）。たとえば、

局所脳血流（rCBF）を用いた研究では，ローら（Lou et al., 1989）はADHD児において，前頭部とともに線条体を中心とする大脳基底核の血流低下を報告している。核磁気共鳴画像イメージング（MRI）を用いた研究では，カステラノスら（Castellanos et al., 1996）がADHD児は右前頭前部，尾状核，淡蒼球そして小脳容量が有意に小さいことを報告し，前頭葉と大脳基底核を中心とした脳内ネットワークの機能不全と，これに加えて小脳が感覚的な運動準備になんらかの役割を果たしているという仮説に一致するものとしている。脳波を用いた研究も多く報告されており，たとえばブランダイスら（Brandeis et al., 1998）は運動を抑制することを求める課題を行なっている際に脳波の一種である事象関連電位を記録し，ADHD児に行動抑制の困難を生じさせているのは行動抑制にかかわる処理そのものよりも，むしろより早期の注意の定位過程の問題であることを指摘している。

遺伝的要因に関しては，家族や親等内発現の調査研究，双生児研究から検討されており，ADHDのある子どもの肉親にはADHDのない子どもの家族に比べて現在あるいは過去にADHDの症状があった者が多いこと，一卵性双生児では二卵性双生児に比べてADHDの特徴がきょうだいの間で受け継がれやすいことなどが指摘されている（Barkley, 1998）。ADHDに関連する遺伝子は複数報告されているが，特に注目されているものとして，ドーパミンD4受容体遺伝子（DRD-4），ドーパミントランスポーター遺伝子（DAT1）の関与が示唆されている（DuPaul & Stoner, 2003）。これらの遺伝子は神経伝達物質であるドーパミンとノルアドレナリンの代謝に関連することが知られており，前述した前頭葉における活性の低下に関連すると考えられる。

また，母親あるいは妊娠中の喫煙や低体重出生はADHDとの間に明らかな相関関係を示すことから，ADHDとなんらかの環境的要因が関係することが示されている（Barkley, 1998）が，実際にADHDの問題を引き起こす要因としての役割は小さいものと考えられている。

(2) 関連障害

ADHDに合併する問題の代表的なものは学習障害（LD）であり，LDの40％にADHD，ADHDの90％に学習面の問題があることが指摘されている。また，発達性協調運動障害と呼ばれる，運動面の不器用さが認められる場合も多い。加えて，対人関係や教室での集団活動に影響を与える合併障害として反抗挑戦性障害（oppositional defiant disorder：ODD）が半数近くに合併するとされる。反抗挑戦性障害は目上の者に対する拒絶的，反抗的，不従順，挑戦的な行動を繰り返す状態が存在し，これが社会的，学業的，職業的機能に著しい障害を引き起こしていることにより診断され

る。そして、このような状態がさらに深刻になったものが行為障害（conduct disorder：CD）であり、ADHDの30％近くに合併するとされる。行為障害とは他人の基本的人権、または主要な年齢相応の社会的基準や規則を無視することが反復または持続する状態であり、これが社会的、学業的、職業的機能に著しい障害を引き起こしていることにより診断される。ADHDのある子どもたちへの対応が否定的なものになると、彼らの自己評価の低下を招き、二次障害としての反抗挑戦性障害、そして行為障害、さらには反社会性人格障害に至る、破壊的行動障害（disruptive behavior disorders：DBD）マーチと呼ばれる経過が起こってしまうことも指摘されている（上林ら，2003）。このような指摘はおもにADHDのある男児を中心とした報告であるが、ADHD女児は男児に比べ引きこもりや不安、反抗挑戦性障害や行為障害を併発することが多いものの、衝動性や学力の問題には男児と差がなく、薬物療法に対する影響も有意差を認めない（Gaub & Carlson, 1997）ことが指摘されている。

　また、ADHDとの関連が多く指摘されている発達障害として広汎性発達障害（pervasive developmental disorder：PDD）があげられる。PDDは自閉症の概念を広げた、社会的相互交渉の障害、コミュニケーションの障害、想像力の障害を特徴とする「三つ組」の障害から判断される。この中でも知的発達に遅れはない高機能広汎性発達障害（高機能自閉症）、言語能力に問題のないアスペルガー症候群、特定不能の広汎性発達障害（PDD-NOS）のある子どもにADHDと類似した状態像を示す子どもが多くみられる。これ以外にも、合併が報告されているものとしてチック等の神経性習癖、てんかんなどがあげられる。

4 注意欠如・多動性障害児の心理特性

　先に述べたように、ADHDにおける脳機能の不全はおもに前頭葉の機能に関連づけられている。前頭葉は行動全体をコントロールする部分といわれているが、この部分が関与するはたらきのうち、実行機能（executive function）と呼ばれる能力の困難が多くの研究で報告されている。実行機能とは、未来のゴールへと到達するための適切な構えを維持していくことに必要なさまざまな心理機能の包括的概念である。ペニントンとオゾノフ（Pennington & Ozonoff, 1996）は実行機能の障害はADHDと自閉症で一貫して認められること、実行機能の障害の重度とその内容は自閉症とADHDでは異なり、反応の抑制の障害はADHDではみられるが自閉症ではみられないことを報告した。ADHDにおける反応抑制の評価課題として多くの研究で用いられているものに、Continuous Performance Test（CPT）があげられる。CPTはコンピュータにランダムに出現する刺激の中から特定の刺激に対してボタン押しなどの反

応を求める注意課題である。ADHDのある子どもはこのテストで反応するべき刺激への見逃しや聞き逃し，あるいは反応すべきではない刺激へのお手付きが多いことが多くの研究で指摘されている。また，メチルフェニデートに代表される薬物を服用することで成績が改善することから，薬物の効果判定に有用であるとの指摘もなされている（Losier et al., 1996）。しかし，バレンとスワンソン（Baren & Swanson, 1996）は小学生にCPTを適用した場合，ADHD児の約4倍の非ADHD児が異常値を示すとしており，課題結果の評価は行動評定や他の認知課題とともに慎重に行なうべきであるといえる。

　バークレー（Barkley, 1997）はADHD児が困難を示すのは不注意，衝動性，多動性の三つの基本症状にかかわる状況だけではなく，最終的な達成目標に向けてさまざまな心的活動を実行するとともに，目標達成には必要のない心的活動を抑制することが求められる状況であることを指摘している。さらに，バークレー（Barkley, 1997）はADHD児の自己制御の障害を包括したハイブリッド・モデルを提唱している。このモデルはADHD混合型とADHD衝動性—多動性優勢型を想定し，行動抑制の弱さ（poor behavioral inhibition）による自己制御（self-control）の弱さがADHDの中心的障害であり，実行機能の問題は行動抑制の弱さから二次的に生じるものであるとしている。

5 注意欠如・多動性障害児の支援
(1) 環境調整と行動修正・統制

　ADHD児への支援は併存する学習障害などの障害への考慮を含め，個々の認知処理特性を把握した対応と，二次的に生じる自尊心の低下を防ぐことが大きな目的となる。ラポート（Rapport, 1993）によれば，ADHDの臨床場面における評価には，インタビュー，病歴の聴取，親あるいは教師による行動評定尺度，各種心理検査のデータ，そして直接観察が用いられる。ローウェンサル（Lowenthal, 1994）は，ADHDのある子どもへの環境調整と行動修正の指導は，以下の五つにまとめられるとしている。

①環境と教示の形成：用いる刺激を工夫したり，少人数での指導において直接的な教示を用いたりすること。
②教師による指示の一貫性：教師による子どもへの肯定的，あるいは否定的な言語的フィードバックといった一貫した指示に加え，子ども自身が行動の統制をとれたことを自覚させる教示の必要性。

③トークンエコノミーの使用：ADHDのある子どもの適切な行動には報酬を与え，不適切な行動にはトークンの取り上げを行なうレスポンス・コスト法と併用すること。
④家庭と学校との一貫性：学校で改善した行動を家でも再強化されるよう促すこと。
⑤認知行動的アプローチ：子どもに自分の行動を改善する方略を自分で開発させるための介入。

また，子どもが自分で行動を統制できるよう促すために用いられる手法の一つにセルフモニタリングと自己強化があり，バークレーら（Barkley et al., 1990）は外部からの介入と強化よりも社会的な行動，学習の向上がみられることを示している。

加えて，保護者に対する訓練も周囲の環境調整という点で重視されてきている。国内でも，保護者への支援の方法としてペアレント・トレーニングが各地で用いられるようになってきている。岩坂ら（2004）によれば，ペアレント・トレーニングはカリフォルニア大学ロサンゼルス校で実施されているプログラムをもとにしており，少人数の親を対象に10セッション程度のプログラムで構成される。保護者に子どもの行動変容のための方法を学習してもらうことで効果的な子どもの問題解決に親がかかわってもらうことをねらうとともに，親の養育ストレスの低下やうつ状態の軽減，親子の相互作用の改善にも効果があることが報告されている。

(2) 薬物療法

また，ADHDには薬物療法が有効であることが知られている。現在のところADHDの治療薬として承認されているのは塩酸メチルフェニデート徐放薬（商品名コンサータ）ならびにアトモキセチン（商品名ストラテラ）である。これらの薬物は当初は小児への適用のみが承認されていたが，現在では成人期に初めて診断がなされたADHD者にも適用が認められている。メチルフェニデートの作用機序は脳内のシナプス前神経細胞に放出されたドーパミン，ノルエピネフリンといった神経伝達物質が再び神経細胞に取り込まれるのを一時的に阻害し，これらの神経伝達物質の濃度を高めることで注意力を改善するとされ，徐放薬はメチルフェニデートの体内動態推移を遅らせることで依存形成のリスクを軽減するものとされる。アトモキセチンの作用機序としては脳内の前頭前皮質や頭頂葉，側頭葉に多く分布するノルアドレナリン神経系においてノルアドレナリンの再取り込みを阻害するものであり，中枢神経刺激薬であるメチルフェニデートとは異なり依存の危険性がないものとされる（宮島・石田，2010）。また，重篤な場合はほとんどないものの，それぞれの薬物の副作用とし

てメチルフェニデート徐放薬では食欲減退，体重減少，腹痛，頭痛，不眠などがあげられ，アトモキセチンでは口渇，不眠，吐気，食欲低下，便秘，めまい，発汗などがあげられる（宮島・石田，2010）。

このほか，ADHDの治療に用いられる薬物には，抗てんかん薬，抗精神病薬，抗うつ薬などがあげられ，高学年以降の衝動性の高まりに対しては予防的に感情安定薬が用いられたり，激しい興奮に対して抗精神病薬が用いられる場合もある。

なお，これらの薬物療法は周囲が問題行動の減少を期待することよりもむしろ，子ども自身が成功経験を得られる機会が確保でき，それに伴い自己評価や自尊心の向上につながることが目的であることを理解しておくことが重要である。

(3) 多角的な治療・介入

近年，アメリカを中心としたADHDへの治療・介入を多角的に検討するための研究プロジェクトの成果が報告されてきている。これはMultimodality Treatment Study of ADHD（MTA）と呼ばれるもので，ADHDの薬理学的介入と心理社会的介入を評価することを目的としたものである（Arnold et al., 1997）。ポールら（Paule et al., 2000）は，144名の対象児を統制条件以外の3条件にランダムに割り当て，14か月にわたる集中訓練を実施し，独自に開発した評価バッテリーの結果を統制条件に参加した別の144名の対象児の結果と比較検討している。この結果，比較的効果的だったのは薬物療法であったものの，総合的には薬物療法と心理社会的介入の組み合わせが，ADHD以外の障害が併存する場合の対応を含めても効果が高いことが示されている。

5節 情緒障害

1 情緒障害の概要
(1) 情緒障害の概念

情緒障害（emotional disturbances）に含まれる状態像にはさまざまなものがあり，概念規定の難しい用語である。現在，わが国の学校教育においては，「自閉症・情緒障害特別支援学級」に「情緒障害」という用語が使われており，2009（平成21）年2月3日付の文部科学省初等中等教育局長通知「「情緒障害者」を対象とする特別支援学級の名称について」では，情緒障害を以下のように規定している。

主として心理的な要因による選択性かん黙等があるもので，社会生活への適応が困難である程度のもの

また2006（平成18）年3月31日付の文部科学省初等中等教育局長通知「通級による指導の対象とすることが適当な自閉症者，情緒障害者，学習障害者又は注意欠陥・多動性障害者に該当する児童生徒について」では，情緒障害を以下のように規定している。

主として心理的な要因による選択性かん黙等があるもので，通常の学級での学習におおむね参加でき，一部特別な指導を必要とする程度のもの

これらの通知からわかるように，わが国の特別支援教育における情緒障害教育の対象は，「主として心理的な要因」によって修学上の困難を有する児童生徒であり，選択性緘黙や不登校，重度のチック等が含まれている。本節では，選択性緘黙と不登校を中心に解説する。

(2) 選択性緘黙の定義

選択性緘黙は場面緘黙や心因性緘黙とも呼ばれるが，医学的カテゴリーである。米国精神医学会作成の診断基準DSM-5では「不安障害群（anxiety disorders）」の1つとされ，次の5つの特徴から診断される（American Psychiatric Association, 2013）。

(a) 他の場面では話すことができるのに，学校など話すことが期待される特定の場面で，一貫して話すことができない。
(b) この状態があるために，学業，職業，対人的コミュニケーションの上で支障をきたしている。
(c) その症状は少なくとも1か月以上続いている（入学や転校時の1か月間に限定されない）。
(d) 話すことができないのは社会的場面で話す能力がないためではなく，また話したくないという理由からでもない。
(e) その症状は，吃音などのコミュニケーション障害によるものではなく，また自閉症スペクトラム障害・統合失調症・その他の精神病性障害の経過中にのみ起こるものではない。

この診断基準には，選択性緘黙の特徴として以下のことが意味されている（園山，

1997)。

　第一に，話す能力があり，本来的には言語の理解と表出に障害はない。したがって，聴覚障害や構音障害などによる発声発語の障害，高度の吃音によって話せない状態，重度知的障害による言語の発達遅滞などは含まれない。

　第二に，話さない場面が特定の場面や人に限定され，家庭で家族だけで過ごすような状況では自由に話しているにもかかわらず，幼稚園や学校に行くとまったく話さなくなることが一般的である。しかし，発話が場面によって限定される程度には個人差も大きく，家庭でも，親戚など家族以外の人がいるだけで話せなくなってしまう場合から，学校でも特定の友だちとであれば小さな声で話し，教師に対してだけまったく話せなくなる場合まである。

　第三に，特定の場面で話せない状態は一時的なものではないということである。幼稚園入園や小学校入学当初には，集団場面に慣れないことから一時的にほとんど話さないような子どもも少なからずみられる。しかし，この場合も，幼稚園生活に慣れるにしたがって2，3週間で問題なく話せるようになることのほうが多い。また，親の急死など明らかな心的外傷経験となる出来事のあとで，ショックのあまり一時的に話せなくなる場合もあるが，この場合も選択性緘黙には含まれない。

(3) 不登校の定義

　不登校の研究は，1932年にブロードウィン（Broadwin, 1932）が非行型の怠学（truancy）や家庭の事情による不登校とは異なり，登校に強い不安を伴うことにより欠席する児童がいることを初めて報告したことに始まる。その後，ジョンソンら（Johnson et al., 1941）はこれらの登校を拒否する児童の症状を恐怖症の観点から分析し「学校恐怖症（school phobia）」と名づけ，おもに母子関係の障害によって生ずるものと説明した。わが国においても，心理的な原因によって登校できない子どもたちの問題は昭和30年代頃より取り上げられ，その後，社会の変化に伴って不登校の様相も徐々に変化してきていることが指摘されている（高木，1984）。

　学校恐怖症という用語は恐怖症という神経症的な心理機制のために登校できないという狭い概念を意味しており，その後，恐怖症にかぎらずなんらかの心理的な原因によって登校を強く拒否して登校できないという意味で，より広い概念である「登校拒否（school refusal）」という用語が用いられている。わが国においては，1998年以降，特に登校を強く拒否しないにもかかわらず登校しない児童生徒も含めた，さらに広い概念として「不登校」という用語が用いられるようになった。

　現在，わが国においては，不登校は基本的には医学的な診断カテゴリーではなく，

学校教育上の用語であると考えたほうがよい。文部科学省の学校基本調査では，不登校は次のように規定されている。

「なんらかの心理的，情緒的，身体的，あるいは社会的要因・背景により，児童生徒が登校しないあるいはしたくともできない状況にあること（ただし，病気や経済的な理由によるものを除く）」。

これらの理由により，年間30日以上の欠席がみられた場合は不登校による長期欠席者と見なされている。

2 情緒障害の原因と出現率

選択性緘黙や不登校は，なんらかの環境的な要因との相互作用によって生じた情緒行動上の問題である。したがって，基本的には脳の器質的・機能的な障害とは無関係であるが，これらの情緒障害がもたらされる環境要因との相互作用の態様は十分明らかになっているわけではない。

(1) 選択性緘黙の原因と出現率

選択性緘黙が発症する原因については，現在でも十分なことがわかっているわけではないが，発症に関連する要因は多様であると考えられている。選択性緘黙の発症との関連性が示唆されている要因はいくつかある。

選択性緘黙の発症の契機は，幼稚園や小学校への入園・入学であることがほとんどである（相馬，1991）。入園・入学が発症の契機になることに関係する子どもの要因は，社会性の未熟による社会的場面における不安・緊張の亢進であると考えられる。選択性緘黙の子どもの多くに社会的スキルの未熟がみられ，幼稚園や学校で話さないだけでなく，他児とのかかわりが非常に少なかったり，受け身であったり，特定の子どもとしか遊べなかったりすることが多い。社会性の未熟な子どもにとっては，幼稚園や小学校などの集団場面は自分の要求を叶えることがむずかしい場面となり，そのため不安・緊張が高まり，それによって発話行動が抑制される可能性が高くなる。

また，ボーダーラインの知的能力や軽度知的障害のある子どもの場合にも，選択性緘黙の発症の可能性が高くなることも指摘されている（園山，1997）。

選択性緘黙の出現率は，研究によってまちまちである。その理由は，選択性緘黙の定義の違い，調査した対象の違い，対象とした子どもの年齢の違い，などによる。特に，選択性緘黙は幼稚園や小学校低学年などでは多く，学年・年齢が高くなるにつれて自然に治癒する事例もあり，年齢が高いほど出現率は低くなる。一般に選択性緘黙の出現率はそれほど高くなく，1万人に8人程度と見なされるが（Cline & Baldwin,

1994),小学校低学年ではもっと高くおおよそ 1 千人に 3 〜 4 人程度と考えられる。男子よりも女子の出現率が高いことも指摘されている (Cline & Baldwin, 1994;相馬,1991;内山,1960)。

(2) 不登校の原因と在籍率

不登校の態様はさまざまであり,その原因も一様ではない。文部科学省 (2013) の「児童生徒の問題行動等生徒指導上の諸問題に関する調査」では,表 5-5 に示したよ

表 5-5　不登校になったきっかけと考えられる状況 (文部科学省, 2013)　　人 (%)

区　分		小学校	中学校	計
学校に係る状況	いじめ	413　(1.9)	1,923　(2.1)	2,336　(2.1)
	いじめを除く友人関係をめぐる問題	2,332　(11.0)	14,382　(15.7)	16,714　(14.8)
	教職員との関係をめぐる問題	692　(3.3)	1,346　(1.5)	2,038　(1.8)
	学業の不振	1,609　(7.6)	8,686　(9.5)	10,295　(9.1)
	進路にかかる不安	106　(0.5)	1,392　(1.5)	1,498　(1.3)
	クラブ活動,部活動等への不適応	31　(0.1)	2,026　(2.2)	2,057　(1.8)
	学校のきまり等をめぐる問題	144　(0.7)	2,040　(2.2)	2,184　(1.9)
	入学,転編入学,進級時の不適応	476　(2.2)	2,550　(2.8)	3,026　(2.7)
家庭に係る状況	家庭の生活環境の急激な変化	2,036　(9.6)	4,326　(4.7)	6,362　(5.6)
	親子関係をめぐる問題	4,287　(20.2)	8,175　(8.9)	12,462　(11.1)
	家庭内の不和	1,052　(5.0)	3,430　(3.8)	4,482　(4.0)
本人に係る状況	病気による欠席	1,982　(9.3)	6,630　(7.3)	8,612　(7.6)
	あそび・非行	274　(1.3)	10,397　(11.4)	10,671　(9.5)
	無気力	5,047　(23.8)	24,149　(26.4)	29,196　(25.9)
	不安など情緒的混乱	7,047　(33.2)	22,982　(25.1)	30,029　(26.6)
	意図的な拒否	981　(4.6)	4,257　(4.7)	5,238　(4.6)
	上記「病気による欠席」から「意図的な拒否」までのいずれにも該当しない,本人に関わる問題	1,258　(5.9)	4,642　(5.1)	5,900　(5.2)
その他		1,216　(5.7)	1,506　(1.6)	2,722　(2.4)
不明		376　(1.8)	1,512　(1.7)	1,888　(1.7)

複数回答可
%は各区分における不登校児童生徒数に対する割合

Ⅱ部 特別支援児の心理特性

うに，不登校になったきっかけと考えられる状況として，「学校に係る状況」「家庭に係る状況」「本人に係る状況」の三つがあげられている。

これらの状況のうち，小学校では「本人に係る状況」(78%) が最も多く，次いで「家庭に係る状況」(35%)，「学校に係る状況」(27%) の順となっている。中学校に

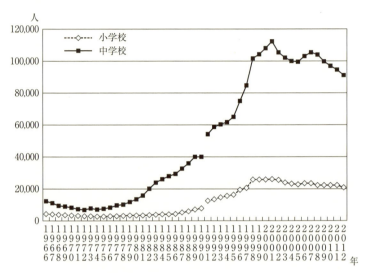

図5-6　不登校児童生徒の推移（文部科学省，1967～2013をもとに作成）
（1966～1990年は年間50日以上，1991年以降は年間30日以上の欠席）

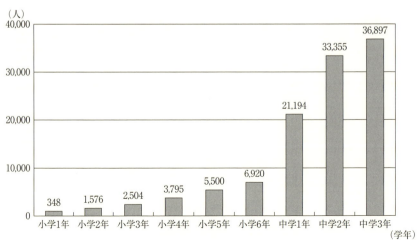

図5-7　学年別不登校児童生徒数（文部科学省，2013）

ついても，「本人に係る状況」（80％）が最も多く，次いで「学校に係る状況」（38％），「家庭に係る状況」（17％）の順となっている。

図5-6は，不登校の児童生徒数について，各年度の学校基本調査の結果をもとに年度別に小学校と中学校に分けて示したものである。この図からわかるように，2001（平成13）年度まではまさにうなぎ登りに増加し続けていたが，2002（平成14年）度以降は人数および在籍率とも減少傾向にある。2012（平成24）年度の不登校児童生徒数は合計112,689人（小学校21,243人，中学校91,446人），在籍率は全体で1.09％（小学校0.31％，中学校2.56％）で，人数の前年比は合計で-4.1％（小学校-6.1％，中学校-3.6％）となっている。

また，図5-7に示したように，2012（平成24）年度の不登校の児童生徒数は学年が上がるにつれて多くなり，中学校1年生（21,194人）は小学校6年生（6,920人）と比べ，1学年の違いで約3倍に増えている。

3 情緒障害の分類と心理特性

(1) 選択性緘黙の分類と心理特性

選択性緘黙は非常に個人差が大きい状態像であり，タイプ分けは簡単ではない。大井（1984）は選択性緘黙の本質を対人的コミュニケーションの障害としてとらえ，社会化への意欲の強さの程度によって以下のような三つのタイプに分類し，それぞれの心理特性を解説している。

①社会化欲求型：家族以外にコミュニケーションを自ら求めるもの
　　このタイプは，家庭内ではおしゃべりであり，よくしゃべることによって中心的存在たらんと振る舞い，家庭外では沈黙することによって表情，動作などの非言語的伝達行動を武器として周囲の関心を引き付けようとする。対人的コミュニケーションの手段として沈黙を守る。

②社会化意欲薄弱型：家族以外にコミュニケーションを自ら求めようとする意欲に乏しいが，受動的には求めるもの
　　このタイプは，家庭外で沈黙するばかりでなく，家庭内でも無口で消極的・受動的である。周囲と積極的にかかわるでもなく拒否するでもなく，周囲の流れに自分をまかせてしまう。言語能力に対する劣等感も強く，自分をさらけ出すことなく身を守るために沈黙する。

③社会化拒否型：家族以外にコミュニケーションを拒絶するかのごとく求めないもの
　　このタイプは，家庭外ではもちろん，家庭内でも選択的に沈黙する。家庭内での

対象は父親であることが多い。家庭外での沈黙は，強い対人緊張，対人恐怖による対人コミュニケーションを避けるための手段であるが，家庭における父親に対する沈黙は，父親に対する敵意の表現である。

そして，発症要因としてはそれぞれ，①環境因＞素因，②環境因＝素因，③環境因＜素因，と仮定されている。

選択性緘黙の子どもは発話が抑制されるだけでなく，行動や感情の抑制，および身体的な緊張がみられる場合も少なくない。たとえば，幼稚園や学校で孤立し，休憩時間でも誰とも遊ばず教室でじっとしていたり，朝礼等の集団活動の場面では身体的な緊張が高まり，ぎこちない動きになったりする子どももいる。また，一般に，内向的性格であり，社会的不安が強いこと，性格的な頑固さなどがみられることが多い。

(2) 不登校の分類と心理特性

不登校も事例によってさまざまな要因が関係しており，同様にタイプ分けや心理特性の抽出は容易ではない。田上（1999）は，子どもの行動と環境との関係として不登校を，「登校行動に罰が随伴したもの（①〜④）」と「登校行動に強化が随伴しないもの（⑤〜⑦）」にタイプ分けし，その不登校の機制を説明している。

①新しい環境に入れなかったタイプ：幼稚園や小学校の入学時によくみられるタイプで，学校という新しい場面や人間関係で過度の不安反応を起こし，登校しない。
②勉強や規則を苦手とするタイプ：勉強とか学校生活に耐えるのを極度に苦痛とする。
③環境への応えすぎタイプ：まじめで学業成績がよく教師の指示にも従い，学校によく適応しているように見えていたのに，突然学校を休み，周囲の者を驚かす。小学校6年生あたりから発生する。
④トラブルによるタイプ：子どもの学校生活に特に問題が見当たらないが，あるとき学校で不快な出来事を経験して，それをきっかけに学校に来なくなってしまう。
⑤友だちができなかったタイプ：まじめに勉強して学校生活に参加しているにもかかわらず，むくわれないもので，勉強やスポーツでめだたないとか，特に友だち関係があまりよくないことによって学校生活が楽しくない。
⑥登校の意味を失ったタイプ：高校生など年齢の高い子どもにみられ，学校で勉強するのは苦痛であったり時間の無駄になるだけで，自分によって意味があるとは思えないと自覚している。

⑦家族の危機によるタイプ：家庭に大きなトラブルを抱えており，学校生活を楽しむことができないもの。

これらのタイプのほか，不登校が初発なのかこれまでにも何度か繰り返されてきたのか，不登校の持続期間，発症年齢などもタイプ分けの要因となる。また，LDやADHD等のいわゆる発達障害のある児童生徒の不登校も少なくないことが指摘されている（星野・栗田，1995）。

4 情緒障害児の支援
(1) 選択性緘黙児の支援

選択性緘黙の子どもに対する支援は，学校場面での配慮だけでなく，教育相談センター等での心理療法的アプローチも必要とされることが少なくない。選択性緘黙に対する心理療法的支援としては，これまで行動療法，遊戯療法，箱庭療法などさまざまな方法が適用されている。

以下では，行動療法の中で選択性緘黙によく用いられる技法である刺激フェイディング法（stimulus fading）を紹介する。この方法は対象児が発話可能な場面から支援を始め，徐々に緘黙場面（幼稚園や学校）で発話できるように，スモールステップを用いた方法であり，教師・保護者・専門家が協働して実施できる方法である（Mcholm et al., 2005）。原則的には，スモールステップをつくる際に，次のような三つの手法を用いる。第一に，「漸次的接近（successive approximation）」であり，発話可能な場面から緘黙場面（幼稚園や学校）に徐々に支援場面を近づけていく。第二に，「漸次的刺激導入（stimulus fading-in）」であり，緘黙関連刺激（教師や同級生や教室など）を徐々に支援場面に導入する。第三に，「漸次的刺激消退（stimulus fading-out）」であり，発話関連刺激（家庭場面や両親やきょうだいなど）を徐々に支援場面から取り除く。この三つの手法を組み合わせることによって，支援場面で対象児はいつも発話が可能な状態を維持しながら，最終的に，かつ発話が抑制されていた幼稚園や学校で発話ができるようにしていく，子どもにとって負担の少ない方法である。以下で具体的な事例を紹介する（園山，1992）。

事例

対象児は受理面接時に小学校2年生の女子であり，教育相談室において支援を行なった事例である。幼稚園の頃は一人の子どもとだけ遊び，その子とは会話ができていたが，教師や他児とはほとんど話していなかった。小学校入学後も1年生のときは担任に尋ね

表 5-6　選択性緘黙に対する刺激フェイディング法（園山, 1992）

☐：現実場面，┆┄┆：想起場面，Ｔｈ：相談員

学年	月	導入した緘黙関連刺激場面	同席者	本児の反応	その他の出来事
2年	②				〔インテーク〕
	③				授業中作文が読めずはやし立てられる。
3年	④				担任が交替
		プレイルームで他の相談員を前に教科書を読む	Ｔｈ 他Ｔｈ	表情は堅くなるものの練習通りの本読みはできた。 他Ｔｈの問いかけにはうなずきで応えていたが、徐々に短い言葉で応えるようになる。	母親に頼まれて初めて一人で買物に行く。 公民館での月1回の料理教室に喜んで行き始める。
	⑦	相談室に他の相談員を呼びに行く。	複数Ｔｈ	入室時に躊躇したが、Ｔｈの励ましで入室し、身体をモジモジさせながらも短く話しかける。	いじめられ2週間不登校。
	⑧	無人の校庭でＴｈと遊ぶ	Ｔｈ	校舎に近づくと表情がこわばる。	
	⑪ ⑫				風邪や発熱で学校を休むことが多く登校時に体調の不良を訴えることも多い。
	①				一人でスーパーに行き「母の誕生日」伝え、プレゼントを買う。
4年	④				担任が交替。
	⑤				Ｔｈと担任が面談し学校と相談室での支援方法を確認。
	⑥	公立図書館で本を借りる	Ｔｈ 係員 他人	知人がいないか気にするが、係員とも短い会話をして本を借りる。	以後、一人でも本を借りに行くようになる。
		夏休みに担任に来所してもらい一対一で会うことを本児とＴｈで話し合う	Ｔｈ	嫌そうではなく、かえって期待している様子。	2回目以降は躊躇なく入室。
	⑦	相談室で次回の予定を決める	Ｔｈ 複数Ｔｈ	入室し躊躇するが自らもＴｈに話しかける。	
		8月に担任と会うときの予定を決める	Ｔｈ	読む箇所やゲームを本児が決める。	
	⑧	プレイルームで担任を前に本読み、ゲーム、会話をする	Ｔｈ 担任	緊張はしたが短い言葉で会話もする。	
		学校の無人の教室で担任とゲーム、会話をする	Ｔｈ 担任	ほとんど緊張せず話す。	偶然出会った校長には話せず。
		学校の無人の教室で担任と弁当を食べ会話をする	担任	緊張せず話す。	校長にも短く応える。
		9月の算数の授業で口頭で答える予定を決める	Ｔｈ	「算数」が一番答えやすいという。	決めたことをＴｈが手紙にし本児が担任に手渡す（Ｔｈからも担任に連絡）。
		自宅で担任と会話する	担任	緊張せず話す。	
	⑨	算数で指名され口頭で答える	担任 級友	「朝からドキドキした」が小声で答えた。	以後、徐々に緊張感が減り、声も大きくなる。休憩時に他児と話す。
		授業で国語の本を読む	担任 級友	緊張せずに読む	以後、他の授業でも発言できるようになる。
	⑫				同学年児全員の前で発表会の台詞を言う。 放課後も他児と遊ぶ。
	①				父母参観日にも本を読む。
	②				《終結》
5年	④				担任が交替。
	⑦				《フォローアップ》 順調に生活。 友人宅に泊まる。

られたときに小さな声で答えていたが、1年の終わり頃には担任とも同級生ともまったく話さない状況になっていた。母親は、自らの育児が過保護であったと述懐していた。

支援方法としては、刺激フェイディング法を適用した。具体的には、相談開始時に発話が可能であった教育相談室のプレイルーム(母親と妹が同室)から始め、他の相談員に対する発話の機会の設定、図書館での本の借り出し、プレイルームでの担任への本読み、教室での担任への本読みやゲームなど、発話が抑制されないことを基準に、徐々に学校場面に近づけていった。最終的には、支援後約1年半後の4年生9月に教室での発話が可能となり、その後は急速にさまざまな場面での発話がみられ、5年生では何の問題もみられなくなった。刺激フェイディング法の適用過程を、表5-6に示した。

(2) 不登校児の支援

不登校の子どもに対する支援も、担任教師や養護教諭、スクールカウンセラーなどによる学校場面での配慮だけでなく、適応指導教室の利用や、教育相談センター等での心理療法的アプローチが必要とされることが少なくない。不登校に対する心理療法的支援も、これまで行動療法、遊戯療法、箱庭療法、カウンセリングなどさまざまな方法が適用されている。以下では行動療法の立場で行なった、軽度発達障害を有する中学生に対する漸次的接近に基づく支援事例を紹介する(園山, 2005)。

事例
対象児は受理面接時に中学校1年生の男子であり、大学の教育相談室で支援を行なった事例である。幼児期にADHD(注意欠如・多動性障害)を疑われ、対人関係が苦手で、ちょっとしたことを気にする。興奮しやすく、泣き叫んだり、教室を出て行ってしまうという行動が幼児期より頻繁にみられていた。中学1年生7月に同級生に学校で「殺すぞ!」と言われたことを気にし、登校時に不安を訴えた。夏休み明けの9月初めよりこの同級生に対する不安を強く訴え登校を拒否し始め、学校に行くことを説得する母親に対し暴力を振るうこともあった。おもな支援方法は、次の四つの要素を組み合わせたものであった。

①登校予定表による段階的再登校支援
　「読書タイム」10分、「朝の会」10分に出席することから始め、対象児と話し合いながら無理のない範囲で出席時間を徐々に延ばしていった。登校予定をA4用紙に記入し、担任にはそれに配慮事項を記入したものを対象児をとおして手渡した。対象児は毎日の結果を○×で記入し、次回来談時にその結果について話し合った。
②不安生起時における母親による説得的対応
　登校の際に対象児の不安の訴えを聞きながら、不安が過剰なものであることを説

明し納得させた。
③来談時における認知行動療法的カウンセリング
　登校予定表の結果記録を参照しながら，登校できたことを誉め，また登校できなかった場合にはその理由を尋ね，原因となっている不安喚起状況への具体的対応を対象児・母親と一緒に考え，次週での対応を明確にした。
④学校における担任等による配慮
　担任には，対象児が登校した際には積極的に支持的な言葉かけを増やしてもらうこと，また必要に応じて保健室での休養ができるような配慮等を依頼した。

　その結果，短時間でも登校することは支援後すぐにほぼ毎日可能となったが，1日全日出席できるようになるには約1年半かかった。1年生12月第2週にはちょっとしたこと（大雪での休校）をきっかけに不安が高まり，1週間登校できなかった。そこで第3週からは最初のステップに戻り，「読書タイム・朝の会」からの段階的出席を再度行なった。1年生3月からは時どき全日出席する日も出てきたが，不安定であった。しかし，2年生12月には1週間すべて全日出席できる週もみられるようになり，3年生4月以降は，特別なことがなければほぼ全日出席できるようになった。3年生の9月以降は登校予定表の利用をやめたが，病気以外は全日出席が続き，無事高校入学を果たし，高校では欠席はまったくない。

　表5-7に，登校率と全日出席率の推移を示した。登校率は1日を8単位に区分し出席した単位数の比率を示し，全日出席率は1日全日出席した日数の比率を示している。

表5-7　不登校に対する漸次的接近

学　年	1		2			3		
学　期	2	3	1	2	3	1	2	3
登校率	67	88	100	99	96	99	99	100
全日出席率	4	4	17	25	68	97	97	100

表出機能の障害

1節 肢体不自由

1 肢体不自由の概要

「肢体不自由」ということばは，1929（昭和4）年に，東京帝国大学医学部の整形外科学の教授であった高木憲次（1888〜1963）が考案したとされる造語である。それ以前においては，「畸形不具」とか「片輪」といったように侮蔑的に呼称されていたが，1935（昭和10）年頃からこの「肢体不自由」という用語が用いられるようになり，今日広く使用されるにいたっている。

肢体不自由とは，四肢および体幹の永続的な運動機能の障害である。四肢とは上肢および下肢のことで，それぞれ肩関節から手指の先まで，股関節から足指の先までをさしている。また体幹とは，脊椎を中軸として，頸椎を含む上半身を意味しているが，内臓諸器官は含めない。なんらかの原因によって，神経や筋肉，骨，関節など運動をつかさどる部分に器質的ないしは機能的障害が生じたために，長期にわたり体幹の保持や移動運動，日常生活動作（Actibities of Daily Living：ADL）などの遂行に不自由を来している状態である。

運動機能の障害の状態は，上肢ないしは下肢の一部に障害があるものから四肢および体幹に障害があるものまで，その範囲は人によりさまざまであり，またその程度も軽度から重度にいたるまで幅広く，一人ひとり異なった状態を呈している。運動機能における不自由さがあるという意味で，肢体不自由児を運動障害児と呼ぶことも多い。

「肢体不自由」に類似した用語として「身体障害」という用語があるが，これは身体障害者福祉法に基づいた用語であり，肢体不自由のほか，視覚障害や聴覚または平

衡機能障害など，身体にかかわる広範囲の障害を含む包括的な用語として用いられている。肢体不自由は身体障害の1つのカテゴリーとして位置づけられている。身体障害という用語が18歳以上を対象とした福祉領域で用いられるのに対して，肢体不自由という用語は学校教育で用いられることが多い。

ちなみに，現在，肢体不自由特別支援学校に就学させるべき肢体不自由者としては，学校教育法施行令第22条の3「盲者等の心身の故障の程度」（就学基準）には，次のように示されている。

　一　肢体不自由の状態が補装具によっても歩行，筆記等日常生活における基本的な動作が不可能又は困難な程度のもの
　二　肢体不自由の状態が前号に掲げる程度に達しないもののうち，常時の医学的観察指導を必要とする程度のもの

2 肢体不自由の原因と在籍率
(1) 原因

肢体不自由の原因となるものは極めて多く，ほとんどの整形外科的疾患が肢体不自由の起因疾患となるが，主として学校教育の場でみられるものをあげると表6-1のとおりである。

最も多いものは，脳性疾患で，次いで筋原性疾患，脊椎・脊髄疾患の順となってい

表6-1　肢体不自由の主な起因疾患とその比率
（全国特別支援学校肢体不自由教育校長会，2012をもとに作成）

疾患分類	疾患率（％）	主な疾患
脳性疾患	74.5	脳性まひ，脳外傷後遺症，その他の脳性疾患など
脊椎・脊髄疾患	3.1	二分脊椎，脊椎側わん症，脊髄損傷など
筋原性疾患	4.5	進行性筋ジストロフィー，重症筋無力症など
骨系統疾患	1.1	先天性骨形成不全症，胎児性軟骨異栄養症，モルキオ病など
代謝性疾患	1.2	ビタミンD欠乏症，ムコ多糖代謝異常症（ガーゴイリズム）など
弛緩性まひ疾患	0.2	脊髄性小児まひ，分娩まひなど
四肢の奇形，変形	0.5	上肢・下肢ディスメリー，フォコメリー，上肢・下肢切断など
骨関節疾患	0.9	関節リウマチ，先天性股関節脱臼，ペルテス病など
その他	14.0	

る。以下，代表的な起因疾患について簡単に説明を加えておく。

①脳性まひ（cerebral palsy：CP）

肢体不自由の起因疾患の中で最も多くを占めるのが，脳性疾患に基づくもので，その代表的なものが脳性まひである。脳性まひとは，1968（昭和43）年の厚生省脳性麻痺研究班による定義では「受胎から新生児期（生後4週以内）までの間に生じた，脳の非進行性病変に基づく永続的な，しかし変化しうる運動および姿勢の異常であり，その症状は，満2歳までに発現する。進行性疾患や一過性運動障害または将来正常化するであろうと思われる運動発達遅延は除外する」とされている。

脳性まひの原因としては周産期におけるものが最も多い。周産期における主たる原因として新生児仮死，低出生体重，新生児重症黄疸などがあるが，出生前要因の母体の頻回の流産傾向や妊娠中毒症など，また出生後の原因として脳炎，髄膜炎，頭部外傷などもあげられる。

脳性まひには，筋の伸張反射が異常亢進し円滑な運動が困難な痙直型と呼ばれるタイプや，意図に反した不随意運動が特徴のアテトーゼ型と呼ばれるタイプ，その他に失調型，強剛型などの病型がある。近年では痙直型が脳性まひの約8割を占めており，アテトーゼ型との混合型も少なくない。また，まひが現れる部位によって，一肢のみにまひがある単まひ，身体の片側にまひがある片まひ，両下肢にまひがある対まひ，片側の上肢と両下肢にまひがある三肢まひ，四肢全体にまひがある四肢まひなどに分類されることもある。

脳性まひの主症状は運動障害であるが，多くの場合，後述するような知的障害や言語障害，視覚障害，聴覚障害，てんかん発作などの随伴障害を併せ持つことが多く，重度・重複化が課題となっている。

②進行性筋ジストロフィー（progressive muscular dystrophy）

筋原性疾患で最も多くみられる疾患として，進行性筋ジストロフィーがある。これにはいろいろな種類があるが，学齢期で最も問題になるのが，ドゥシャンヌ型筋ジストロフィーである。これは伴性劣性の遺伝形式をとるため男児に発症するタイプである。初期に始歩の遅れや階段昇降のつまずきなどによって気づかれることが多く，動揺性歩行や登攀（とうはん）性起立などの特徴的な症状がみられる。全身の骨格筋の萎縮，筋力の低下が徐々に起こり，おおよそ7～11歳くらいで独歩から車いす生活に移行となる。思春期から成人前期までに筋萎縮が進行し，関節の拘縮，脊柱や胸郭の変形などがみられる。ただし，遠位筋は比較的よく保たれる。知的障害や言語障害がみられることが指摘されている（高山，1977）。

③二分脊椎 (spina bifida)

脊椎・脊髄疾患として多いのは，二分脊椎である。二分脊椎とは，脊椎の奇形の一つで，胎生初期になんらかの原因で脊椎の形成不全が生じ，脊柱管が先天的に開いた脊椎裂の状態になっているものをいう。開いている部分から脊髄や脊髄膜などが脱出し，腫瘤を形成することが多い。その結果，脊椎裂以下の神経繊維が遮断されて，侵された部位より下位の下肢の知覚まひや運動まひ，膀胱直腸障害などを生じる。また髄液が脳室に貯留するため，水頭症を合併することが多く，知的障害の原因となる。

(2) 在籍率

表6-2は義務教育段階における肢体不自由教育の現状である。文部科学省の平成23年度特別支援教育資料によると，肢体不自由領域を置く特別支援学校は314校あり，そのうち小学部に13,639人，中学部に8,076人が在籍している。また，小中学校の特別支援学級に在籍している肢体不自由児は4,300名，通級による指導を受けている児童生徒は全国で9名となっている。そのほかに通常の学級に在籍している学校教育法施行令第22条の3に該当する肢体不自由児は小学校で441名，中学校で174名とされている（木舩，2013）。これらをあわせると義務教育段階では，現在26,639人の肢体不自由児が教育を受けていることになるが，このうち特別支援学校の在籍率は81.52%であり，特別支援学級での教育を受けているものの在籍率16.14%をあわせると，ほとんどの肢体不自由児は特別支援学校もしくは特別支援学級にて教育を受けていることがわかる。

表6-2 肢体不自由教育における義務教育段階の児童生徒数の現状
（文部科学省，2012；木舩，2013をもとに作成）

	小学部（人）	中学部（人）	合計（人）	比率（%）
特別支援学校（肢体不自由領域）	13,639	8,076	21,715	81.52%
特別支援学級	3,221	1,079	4,300	16.14%
通級による指導	6	3	9	0.03%
通常の学級	441	174	615	2.30%
合計	17,307	9,332	26,639	

3 肢体不自由児の心理特性
(1) 肢体不自由のもたらす心理的影響

体幹や四肢の運動障害は，肢体不自由児の身体発育や運動発達の遅れをもたらすだ

けでなく、心理的な影響も大きい。とりわけ発達の可塑性が著しい乳幼児期から運動障害が存在する場合には、以下にみるように認知的な発達を阻む大きな要因となる可能性があり、その影響はいっそう深刻である。

①移動運動の障害

一般に、子どもは自由に動き回り、活発な探索活動を行なうことで、自らの対象世界を拡大し、多くの知識を得ていく。またこのような動きによって、視覚的空間の枠組みの変化や対象物の見えの変化を学習していくことも可能となる。肢体不自由児の場合には、移動運動に制約があるため、行動範囲が狭まり、そのことがさまざまな経験や学習の機会を奪うことになりやすい。たとえば、なんらかの事物・事象に興味や関心を抱いたとしても、それに向かって移動していき、それらを自由に探索するということに困難がある。このように移動運動の障害は、遊びなどの自由な探索活動を制限し、経験の不足や片寄りを招くことで、認知発達に影響をもたらすことになるだろう。このことはまた、外界に対する興味・関心を失わせて、活発な探索・操作活動をいっそう阻んでいくという悪循環にもなりがちである。

②手指運動の障害

私たちの日常生活は、ほとんどが手指運動によって担われている。したがって、手指運動に障害があると日常生活動作の遂行に大きな不自由さがもたらされる。手指は触覚という感覚受容器としての機能をもっている。一般的に、触覚は視覚系と密接な協応関係をもっており、手指運動は触―運動として進められるのが普通である。子どもは、さまざまなものを手で撫で回してみたり、それらに操作を加えてみたりしながら、そのものの具体的でより詳細な情報を獲得していく。手指運動につまずきがあると、ものとの直接的なかかわりが制限され、目と手の協応動作をとおして得られる対象世界の理解に不足や偏りを招く結果につながりやすい。多くの遊びが手指運動によって支えられているだけでなく、数の操作や書字学習などにも手指運動の関与が大きいことは、概念形成や高次の学習の遅れにつながる可能性も高く、手指運動の障害は、肢体不自由児の認知発達という点からも大きな課題である。

③姿勢保持の障害

姿勢保持になんらかの障害がある場合には、座位、立位、歩行などの運動発達の遅れだけでなく、空間認知の発達が阻害され、周囲の環境と適切にかかわっていくことにむずかしさが出てくることが知られている。私たちの住む世界は上下、前後、左右の物理的な広がりと方向性をもつ三次元空間である。このような空間の関係性の理解にあたって、最も重要な基準になるのが自己の身体の抗重力位である。自らが重力に抗して立ち、その身体を基点とする自己身体基準系を形成することによって、この空

間を三次元の枠組みをもった関係系としてとらえることができる。このように，立位姿勢は空間認知のための重要な基点でもある。したがって，安定した立位姿勢をとることができないと，この空間を三次元の枠組みをもった関係系としてとらえることが困難となり，方向性の理解や空間関係の理解につまずきや歪みが出てくる可能性がある。

(2) 脳性まひ児の心理特性

肢体不自由児の中でも，中枢神経系の障害である脳性まひ児の場合には，主症状である運動障害とともに，いろいろな随伴障害を併せ持っている場合が多い。これらが相互に絡み合い，脳性まひ児の心理特性は多様で，個人差も大きい。

①運動発達

運動発達は中枢神経系の成熟にしたがって，一定の順序性をもって進行していく。脳性まひの場合には，通常は遅くとも生後6か月までには消失する非対称性緊張性頸反射（図6-1）などの原始反射が長く残存し，そのために姿勢反応の出現が遅れることで，運動発達に遅滞がもたらされる。また，筋緊張度の異常や筋力の弱さ，協調運動の不全などにより安定した座位や立位保持，移動運動，手指運動の遂行に困難がもたらされる。

②知的発達

脳性まひ児の約70％がなんらかの知的障害を併せ持っているといわれている（Nielsen, 1966）。その程度は重度から軽度までさまざまである。脳性まひ児の知的障害は基本的には脳障害に基づくものであるが，肢体不自由による経験不足や学習の機会の制約により知的発達が遅れがちになるという側面も否めない。ただし実際には，脳性まひ児は運動や言語の表出に障害があり，それらを介在させた多くの現行の知能検査を用いた測定では，本来の能力が十分に発揮できないまま過小評価されてい

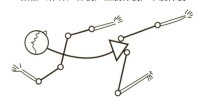

図6-1　非対称性緊張性頸反射の運動学的特徴（松尾，1998）

ることも少なくない。脳性まひの知能評価においては十分な配慮が必要であろう。

③言語発達

脳性まひ児の約70％になんらかの言語障害があるとされる。脳性まひ児の場合，下顎，口唇，舌，口蓋，咽頭などの発声発語器官の運動協応に障害があったり，呼吸のコントロールに問題があって，構音障害，声の異常，リズム障害などの言語障害を随伴しやすい。また知的障害のある脳性まひ児の場合には言語発達遅滞がしばしばみられる。一般に，脳性まひ児の発話は，会話明瞭度が低い発話であるが，発話に対する緊張が高まるとより一層聞き取りにくくなる。言語のつまずきは対人的なコミュニケーションを阻む要因になる。

④感覚・知覚発達

脳性まひ児の中には，視覚や聴覚などにおいても障害がみられることがある。視覚障害では，近視・遠視・乱視などの屈折異常，斜視，眼球運動の障害などがみられる。聴覚障害ではさまざまな程度の難聴がみられるが，特に新生児核黄疸の既往歴をもつアテトーゼ型脳性まひにおいて高音域の聴力損失がよく知られている。また，多くの刺激から中心刺激を区別することに混乱がある図地関係障害，形態弁別の困難さなどの視知覚障害，文字の模写などがうまくできない知覚―運動障害（目と手の協応の障害），さらには多動性や注意集中の困難さなどもみられることがしばしばあり，このような障害は認知発達に大きな影響を及ぼし，学力の遅れにつながりやすい。

4 肢体不自由児の支援

(1) 学習面の支援

肢体不自由児の学習上の課題として「経験の不足」が指摘されている。移動や手指操作，姿勢保持などにおける運動の障害は，基本的には外界からの情報入力の障害である。運動障害は外界情報の入力を制限し，さまざまな学習の基礎となる経験領域の幅を狭めてしまうことになりやすい。肢体不自由児は，他者への依存度が高くなりがちで，自発性が引き出しにくく，自己決定して行動するという経験が日常生活の中で限られたものとなっている。経験はあらゆる学習の素地であるだけに，外界への興味・関心・意欲を高めながら，環境と相互交渉しつつ，経験の質・量を高めていく学習支援が求められる。

肢体不自由児の学習支援においては，できるだけ直接体験の機会を提供するとともに，姿勢保持の工夫や運動障害を補うためのさまざまな補助具や情報機器等を有効に活用していくことが求められる。とりわけ，脳性まひ児の支援においては，学習のつまずきが運動系と感覚系との統合的な結果として生じていることを十分に考慮して行

なわれる必要がある。一人ひとりの発達や障害の状況が異なり、学習能力や経験にも個人差が大きいので、それぞれの子どもの状態に即した支援を行なうために、理学療法士、作業療法士、言語聴覚士等の外部の専門職の活用も期待される。

(2) 健康面の支援

　肢体不自由教育においては、転倒や骨折の防止など校内環境の安全対策や、常時子どもの健康状態の把握につとめるなどの健康面での配慮が大変重要な支援の一つになっている。また障害によっては、学齢期以降、四肢や体幹の変形、関節の拘縮などの二次障害が生じることもあるので機能低下を予防し、健康維持につとめることも必要になってくる。肢体不自由特別支援学校における重度重複化傾向は顕著で、こういった子どもの中には、体温調節や睡眠・覚醒リズムが不安定であったり、痰の吸引や導尿、経管栄養などの医療的ケアが必要な子どもも少なくない。

　医療的ケアについては、「社会福祉士及び介護福祉士法の一部改正する法律」に伴い、2012（平成24）年4月より一定の研修を受けた後に特別支援学校の教員も行なうことが可能となった。安全に医療的ケアを実施するためには家庭や医療機関との連携が不可欠である。

(3) コミュニケーションの支援

　肢体不自由は運動や言語を用いて情報を発信していく表出機能の障害でもある。人と交わり、やり取りをしながら、自己の要求や意図を相手に伝え、また相手からの情報を理解し自分に取り込んでいく力を育てていくことは、子どもが学習を進めていくうえにおいても、また社会参加を推進していくうえにおいても非常に大切な支援である。

　肢体不自由児のコミュニケーションの力を育てていくためには、かかわり手の存在が極めて重要である。かかわり手には、わずかなその表情や動きなどから子どもの意図や感情を読み取ること、子どもの表出に対して応答的な環境をつくること、双方向的なやり取り関係をより広い社会的関係につなげていくことなどの積極的なはたらきかけが求められよう。そのうえで、たとえば、意思の伝達方法としてどのような方法を用いているか、身振りや手振り・指さしによる表現はできるか、肯定・拒否の意思表示はできるか、言語による音声表出や書字表出はどうか、またそれらの内容はどうかなど、肢体不自由児がもっている能力を細かく分析して、それに応じた支援の内容を工夫していくことが大切である。トーキングエイドやコミュニケーションボードなどいろいろな拡大・代替コミュニケーション（Augmentative and Alternative

Communication：AAC）の活用も効果的である。上肢機能の困難が大きく書字表出に困難のある肢体不自由児には，入力装置を工夫したパソコンやタブレット端末を導入することの有効性も報告されている（長沼，2013；山口，2013）。

(4) 自立と社会参加に向けての支援

2011（平成23）年度の文部科学省の特別支援教育資料によると，肢体不自由特別支援学校高等部卒業者の進路状況は，全体の77.4%が社会福祉施設等への入所・通所者となっており，他の障害と比してもこの割合は顕著である。

一般就労はもとよりであるが，障害の重度重複化した者が多数を占める中で，自己のもつ力を最大限に発揮できるように，一人ひとりの実態とニーズに合った自立と社会参加のためにどのような支援が必要かという視点をもって学校における教育活動が展開されなければならないだろう。

肢体不自由児は社会性が低いとよくいわれるが，障害のために自由に振る舞うことが物理的に制約され，自発的行動が乏しくならざるを得ない。他者への依存も余儀なくされる。支援に際しては，肢体不自由児が自己選択や自己決定できる機会を保障しながら，自分でできることと困難なことを自己理解する力や，手助けが必要なときには他者に依頼できる力などを積極的に育てていく必要があるだろう。自立と社会参加のための取り組みは早期から段階的，系統的に進められることが望まれる。3歳の脳性まひ児に日常の活動レベルを上げることによって他児との相互作用が増えたという報告もある（Ragonesi et al., 2010）。一方，地域社会においても障害者とともに暮らす社会の実現をめざして，障害のある人の自立と社会参加のための環境整備は忘れられてはならない。バリアフリーやユニバーサルデザインの観点からの施設設備の整備はいうまでもないが，肢体不自由という可視的な障害に対する一般社会の障害理解が求められる。

2節 言語障害

1 言語障害の概要

言語は，音韻や意味あるいは文法（統語）などに関する複雑な構造や規則をもつ記号であり，その使用においてもさまざまな約束事が存在する。そして言語の理解や産出は，複雑な情報を瞬時に処理することが要求されるきわめて高次の神経活動といえよう（西村，2001）。それにもかかわらず，子どもたちは，通常5歳頃までのごく短

い年月の間に基本的な言語知識を自然に獲得し，さまざまな表現を使いこなしたコミュニケーションができるようになる。また文字を使った遊びや学習活動を通じて，年齢に応じた読み書きの力をつけていく。その一方で，さまざまな原因によって言語獲得やコミュニケーションの発達，あるいは読み書きの習得に少なからず困難を有する子どもも存在する。一般に，言語障害とはこのような言語の獲得や使用においてなんらかの困難が認められるケースを総称する概念，ということができる。

　言語障害を包括的に定義するならば，「ことばの音韻，意味，統語などに関する知識の獲得ないしその使用（話す・聞く・読む・書く）において，同じ言語を使う同じ年齢の集団の中で著しく逸脱した状態」と説明できるだろう。しかし実際には，子ども一人ひとりの障害の現われ方は多様であり，その原因も多岐にわたっている。それゆえ，医療や教育の場においては，それぞれの子どもの状態を表わす際に「言語障害」という呼称が使われることは少なく，「構音障害」や「吃音」などのような言語障害の種類（特性）を示す呼称を使うのが一般的である。また知的障害や聴覚障害などが原因となる言語障害については，「〜障害に伴う言語発達の遅れ（問題）」という言い方をする場合も多い。さらに発音の誤り方や言語使用の特徴を詳細に記述するために，さまざまな呼称や用語が使用されている。言語障害についての理解を深めていくためには，言語の構造，発声・発語のメカニズム，言語の獲得や発達などに関する知識をふまえ，子どもの状態を注意深く観察・分析することを通じて，それぞれの呼称や用語で示される障害の特性について学ぶ必要がある。

2 言語障害の分類

　言語障害の症状や原因は多岐にわたるため，そのすべてを網羅したうえで厳密に分類することはやさしいことではない。実際，言語の獲得や障害に関する研究の進展に伴って，各々の障害の定義や呼称についても時代を追って変化しており（大井，2001a），医療，教育，あるいは研究といったそれぞれの領域に応じて分類の観点にも違いがみられる。現状では，それぞれの領域で有効かつ適切な分類方法や呼称が適宜使用されている。

　言語障害の大まかな分類や整理を行なう際に，言語にかかわる能力をスピーチ（speech），ランゲージ（language），コミュニケーション（communication）の三つの側面に分けてとらえる見方は一般的であり，かつわかりやすい（大伴，2003）。スピーチとは発声や発語（あるいは聴き取り）に関する側面であり，この側面におけるおもな障害としては構音障害，吃音，音声障害などがあげられる。ランゲージは語彙や文法などに関する言語知識の側面であり，その障害としては言語発達遅滞などがあ

げられる。またコミュニケーションは，会話場面などでの対人的なことばの使用に関する側面であり，自閉症スペクトラムや発達障害（注意欠如・多動性障害など）の子どもたちにおいて困難が認められる。当然のことながら三つの側面は相互に関連しており，複数あるいはすべての側面において困難が認められる子どもも存在する。

　疾病や障害に関する代表的な診断基準として「精神疾患の診断・統計マニュアル第5版（Diagnostic and Statistical Manual of Mental Disorders：DSM-5）」（APA, 2013）ならびに「疾病および関連保健問題の国際統計分類第10版（International Statistical Classification of Diseases and Related Health Ploblem：ICD-10）」（WHO, 1992）がある。言語障害にかかわる項目として，DSM-5では「コミュニケーション障害」，ICD-10では「会話および言語の特異的発達障害」が設けられており（表6-3），その特徴や診断の観点が記載されている。なお，発語器官の形態異常（口蓋裂など）や，知的障害（精神遅滞），聴覚障害，広汎性発達障害などに伴う言語障害，および読み書きにかかわる障害については，それぞれ別の項目の中で述べられている。

表6-3　DSM-5 およびICD-10における「言語障害」に関連する項目
　　　　（APA, 2013；WHO, 1992をもとに作成）

DSM-5	「Communication Disorders（コミュニケーション障害）」 ・Language Disorder 　（言語障害） ・Speech Sound Disorder 　（会話音声障害） ・Childhood-Onset Fluency Disorder（Stuttering） 　（小児期発症の流暢性障害（吃音）） ・Social（Pragmatic）Communication Disorder 　（社会性（語用論的）コミュニケーション障害） ・Unspecified Communication Disorder 　（特定できないコミュニケーション障害）
ICD-10	「会話および言語の特異的発達障害」 ・特異的会話構音障害 ・表出性言語障害 ・受容性言語障害 ・てんかんにともなう獲得性［後天性］失語［症］ 　（ランドウークレフナー症候群） ・他の会話および言語の発達障害 ・会話および言語の発達障害，特定不能のもの
	「小児期および青年期に通常発症する行動および情緒の障害」 ・吃音　　　　・早口［乱雑］言語症

※DSM-5の欄の（　）内は，DSM-Ⅳにおける日本語表記

また,わが国の学校教育においては,障害児の就学に関する留意事項を定めた「障害のある児童生徒の就学について(通知)」(文部科学省,2002)の中で,特別支援学級および通級による指導の対象となる障害の種類が規定されている。言語障害については,「口蓋裂,構音器官のまひ等器質的又は機能的な構音障害のある者,吃音等話し言葉におけるリズムの障害のある者,話す,聞く等言語機能の基礎的事項に発達の遅れがある者,その他これに準じる者(これらの障害が主として他の障害に起因するものではない者に限る)」と記述されている。

3 言語障害の出現率・在籍率

言語障害がどの程度の割合で出現するのかという数値は,さまざまな調査研究において示されている。たとえばロウら(Law et al., 2000)は,2～7歳児を対象として1967年～1997年に発表されたイギリスにおける調査結果を分析し,ことばの遅れ(speech and language delay)の有病率(prevalence)は推定で5.95%であると報告している。またアメリカの6歳児1,300人あまりを対象とした調査(Shriberg et al., 1999)によると,話しことばの遅れ(speech delay)の有病率は3.8%となっている。ただしこれらの数値は,調査の規模,調査時の子どもの年齢,調査方法や基準の違いに応じて幅があり,それぞれの言語圏による差異もある(永渕,1985)。特に子どもの言語障害に関しては,症状が不安定であったり発達に伴って自然消失することもあるため,有病率等の数値はあくまでも参考にとどめ,その解釈や利用は慎重に行なうべきであろう。

わが国では文部科学省によって,障害児学校や特殊学級に在籍する児童・生徒数が毎年示されている。2011年の結果によると,言語障害児学級または通級による指導の対象児は33,098人であり,これは同年度の小中学校に在籍する児童・生徒数の約0.32%にあたる。また国立特別支援教育総合研究所は全国の難聴・言語障害学級および通級指導教室を対象として,指導児数などに関する調査を定期的に実施している。最新の調査結果(国立特別支援教育総合研究所,2012)によると,2011年の調査で回答が得られた1377の学級または教室(回収率は60.0%)においてなんらかの指導を受けている子どもの数は,構音障害が12,357人,言語発達遅滞が8,319人,難聴が1,044人,吃音が3,085人,口蓋裂が334人,その他が3,571人となっている。言語障害児全体に占める割合(%)は,構音障害が42.4%,言語発達遅滞が28.4%,難聴が5.5%,吃音が10.5%,口蓋裂が1.1%,その他が12.2%となり,構音障害と言語発達遅滞で全体の70%以上を占めていることがわかる。

4 言語障害の心理特性

ここでは,特に音声表出の障害である構音障害と吃音を中心に言語障害のおもなタイプを取り上げ,それぞれの特性について概説する。なお,言語発達に少なからず影響を及ぼす知的障害,自閉症スペクトラム,聴覚障害あるいは学習障害などの各障害の特性については,他の章や節を参照していただきたい。

(1) 構音障害

言語音は,口唇,舌,口蓋,咽頭,声帯などの発声発語器官(図6-2)を巧みに調節し動かすことによって発せられ(岡崎,2001),母音や子音といったそれぞれの音は,口腔内のどの位置で(構音点)どのような方法で(構音様式)発するかによって決定する。子どもは生後3か月頃から始まる喃語期を境に,さまざまな音を産出しながら徐々に成人の構音に近づいていく。それぞれの音が習得されるプロセスには個人差もあるが,おおよその習得順序や平均年齢はこれまでの研究から明らかにされている(中西ら,1972)。構音障害とは,このような構音の習得段階を考慮したうえで,「同じ(地域の)言語を使う同年齢の集団の中で,構音が著しく逸脱しまたそれが習慣化している状態」が認められる場合をいう。構音の習得には音韻情報の処理や音韻意識の発達が密接に関連している点から,近年では「音韻障害」という呼称もしばしば使用される。

構音障害における音の誤り方は,一般的に置換,省略,歪み,付加の四つのタイプに分類される(表6-4)。音の誤りは母音に比して子音に多く見られるが,その誤り方はさまざまであり,特定の子音について一貫している場合もあるし後続する母音や単語内の音の位置によって変化することもある。それゆえ,構音検査を行なうことで誤る音や誤り方を特定し,その一貫性についても正しく見極める必要がある。構音障害の子どもにしばしばみられる特徴的な誤り(置換や歪み)としては,口蓋化構音,側音化構音,声門破裂音,鼻咽腔構音,咽頭摩擦音,咽頭破裂音などがある(表6-5)。

構音障害はその原因によって機能性構音障害,器質性構音障害,運動性構音障害に分類される。機能性構音障害とは,構音の獲得に関与する発声発語器官あるいは運動神経系における器質的な障害や,聴覚障害などが認められないにもかかわらず,構音障害が認めら

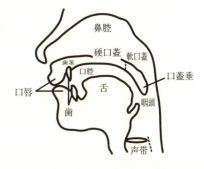

図6-2　発声発語器官の概略図

II部 特別支援児の心理特性

表6-4 構音障害における誤りの分類と例

種 類	特 徴	例		
置　換 (Substitution)	目的の音が他の音と置き換わる	「さかな」 [sakana]	→	「たかな」 [takana]
省　略 (Omission)	目的の音が省略される	「うさぎ」 [usagi]	→	「うあぎ」 [uagi]
歪　み (Distortion)	目的の音と似ているが正しくない音が生じる	「うさぎ」 [usagi]	→	「う？ぎ」 [u ? gi]
付　加※ (Addition)	不必要な音が挿入される	「さかな」 [sakana]	→	「さかたな」 [sakatana]

※「付加」の誤りは日本語では生じにくい

表6-5 構音障害の子どもに特徴的な置換・歪み音（岡崎, 2001をもとに作成）

種 類	特 徴	生じやすい音
口蓋化構音	舌先と歯・歯茎で産生すべき音が，舌の中央が口蓋に接してしまうことで生じてしまう音	t, d, n, s, ts, dz, ʃ, tʃ, dʒ, r
側音化構音	呼気が口腔の中央でなく，舌の側から流出することで発せられる音	「い」列音, s, ʃ, tʃ, dʒ
声門破裂音	声門を閉じて呼気を止め，それを開くことで発せられる破裂音	p, b, t, d, k, g
鼻咽腔構音	舌が上がることで呼気が口腔から出ず，鼻腔から流出することで発せられる音	「い」「う」列音, s
咽頭摩擦音	舌根と喉頭壁の狭めによって発せられる摩擦音	s, ʃ
喉頭破裂音	舌根と喉頭壁によって発せられる破裂音	k, g

れる場合を総称するものである。構音の問題を主訴として通級による指導などを受けている子どもの多くは，機能性構音障害である。一方，器質性構音障害とは，発語器官における形態異常や機能障害に起因する構音障害であり，代表例として口蓋裂や口唇裂がある。口蓋裂の場合，鼻咽腔閉鎖不全を引き起こすことによって鼻から抜けるような音（開鼻音）が発せられるなど，全体的に音声が不明瞭になる。また，運動性構音障害とは運動神経系の障害によって引き起こされる構音障害であり，構音とともに声の抑揚（プロソディ）の調節に困難を有することも少なくない。その原因としては脳性まひが代表的である。

　また構音障害の一つのタイプとして表出性言語発達遅滞がある。表出性言語発達遅滞とは，言語理解は良好であるが発話による表現に著しい困難を示す障害であり，そ

の特徴としては，①子音や母音の発音が不正確，②連続した音節の発話が困難，③音の誤りに一貫性がない，④試行錯誤的な構音がみられる，などがあげられる（大伴，2001a）。

(2) 吃音

吃音とは，主たる症状として音の繰り返し（例「こ・こ・こいのぼり」），引き延ばし（例「くーるま」），ブロック（例「…からす」）を特徴とする発話における流暢性やリズムの障害である。一般的に，幼児期において非流暢な発話が出現することは少なくないが，それらの頻度や特徴は吃音における特徴的な発話とは区別される（伊藤，1996）。また吃音の生じ方は時どきの状況や場面に応じて変化し，その進展（悪化）には周囲の者のかかわり方が大きく関与するため，子どもの診断や指導に際してはていねい，かつ慎重な対応が必要となる。

吃音が生じる割合は人口の約１％といわれており，女児に比べ男児に多発する。また吃音が生じる（発吃）時期は２〜４歳がほとんどであるが，特別な指導を行なわなくても自然に消失していくことも多い（原，2005）。吃音が生じる原因としてはさまざまな学説が提唱されているが，それらは本人の器質的あるいは認知的な側面に原因を求める素因論（大脳半球優位説，潜在的修正仮説など），本人を取り巻く環境に原因を求める環境論（診断起因説など），心理学的な学習を所産とする学習論に大別できる（小林，2003）。しかし，いずれの学説も吃音の生じるメカニズムを統一的に説明するものではなく，原因についてはいまだ十分には明らかにされていない。

吃音は，言語的側面における困難とともに心理的側面にも大きな影響を及ぼす。年齢が上がるにつれて自身の話し方を意識するようになり，また家族や周囲の人たちから話し方のおかしさを指摘されたりすることで，心理的な不安感やストレスが増大し，そのことがさらに吃音の症状を進展させる原因にもなる。とりわけ学校生活の中では，ほかの子どもによるからかいや，いじめにあうということもあり，集団の中で話すことへのプレッシャーや恐怖心を生じさせ，自尊心を損なうことにもつながる危険性がある。吃音児への指導や支援においては，家族の受容や対応（太田・長澤，2004）のあり方に目を向け，また担任教師や周囲の子どもに対して吃音への理解を促すような環境調整に十分配慮する必要がある。

(3) 言語発達遅滞・言語発達障害

言語発達遅滞とは，通常の言語発達のプロセスから逸脱していたり，その子どもの年齢段階で期待される言語の理解や産出のレベルまで達しておらず，言語活動に支障

をきたしている状態をいう。同様の呼称として「言語発達障害」「ことばの遅れ」などの言い方が使われることもある。「言語発達遅滞」あるいは「言語発達障害」とは,言語発達の遅れを包括した概念でありその原因やタイプはさまざまである。西村(2001)は,言語発達障害をその原因から,「知的障害」「広汎性発達障害」「脳性マヒ・重症心身障害」「聴力障害」「高次神経機能障害」「身体発育不全」「不良な言語環境」の7種類に区別している。また困難の現われ方も,単語(語彙),文,文章などの言語単位や,音韻,意味,統語,形態,語用の各側面について,理解の困難や産出の困難といった多様なタイプがある。

　言語発達遅滞の中で,知的障害や聴覚障害あるいは発語器官の異常がなく,また広汎性発達障害の基準も満たさない状態は,特異的言語発達障害(specific language impairment：SLI)と呼ばれる。SLIは,DSM-5の"Language Disorder"に相当し,そのおもな症状としては,語彙の乏しさ,語想起の困難,文法の誤り,複雑な構文形成の困難などがあげられ,統語的な側面(文法形態素の獲得)での困難に特徴があるとされている(藤野,2003)。またSLI児の中には,学齢期以降に読み書きや計算に困難を有し(大井,2001a),学習障害と診断される場合や(小枝,2003),認知面あるいは社会性の側面において困難が生じる場合もある。近年,SLIに関する研究はさかんに行なわれているが(山根,1999),その定義や診断基準,他の障害との区別については研究者間での相違もあり,症状の発達的変化や,英語や日本語といった言語の違いも視野に入れた検討が必要とされる。

(4) その他

　ここでは上述した各障害のほかに,音声障害と後天性小児失語症について簡潔に述べておく。音声障害とは声そのものの障害であり,同年齢の同性の者と比較して声が顕著に高い(低い),声の強さを調節できない,声がかすれる(嗄声)といった症状がある。原因としては知的障害や聴覚障害に伴う場合や,発声器官の形態異常や運動障害,あるいは心理的要因などがある。

　後天性小児失語症とは,ある段階まで言語獲得が進んだ段階で脳に損傷を受けることで,言語機能になんらかの障害が生じた場合をいう。その特徴としては,①自発語の欠如(緘黙)が多く,錯語(発語における音や意味の誤り)やジャーゴン(了解不能な発話)がほとんど見られない,②成人の失語症のタイプを適用した分類が困難である,③成人の失語症と比較して言語の回復は良好である,などがあげられる(永渕,1985)。

5 言語障害児の指導・支援
(1) 指導・支援の場

　言語障害児に対する支援の場は，学校教育，病院等の医療クリニック，大学等の研究機関における臨床指導，あるいは民間のクリニックなど多岐にわたっており，それぞれの機関がその目的や役割に応じた支援を行なっている。また同じ障害や悩みをもつ人たちの交流や啓蒙活動を行なう組織として，成人を中心としたセルフヘルプ・グループがある。代表的なグループとしては，吃音者のための「言友会」，失語症者のための「失語症友の会」，喉頭摘出者のための「銀鈴会」などがある（藤野，2000）。

　わが国の学校教育における言語障害児への対応は，戦前における吃音学級にその萌芽がみられるが（松村・牧野，2004），現在の通級による指導は，戦後に開設された「国語科治療教室」における読みの指導を中心とした実践を端緒としている（伊藤，2000）。昭和30年代前半には，仙台市，市川市にわが国最初の言語障害児学級が開設され，その数は昭和50年代以降急速に増加して通級による指導の形態が事実上定着してきた。しかし「言語障害児学級」に「通級」する場合の学籍の取り扱いといった制度上の不整合については，30年以上もの間残されたままであり，1993（平成5）年に「通級による指導」が制度化されたことでようやく法的に整備された。通級による指導を受ける児童・生徒数は，制度化された1993年に12,259人だったが2011年には65,360人に増加しており，そのうちの48.4％が「ことばの教室」に通っている。このことからもわかるように，言語障害児の支援の場として「ことばの教室」が担う役割は，現在でも大きなものとなっている。一方で，子どもの増加に伴う指導時間の確保や教員配置のむずかしさ，あるいは発達障害児を含めた障害の多様化といった課題は，より切実なものとなってきている。特別支援教育への移行に伴い，特別支援学級や通級指導教室の役割が変わっていくことも考えられ，さまざまな課題に適切かつ柔軟に対応できる教育支援体制の整備が求められる。

(2) 指導・支援の枠組み

　言語障害児への支援は個別による対応を基本としており，個々の子どもの状態に応じた個別の指導計画を立案し，それに基づく具体的指導が展開される。指導は大まかに，インテーク（受理面接）→子どもの実態把握→指導目標の設定→指導計画の立案→具体的な指導の展開→定期的な評価→評価に基づく指導目標や指導方法の修正，という流れで展開される。

　インテークでは，保護者との面談を通じて主訴や生育・教育歴，家庭での様子などに関する情報を得る。面談に際しては，受容的な態度で接することを第一としなが

表6-6　子どもの評価のための主な検査例（太田，1995をもとに作成）

【言語検査】	【発達検査】
・ITPA言語学習能力診断検査 ・S-S法言語発達遅滞検査 ・言語・コミュニケーション発達スケール（LCスケール，LCSA） ・日本語版マッカーサー乳幼児言語発達質問紙 ・絵画語彙発達検査（PVT-R） ・読書力診断検査 ・ことばのテストえほん ・構音検査 ・J.COSS日本語理解テスト	・新版K式発達検査 ・遠城寺式乳幼児分析的発達検査法 ・改訂日本版デンバー式発達スクリーニング検査 ・津守式乳幼児精神発達質問紙 ・KIDS乳幼児発達スケール
【知能・認知検査】	【その他の関連検査】
・田中ビネー式知能検査 ・ウェクスラー式知能診断検査（WPPSI，WISC-Ⅳ，WAIS-Ⅲ） ・心理・教育アセスメントバッテリーK-ABC-Ⅱ	・フロステッグ視知覚発達検査 ・グッドイナフ人物画検査（DAM） ・バウムテスト ・新版SM社会生活能力検査

　ら，話の内容や展開あるいは話し方の様子などにも目を向け，保護者の子どもに対する思いや指導に求めるニーズについて把握する。また実態把握においては，子どもとの会話，行動観察，種々の検査（表6-6）の利用によって，障害の状態について可能なかぎり詳細な情報を得る。構音障害を例にとると，聴力レベルや語音の聴き分けといった聴き取りの力，発語器官の運動機能，単音節，単語，文などの材料を用いた発音の誤り方や特徴，誤りの一貫性や手がかりや促しを与えた際の誤りの変動（被刺激性）などについてていねいに確認し，また行動面や認知面あるいは心理面についても十分に把握しておく必要がある。

　子どもの実態把握を行なったあとは，問題を改善・克服するために必要とされる指導時間や指導期間を想定して，指導の見通しを立てる。指導計画の立案に際しては，比較的長いスパンを見据えた長期目標（半年～1年間程度），長期目標を達成するためのステップアップの段階を考慮した短期目標（3か月～半年程度），さらに各指導時間における指導内容を考えていくことになる。子どもの指導においては，障害の種類や症状あるいは学習への意欲などに応じて指導の効果が即時に現われることもあるし，一定の期間を経過したあとに改善に向かうこともある。一方で，長い期間を要してもなかなか改善が認められないケースも存在する。いずれの場合でも，個々の子どもの言語発達段階を常に意識しながら，着実に指導を進めていくことが大切であり，定期的な評価を行ないながら，場合に応じては目標や指導内容・方法を適宜修正していくことも必要になる。

(3) 各障害に対応した指導・支援の内容と方法

ここでは構音障害，吃音，および言語発達遅滞への指導・支援を取り上げ，その枠組みや観点について簡潔に述べる。

①構音障害への指導・支援

誤った構音が身についてしまうと，年齢が上がるにつれて改善するまでに長い時間を要することがあり，また誤りへの意識が高まることでコミュニケーションへの意欲も低下することが危惧される。それゆえ，構音の指導は可能なかぎり幼少期や学齢期の早い段階で行なうことが望ましい。構音障害への指導は，おおよそ以下の四つの段階に分けられる（村上，1996）。

①音を聞き分ける力の向上の段階：自分が発した音が正しいか否かを判断できる聴き分けの力をつけることが指導初期の重要な課題となる。

②発語器官の運動機能の向上の段階：ストローやローソク，風船といった道具やお菓子などを利用しながら，口唇，舌，下顎の運動機能や，かむ（chewing），吸う（sucking），飲む（swallowing）あるいは吹く（blowing）といった能力を高めていく。

③正しい構音の形成の段階：リラックスした状態を保てるように配慮しながら，模倣を促したり，鏡やビデオなどによる視覚的フィードバックを活用し，正しい構音に近づけていく。

④構音の習熟の段階：単音節や単語レベルでの確実な構音を確認しながら，文などの材料を用いて安定した構音を無意識に発することができるよう促していく。

構音の指導では，個人差はあるものの正しく発音できるまでに繰り返しの練習が必要であるため，指導が単調となり子どもの意欲が低下しやすい。指導時間を調節したり，ゲーム的に進める，他の指導と組み合わせるといった，子どもを飽きさせない工夫が必要となる。

②吃音への指導・支援

吃音児への指導は，吃音症状の軽減を意図して話し方にアプローチする直接的指導と，周囲の環境調整などを行なう間接的指導に分けられる。直接的指導では，身体の緊張をゆるめ，リラックスした状態でゆっくりと楽に発語器官を動かすことを原則として，単語や短い文から文章，会話といった長い発話へと徐々に移行しながら流暢な発話へと導いていく。子どもに対しては，ゆっくりと力を抜くことをイメージさせるために，柔らかいぬいぐるみやカメの動きといったたとえを使うなどの方法が用いられている（見上，2002，2005）。また吃音症状が重い場合には，「楽に吃る」話し方に

置き換えることで軽減を図るといった方法もある。いずれの場合も，指導の過程の中で子どもの心理状態に十分配慮し，話すことへの不安を軽減するような環境づくりが大切である。一方，間接的指導においては，保護者や担任教師などに対して，吃音の正しい理解への啓発を図り，授業中の発言における配慮や二次的な問題（からかいやいじめなど）への対応を促すことが求められる。また吃音に伴う本人の悩みや苦しみをうち明けられる場所をつくり，カウンセリング的支援を行なうことも大切となる。

③言語発達遅滞への指導・支援

言語発達遅滞の子どもは，言語にかかわる広い領域で困難を抱えている場合が少なくない。それゆえ，支援の前段階として，一人ひとりの子どもの障害の特性や言語発達段階，あるいは言語生活環境を的確に把握することが重要である。その子の現状のニーズを見極め，語彙，文，会話・コミュニケーション，読み・書きといった領域の中から，優先的に指導を行なう領域を定めて個々の目標や内容を設定することになる。

言語発達を促すための指導技法としては，子どもの認知特性を考慮したうえで，意味や文法などの領域における理解や産出を促していく認知・言語的アプローチ（大伴，2001b）や，ことばの使用を重視し，コミュニケーションを通じて言語学習を促したり伝達技能を高めたりする語用論的アプローチ（大井，2001b）などがある。またスピーチの獲得や使用が特に困難な子どもに対しては，身振り・絵・図形シンボル・文字，あるいは音声表出機能を備えた電子機器などを利用した補助・代替コミュニケーション（augmentative and alternative communication：AAC）も有効な支援方法となる。いずれの方法を用いる場合でも，子どもの自発性や意欲を促すような雰囲気づくり，現状の実態に合わせた教材の作成，器具の使用，あるいは指導場面の設定が必要不可欠である。また指導者のはたらきかけや反応の仕方は，子どもの活動の展開に大きく関与する。指導の流れの中で，場面の移り変わりや子どもの気持ちの変化を捉え，適切なことばかけを行なうことが求められる。

7章

病弱・身体虚弱，重症心身障害

1節 病弱・身体虚弱

1 病弱・身体虚弱の概要

　特別支援学校（病弱）の子どもに「今日はどうだい？」と声をかけると，「元気！」という答えが返ってくる。一方，通常学校の子どもに「病気になったことのない人いますか？」と聞いてみると，当然「いいえ」である。病気でありながら「元気」であり，健康でありながら「病気を経験」している。冗談のようなこの問答が，病弱・身体虚弱児の心理を考える出発点になる。

　人は健康―病気スペクトラムのいずれかに位置し，各個人のその位置は，一瞬一瞬変化している。さらにその個人の生活がスペクトラムの位置を変化させる要因ともなる（村上，2004a）。それゆえに，病弱・身体虚弱といわれる病弱支援学校の子どもも「元気」であり，健康な通常学校の子どもも「病気を経験」するのである。

　ここで注意すべきことは，一つは健常児の病気は短期間で回復するが，病弱・身体虚弱児の病気は「一生涯治らないか，治るとしても長期間の治療・管理」が必要なことである。二つめは，病気による身体的状況に規定されながらも，病弱・身体虚弱児の心理的状況は，客観的な体調の悪さと主観的な気分の悪さが必ずしも比例するものではなく，ある程度の自由度をもって変化することである。

　本節では，上記のような病気と子どもとの関係をふまえて，病弱・身体虚弱児の病気を障害と捉え，子どもの直面している困難を分析し，改善に向けた支援について述べる。

　「病弱・身体虚弱」という語は，日常的なことばであり，それが転じて教育用語として使われている。つまり定義可能な学術用語ではないが，「病弱・身体虚弱」児といわれる一群の子どもたち（以下，病弱児）がいることは明らかである。この「病

弱・身体虚弱」をもたらしているのが，慢性的な経過をたどるさまざまな疾患（以下，慢性疾患）である。そこで，病弱児の置かれた状況を理解するためには，まずは慢性疾患の特性を理解することが求められる。

(1) 慢性疾患の特性
　比較的短い期間で完治し通常の生活に早期に復帰することができる病気とは違い，慢性疾患は一生涯治ることがないか，治るとしても長期間の治療・管理が必要とされ，病弱児は常に病気とかかわった生活をしなければならない。病気（身体状況）が子どもの生活や活動にさまざまな形で制限を加え，その心のあり様に作用し，長い経過の中で心理的発達に影響を及ぼす。一方，心は日々の生活や活動の内容を決めるとともに，結果として病気（身体状況）をもその影響下に置くことになる。このように，病気（身体状況）と心は，生活や活動といった媒介過程を挟んで，独立しながらも相互作用を営むことになる。

①病気であることは変わらないが病状は常に変化する
　慢性疾患が長期あるいは一生涯治らないということと，病状が変化しないこととは同義ではない。それどころか，多くの慢性疾患では，一般に考えられているよりも病状変化が激しく，病弱児本人が認識したときには重篤な状態になっており，普段の生活が可能になるまでに長い時間を要することもめずらしくない。

②病状変化の把握がむずかしい
　病弱児は生まれたときから，あるいは長い期間にわたり病気を抱えているにもかかわらず，病状の変化を速やかに的確に認識できない理由は，大きく分けて次の二つの事柄が考えられる。

　病状変化にかかわる原因の特定がむずかしい　慢性疾患の病状はさまざまな原因に影響を受け変化するため，その特定がむずかしい。薬を飲むことを忘れていること，ほかの子どもたちに混じっての駆けっこ，おやつの中の食材など，一般の人では気にかける必要もないようなものが原因となっている場合も多い。いくつかの原因が複合して，病状の悪化をもたらすこともまれではない。病気の種類や子どもによっては，心理的ストレスが，身体的な変化に密接にかかわっている場合もある。

　病状変化の認識を抑制する要因　慢性疾患の身体状況の認識もまた，さまざまな認知システムの相互作用の結果として成り立っていることは明らかである。病状悪化の認識は，多くの慢性疾患では治療管理の起点ともいえる。しかしながら，悪化の情報は誰にとっても知りたくないものであり，認知システムは悪化情報の認識を抑制するように作動する。否認などの心理的防衛機制や神経心理学的な情報処理システムがそれ

に関与すると推測されている(村上,1997)。

「病弱・身体虚弱」イメージⅠ―体調が崩れやすい― 「病状変化の原因特定のむずかしさ」「病状変化の認識のむずかしさ」,さらに,短時間で重篤な状態に陥りやすいもともとの「身体的特性」が集約される形で,「病気がちで体が弱い」といった病弱児の一般的なイメージが成立する。

③病気に即した生活に変更し,それを維持することはむずかしい

慢性疾患の治療管理は,服薬や注射などの一般的な医療的行為の部分よりも,それぞれの病気に応じた患者の生活管理の部分が圧倒的に広く,しかも病気を抱える子ども本人や家族が治療管理を担う場合が多い。

治療管理としての生活行動 慢性疾患の治療管理の中心は病気に即した生活である。病種や病状により内容はさまざまであるが,運動規制,食事・水分の制限などが代表例である。

運動規制は,過度に動き回ることやスポーツ種目の制限と受け取られがちであるが,実際には活動そのものの規制である。運動機能に問題がないにもかかわらず教室移動の規制や,はしゃぐこと・泣くことの制限に及ぶ場合もめずらしくない。食事や水分制限も,飲み過ぎや食べ過ぎの注意ではなく,厳密な計算や代謝・排泄量に基づくカロリーや水分摂取の制限である。たくさん食べて飲んで汗を流して飛び回る,子ども一般のイメージからすると,病気に即した生活とは,「子どもらしさの制限」と言い換えることもできる。

これらに,自己検査や自己注射等を定期的にあるいは症状に応じて行なうといった,医療者の代替としてのテクニカルレベルの代替行為が加わることも多い。

治療管理の担い手としての子どもと家族 生活内容の規制が治療管理の中心であるということは,治療管理は医療者の手を離れ,病弱児本人や家族がそれを担うことを意味する。入院などの完全な医療管理下から開放されたことは歓迎すべき事柄であるが,反面,子どもや家族に治療管理の決定権と責任が移ることになる。

たとえば,医療の代替行為としての服薬や注射でも,各自の生活サイクルの中で「薬をいつ飲むのか」「どのようなタイミングで注射するのか」などの決定権を握るのは,子ども本人や家族である。特に,外来治療を受けながら地域の通常学校に通う病弱児の場合には,周囲への気兼ねや帰属意識などにより生活内容の規制を守らない場合や,服薬や注射などがスケジュール通りにできない場合もある。このような場面が,子どもの心のあり様が生活管理に影響を及ぼし,結果として病状悪化を招くことにつながる例である。

「病弱・身体虚弱」イメージⅡ―みんなと違う― 生活内容を病気に即したものに変更

することはむずかしく，変更した生活内容を維持することもむずかしい。しかも，そのような生活行動を怠ること自体が病状悪化の原因となりうる。この慢性疾患の性質と治療管理のむずかしさが集約される形で，「みんなとは違う生活をする子ども」といった病弱児の別のイメージが生み出される。

(2) 障害としての慢性疾患―健康障害―

これまで見たように慢性疾患を抱える病弱児は，病気それ自体とその治療管理のために，さまざまな制限を受けながら生活している。「障害」をその人の生活や行動を制限するものと定義するならば，慢性疾患も障害としての側面があり，病弱児は慢性疾患による制限を受けながら生活しなければならない障害児としての性格をもつ。以下では，病気とその治療管理のための生活・行動上の制限を健康障害と呼ぶこととしたい。

2 病弱・身体虚弱の原因と出現率

病弱・身体虚弱の要因は慢性疾患であるが，慢性疾患の種類は多様で，原因・出現率も病種によりさまざまである。病弱児にかかわるうえでは，的確で最新の医療情報を参照することが求められる（たとえば，メルクマニュアル，2006）。

ここでは，教育機関および医療機関の統計などに基づき，代表的な子どもの慢性疾患の出現率を概説する。

(1) 病弱教育機関に在籍する児童生徒数の推移

図7-1は，病弱教育機関が加盟する全国病弱虚弱教育連盟（全病連）の資料に基づいて，疾患の種類等を大きく7項目に区分して作成した，1967～2011年までの在籍者数の推移である。図からわかるように，在籍者数が1979年をピークに減少するが，近年増加傾向に転じている。結核等感染症は80年代以降ほとんどなく，かわって白血病等新生物疾患の在籍者数が増加している。血液疾患・内分泌疾患・心臓疾患・呼吸器系疾患・腎臓疾患・消化器系疾患などからなる内臓系慢性疾患・虚弱は減少傾向にある。重度重複障害および筋ジス等運動障害は漸増傾向を示すとともに，2007年以降，神経症・不登校などの行動障害が顕著な増加傾向を示している。高度な医療的管理を常に必要とする重症疾患児（ウェルドニッヒホフマン症候群児や重症疾患を合併する子どもなど）が，病弱教育機関に在籍するようになってきている。2007年以降の在籍児の増加傾向の要因として，次の2点が考えられる。一つは，2007年度からの特別支援教育システムへの移行により，かつての病弱養護学校と知的障害および肢体不

自由養護学校との統合・併置による児童生徒数の増加である。もう一つは，前者と関連するが，特別支援学校（病弱）における発達障害や精神疾患等のある在籍児童生徒数の増加である（八島ら，2013）。

(2) 医療関係の統計からみた病弱児の通常学校在籍状況

子どもの慢性疾患についての研究推進，医療の確立と普及，患者家族の医療費負担軽減を目的とした小児慢性特定疾患治療研究事業の事業登録者の解析から，加藤（2004）は，代表的な小児の慢性疾患発生頻度を次のように推計している。おもなものを引用すると，「15歳未満の小児がん患児は1004人に1人，小児内分泌疾患患児は765人に1人。10～14歳児では成長ホルモン分泌不全性低身長症が964人に1人，1型糖尿病が4509人に1人。5～14歳児で関節リウマチ・胆道閉鎖症が1万人に1人，血友病Aが男子1万人に1人。幼児の約5％が気管支喘息に，幼稚園・小中学生の約200人に1人が慢性心疾患に罹患している」とされている。このほか一般に，てんかんは100人に1人，また約30％の子どもが食物アレルギー・アトピー性皮膚炎等を示すといわれている。

病種分類の違いがあるので一概には比較できないが，小児慢性特定疾患の統計（加

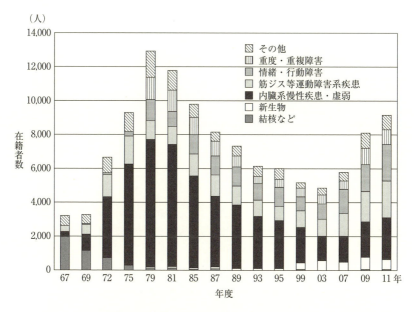

図7-1　病弱教育関係機関在籍者数の推移（全病連の資料をもとに作図）

II部 特別支援児の心理特性

藤ら，2005）を参考にして推測したそれぞれの疾病の学齢期（5〜14歳）の患者数と，2007年度の病弱教育機関の在籍者数を比較すると次のようになる。腎臓疾患は患者数の推計は3000人程度であり，それに対して病弱教育機関には181人，同じように心疾患では6000人程度と227人，喘息等呼吸器疾患は1300人程度と361人，血友病等血液疾患は2000人程度と46人，糖尿病等内分泌疾患は2500人程度と170人である。ここから，小児慢性特定疾患事業の対象となる病状レベルの子どもたちの大半が，通常学校に在籍していることがわかる。

3 健康障害の心理特性と病弱児の直面する困難

慢性疾患を抱える病弱児は，病気自体と治療管理のための生活や行動上の制限，すなわち健康障害の状況に置かれている。ここでは，代表的な慢性疾患の健康障害の特性を検討し，病弱児の直面する困難を概説する。

(1) 自分の病状を知ることのむずかしさと心理特性

慢性疾患の病状は激しく変化するが，悪化を引き起こす原因が明確でなく，しかもその悪化の情報を早期に的確に認識することはむずかしい。その結果，治療管理の遅れとなり，さらなる病状の悪化につながる。特に，悪化の原因が自分の生活行動の中にある場合には，病状悪化の認識はより遅れることになる。

気管支喘息児の例をみてみる（図7-2）。A君は，定期服用の薬を飲み忘れているときに，寒い体育館で十分なウォーミングアップもせずに，バスケットボールのゲー

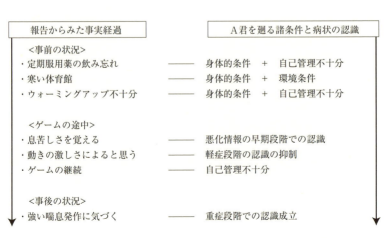

図7-2　気管支喘息A君の病状変動とその原因および認識

ムに参加した。途中，多少の息苦しさを覚えたが，動きの激しさによると思い続けた。ゲーム終了時に，かなり強い喘息発作が発生していることにやっと気づいている。このように，気管支喘息という疾患を前提にしつつも，複数の身体的および環境条件が重なって喘息発作が生じているが，その要因の多くはA君の生活行動上の配慮により回避可能である。

ところが，図7-2の右側に示した部分は，健常児であれば生活上まったく考慮する必要のない内容であるにもかかわらず，「喘息児A君」にはそのような管理を暗黙のうちに要求し，それができなければ「自分のことなのになぜ気づかず，なぜできないのか」と，周囲は批判・叱咤する傾向が強い。

このような，不明確な原因による身体状況の変化とその認識のむずかしさ，結果として生じる病状の悪化と周囲の理解不足が，病弱児の心理特性として一般に指摘される「自信のなさ」「不安定感」「依存心の強さ」につながる。

(2) 病気に即した生活行動を続けることのむずかしさと思春期

慢性疾患の治療管理の多くは日常生活の管理である。医療者の代替行為としてのテクニカルな側面の行為も，患者の日常生活の中に組み込まれており，その実施如何により身体状況の変化につながる。テクニカルな側面の習得が自己管理の獲得と思われがちであるが，それは自己管理の一部にすぎない。管理を「するか・しないか」の判断・決定を行なうのも子どもである。特に，思春期には病気への拒否感，健常児集団への帰属意識が，治療管理の意味や生きる意義を問うことにもつながり，管理を怠る方向へと病弱児を駆り立てることもある（村上，2011）。

1型（インシュリン依存型）糖尿病児の例をみる（図7-3）。Bさんは，血糖測定，インシュリン自己注射，低血糖時捕食，運動療法など1型糖尿病の治療管理に必要なテクニカルな側面をすべて習得し，中学校2年生のときに特別支援学校（病弱）から地域の通常学校に転入した。学習成績も優秀で，体育的活動も立派にこなすBさんは，クラスにもすぐなじむことができた。しかし，昼食前に毎日必ず「どこかに行く（保健室で血糖検査・自己注射を実施）」ことに周囲が徐々に気づき，不思議に感じ始めた。気まずさに耐え切れずBさんも，保健室での治療管理を疎ましくなり，「やめてしまいたい」と思うようになった。しかしBさんは担任や養護教諭の支援もあり，自分の病気とその治療管理を「公表」し，周囲の理解を得ようとした。その結果，当初，何人かのクラスメイトは好奇の目で見たが，だんだんと周囲との軋轢は解消に向かった。

Bさんは，治療管理のテクニカルな側面を十分に習得しているにもかかわらず，日

II部 特別支援児の心理特性

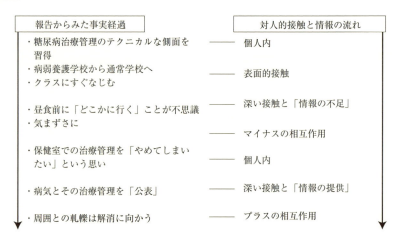

図7-3 1型糖尿病のBさんの自己管理のむずかしさ

常生活の中で実際に管理を行なうむずかしさを経験している。加えて圧倒的多数の健常児がいる環境で，周囲と同じように生活したいという思いが強くなることも示している。図の右側はBさんと周囲の対人的接触のレベルと情報の流れを示している。対人関係の深まりによって提供される情報の深さも要求されるのであろう。その中には，病弱児の治療管理に関するものが入り込む場合もある。Bさんの場合には観察されなかったが，小学生の頃はインシュリン自己注射などを保健室で行なっているが，中学・高校生ではトイレで実施する子どもが多くなることも報告されている（宮川ら，2002）。その背景には，病気の情報が伝わることへの拒否感が含まれていることは十分に考えられる。

このような，「やるべきことを理解し，できるはず」なのに「しない」場面や，時には「自分の身体を省みない行動や生活」に駆り立てる要因として，的確に管理を実行しても治ることのない現実や治療管理を中心とした生活（療養生活）を維持する動機づけの低下が考えられる。さらに，集団帰属を強く求めたり，人生の意味を問う，思春期の自我の成長が関与するのである。

(3) 生活行動と健康状態の強い結びつき

慢性疾患では，健常者では考えもしないような事柄が，病状変化の要因となっていることも多い。健常児であっても生活行動と身体状況が強く結びついてはいるが，病弱児ではその現われ方が顕著である。

病弱児では，さまざまな要因で身体状況が悪化することが観察される。その要因と

7章 病弱・身体虚弱，重症心身障害

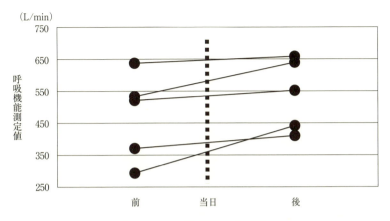

図7-4 心理的負担と呼吸機能

なるのは，環境条件から心理的ストレスまでと幅は広いが，現われ方はその子どもの「弱い部分」に集中する傾向を示す。図7-4は5名の喘息児が，強い心理的ストレスを受けた日の前後の呼吸機能を示している。心理的ストレスが増強する状況を予測している場合，その「前」の時期に呼吸機能が低下し，それが解除された「後」で上昇に転じている。健常児でも心理的負担を感じている際には，息苦しさがあるかもしれないが，この図ほどに呼吸機能が低下することは考えにくい。これは喘息症状が「器官選択」（永田，1999）の結果として，「弱い部分」の呼吸器に現われたものと解釈することもできる。

そのほかの慢性疾患，たとえば血友病などでも，患児で最も機能が低下している関節部位の出血が，日常生活の中で簡単に発生することがわかっている（村上，1997）。病弱児では「弱い部分」へのしわ寄せとして，身体状況の悪化が観察される可能性が高いのである。

4 病弱児の支援
(1) 病状変化の原因と早期の認識の促進

病弱児支援の一つのポイントは，「原因」「病状悪化の初期症状」の認識における不明確な状況を改善することである。慢性疾患の病状変動の原因は，疾患そのものを前提としつつも，患者の生活や行動にあることはすでに述べたとおりである。しかし生活行動と病状変動との関連は複雑・雑多で，その中から特定の原因を見いだすことは容易ではない。

しかしながら，病弱児本人や家族，あるいは病弱児と日常的に接している支援者では，明確ではないものの病状変化の「原因」「悪化の初期症状」を認識していることがある。その背景にあるのは，長い経験の中で可能となる病状と生活に関連する情報の集積と抽出のプロセスである。

二人の喘息児の事例を考える。子どもたち自身が記入した健康観察記録1年分を年度末に集計して，月毎の発作回数と授業時間割との関連を子どもたちと一緒に調べ整理した。月別の集計グラフを見て，それぞれが自分の発作が多い月について，一人は「ちょっと寒くて空気がカサカサしているときに多いんだよ」，もう一人は「僕は，少し暑くてジメッとしたときに多いよ」と言った。グラフを見る以前から，発作の起きやすい気象状況に「うすうす」気づいていたようであった。また，発作の多い時間帯を集計したグラフを見て，二人とも「休み時間のあとに多いね，だってあばれる（激しく動く）からね」と言った。休憩時間後の発作発生の原因をよく知っており，自分たちの行動が原因であり，それをコントロールすべきであることにも気づいている。

このように長期間の情報の集積と抽出により原因や初期症状の把握が容易になることは，血友病性出血やてんかん発作においても見いだされている（村上，2001）。ここで大切なことは病気の種類や症状が許すかぎり，子どもと一緒に集積・抽出する作業を行なうことである。この作業のプロセスこそが，病状変化の「予測および制御可能性の認識」を促進するのである。

(2) 病気に即した生活行動の維持の促進

慢性疾患の治療管理の中心は患者の生活の管理であるが，それを維持することのむずかしさはすでに述べたとおりである。とはいえ，そのような生活管理を継続しなければ，病状の悪化を招くことは明らかである。病弱児支援のもう一つのポイントは，病気に即した生活行動の「動機づけ」を支えることである。

①生活の「目的」と「規則正しいサイクル」

病気を抱えつつも社会で活躍する腎臓疾患患者の事例（村上，2002）を考える。この事例によると，「仕事のある日，予定のある日などには，一定のリズムをもった生活が送れる傾向がある」「生活習慣の中で，身体でおぼえた（生活）サイクルがあり，（そのサイクルのときには）病気の管理にとって必要な規制を破ることが必然的に少ない」としている。そのうえで，「逆に生活サイクルが"いつもと違う"あるいは"崩れる"と，"どうでもいいや"といった感じになり，生活管理全体が崩れる」と指摘している。

ほかの慢性疾患の成人患者も「治療管理一辺倒の生活から，自分らしく生きるため

の治療管理へと，価値の転換をはかること」「日々やることのある暮らし」が，病気に即した生活行動を維持するうえで重要であると述べている（村上，2004b）。そのためには「生活の目的」と「生活サイクルの確保」「サイクルの中での治療管理の自動化」をはかることが有効だと指摘している。これを子どもたちに適用する支援の視点は，「体調が崩れれば，明日の遠足にいけない！」ではなく，「明日遠足に行くために，今日の管理をしよう！」ということである。つまり，管理そのものを子どもに要請するのではなく，「生活の目的」設定を第一義的に行なうことで，それを遂行すること自体が「結果として管理の動機づけを高める」ということである。

②治療管理の危機―思春期―

「生活行動の維持」は，その子どもの生活の中の目的と関連する。特に思春期では「人生の意味を問うこと」と直結している。管理の担い手が親や家族から，病弱児本人に移行する時期と，身体的な激変期，「管理の意味を問う」思春期が重なる中学・高校生を中心とした年代は，慢性疾患管理の危機の時期である。このさまざまな不安定状態を，周囲の大人が見守りつつ許容することが，病気に即した生活行動の維持を促すことにつながる（田中，2003）。

(3) 媒介過程としての生活行動へのはたらきかけ―教育的支援―

慢性疾患ではさまざまな要因で病状が変動し，その結果として健康状態が生活や行動に大きな影響を与えることはすでに見たとおりである。近年増えつつある重症疾患児では，特に身体状況と生活行動が強く結びついている。重症疾患児は医療的な管理も困難を伴うことから病状変化も激しく，身体を基盤とする発達や学習もその影響を受けやすい。それまで可能であった行動が，病状の悪化後にはむずかしくなっていることもよくある。ここでは，複数の難治性慢性疾患と知的障害，てんかん，ダウン症候群を合併した重症疾患児の例を見てみよう。

図7-5は，延べ70日間（10日で1セッション）の対象事例への教育的はたらきかけの際の笑顔の発現と，体調とを重ね合わせたものである。図からわかるように，はたらきかけの継続により笑顔の観察される日数は増加するが，体調悪化により笑顔の発現も減少する。しかし回復後にはたらきかけを再開すると，最初より速やかに笑顔が発現する。これは体調悪化により，教育的はたらきかけ以前の水準にまで行動変容が逆戻りするわけではなく，しかも，行動的反応が比較的速やかに悪化直前の水準にまで復元していることを示唆する。

この事例は，一つには，障害や疾患の重症度が増すほど身体状況と行動とが密接に結びついていることを示す。その一方で同時に，比較的長い時間経過の中での教育的

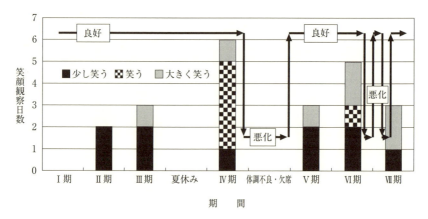

図7-5　身体状況と行動との結びつき

はたらきかけにより，身体状況の悪化が生活行動の変容すべてを後退させるとは限らないことも示唆している。

この事例の示す生活行動と健康状態の結びつきの二面性は，重症疾患群も含めた病弱児では，疾病（身体状況）により生活行動さらには心のあり様が規定されることは十分想定されるが，一方において教育的支援により生活行動の相対的独立性が高まる方向に変化することを示唆していると考えられる。

一生涯治らない，治るとしても長期の療養を必要とする慢性疾患では，子ども自身がかかわる治療管理の生活行動的側面が，病状変化に大きな影響を及ぼす。生活行動的側面は，教育的支援が直接関与できる領域である。このことは，「予測と制御可能性の認識」を育む支援は，病弱児・健康障害児が自らの病気を客体化することを可能にし，身体状況の拘束からは完全には免れないにしても，心のあり様とその発達に対する病気の影響を緩和しうることを示唆している。

2節　重症心身障害

1　重症心身障害の概要

重複した障害があって，しかも障害の重い子どもは，戦後間もない時期から，重複欠陥児，複合障害児，重複障害児，などと呼ばれていた。重症心身障害児という用語が，そのような障害の重い子どもたちの統一名称として採用されたのは，1958年であった。そして，その3年後の1961年にわが国最初の重症心身障害児施設となる「島田

7章 病弱・身体虚弱，重症心身障害

療育園」が発足した（岡田，2001）。

島田療育園発足から2年後の1963年に，国は重症心身障害児の療育事業を開始した。この事業は厚生省事務次官通達により開始されたが，その通達の中で重症心身障害児を「身体的精神的障害が重複し，かつ，重症である児童」とした。しかし，通達の中の重症心身障害児施設入所対象選定基準によると，重度の精神薄弱（今日の知的障害）または重度の身体障害のどちらか一方の障害だけでも入所対象と見なしていたので，単独の障害だけで重症心身障害児といえることになる。その後，当時の厚生省（現厚生労働省）は1966年の新しい次官通達において，重症心身障害児（者）を「身体的・精神的障害が重複し，かつ，それぞれの障害が重度である児童および満十八歳以上の者」とした。この通達では入所対象選定基準はなくなっているので，身体的なあるいは精神的な単独の障害だけで重症心身障害児とはいえないことになるだろう（難波，2005）。

さらに，1967年の児童福祉法の改正において，「重症心身障害児施設は，重度の精神薄弱（今日の知的障害）及び重度の肢体不自由が重複している児童を入所させて，これを保護するとともに，治療及び日常生活の指導をすることを目的とする施設とする」という重症心身障害児施設に入所する児童の規定を行なった。この規定は今日の児童福祉法においても活きており，この入所児童の規定を今日の法律上の重症心身障害児の定義と見なすことができる。この定義を，上述の次官通達の定義と比べてみると，身体的障害が肢体不自由，精神的障害が精神薄弱（知的障害）となっており，障害の内容がより限定的な定義となっていることがわかる。

以上より，重症心身障害とは，心身機能・身体構造に重篤な障害をもち，そのために，重度の知的障害と重度の肢体不自由を重複して有することとなり，さまざまな活動に著しい制限をきたし，また，いろいろな場への参加に際し大きな制約をもきたす障害を意味するものであるといえよう。

(1) 超重症心身障害児

さて，1980年代後半から，重症心身障害児の中でもさらに障害の重い子どもたちが増えてきた。長期にわたって，濃厚な医療や介護を継続して必要とする障害児の増加が認められてきている。これらの子どもたちは，超重症児と呼ばれている。超重症児の判定については，運動機能は座位までとされ，呼吸管理（レスピレータ管理，気管内挿管・気管切開など），食事機能（IVH，経口摂取・経管など），体位交換6回/日以上，定期導尿，継続する透析などからなる17項目により行なわれる。これらは，項目ごとに3〜10点が割り当てられている。たとえば，レスピレータ管理は10点，気管

内挿管・気管切開は 8 点，IVHは10点，体位交換 6 回/日以上は 3 点，継続する透析は10点が割り当てられている。そして，これらの合計点が25点以上の状態が 6 か月以上の間継続する場合に超重症児と判定される（厚生労働省，2010）。一度判定した結果は，固定的なものではなく，より重度化することも多いが，他方，改善できる場合もある。超重症児の診療報酬加算が保険診療に認められたのは1992年であった（鈴木，2001）。

さらに，超重症児得点が25点未満であっても，かなり障害の重いケースがあり，そのことが問題となった。日本重症児福祉協会は全国施設長会議の意見として，超重症児得点が10点以上25点未満を"準超重症児"とすることを提言した。これを受け，厚生省は2000年度の保険診療報酬改定で新たに"準超重症児加算"を追加している（鈴木，2001）。

超重症児の発現頻度は，10万人に0.8～1.6人（鈴木ほか，1996）といわれている。

(2) 動く重症心身障害児

他方，超重症児が運動機能は座位までということであるのに対して，重症心身障害児施設の中には，歩くことができる重度，最重度知的障害児が入所している。このような児童を動く重症児と呼んだ。今日からすれば，知的障害児施設に入所することが適切であると考えられる障害児であるが，昭和40年代の知的障害児施設は，中軽度の知的障害児を受け入れ，社会自立をめざしていたため，重度，最重度知的障害児を受け入れることは困難であった。そのため，動く重症児が重症心身障害児施設に入所した経過がある（中島，2005）。

この動く重症児は，大島（1971）の分類（図 7-6 参照）では，区分 5，6，10，11，17，18に属する子どもである。2011年度全国重症心身障害児施設実態調査から，公法人立重症心身障害児施設11,512名の移動能力の独歩以上をみると，独歩（不安定）は823名，独歩（安定）は267名，速歩き190名，走る273名で，合計1,553名（13.49％）である。したがって，公法人立重症心身障害児施設に入所している児童のうち，15％弱が動く重症心身障害児といえよう。

2 重症心身障害の原因と出現率

重度の知的障害と重度の肢体不自由を重複して有する重症心身障害は，脳の障害が原因で起こる。その発生時期は，胎生期，周生期から新生児期，生後 5 週以降に分けることができる。

日本重症児福祉協会は，毎年度，国立療養所などを除いた全国の重症心身障害児施

設を利用している重症心身障害児の実態調査を実施している。その実態調査結果によると，2011年4月1日時点では，重症心身障害児施設の数は122か所である。122か所の施設に在籍している11,512名のうち，大島の分類区分で1，2，3，4（厚生省の分類ではⅠ型（表7-2参照））に属する，いわゆる定義どおりの重症心身障害児は8,921名である。表7-1は，2011年度実態調査の結果に基づいて，Ⅰ型に属する8,921名の主要病因分類を，出生前原因，出生時・新生児期の原因，周生期以後の原因別に整理したものである。

表7-1を参照しながら，重症心身障害児の原因について述べる。

感染・中毒，代謝障害，染色体異常などの出生前の原因は29.53％，分娩異常などの出生時・新生児期の原因は36.88％と最も多い。そして，外因性障害，症候性障害などの周生期以後の原因は30.39％と出生前の原因とほぼ同じ割合であった。

表7-1　重症心身障害児の主要病因分類

		人数	割合（％）
出生前の原因	感染・中毒	87	0.98
	代謝障害	118	1.32
	母体の疾患	92	1.03
	不明の出生前要因	675	7.57
	染色体異常	422	4.73
	特殊型その他	1,240	13.90
	小　計	2,634	29.53
出生時・新生児期の原因	分娩異常	2,022	22.67
	新生児期の異常	1,011	11.33
	その他	257	2.88
	小　計	3,290	36.88
周生期以後の原因	外因性障害	1,511	16.94
	症候性障害	996	11.16
	その他	204	2.29
	小　計	2,711	30.39
不　明　X		286	3.21
合　　計		8,921	

注）出生時・新生児期の原因（生後1週間まで胎内性要因を加味）

また、発生率の高いものに焦点をあてて、重症心身障害児の原因をみると、「低酸素症または仮死」「機械的損傷による脳障害」などの分娩異常が22.67％と最も多かった。次いで、「髄膜炎・脳炎」「脳外傷」などの外因性障害が16.94％と多かった。その他、10％以上の原因としては、出生前の原因で特殊型その他が13.90％、「低出生体重児（AFDまたはLFD）」「低出生体重児（SFD）」「高ビリルビン血症」などの新生児期の異常が11.33％、「てんかん」「脳症」などの症候性障害が11.16％であった。

さらに、重症心身障害の発生頻度について、鈴木（2005）にしたがって発生時期別にみると、遺伝子異常・染色体異常・脳血管障害などの原因により起こる胎生期（受精から周生期直前まで）が0.6‰前後、低酸素性脳症・脳循環障害・頭蓋内出血などの原因により起こる周生期から新生児期（生後4週まで）が0.4‰前後、脳炎・髄膜炎・頭部外傷などの原因により起こる生後5週から18歳までが0.3‰前後である。このような結果から、受精から周生期直前までの出生前の原因で、その半数近くが起こっていることがわかる。

3 重症心身障害の分類

ひとくちに重症心身障害児といっても、超重症児から動く重症児までいて、その幅は広い。したがって、重症心身障害児を分類する試みがいくつか行なわれている。ここでは、比較的よく知られている大島の分類と、厚生省の分類について述べる。

(1) 大島の分類

都立府中療育センターに勤務していた大島は、障害児を受け入れるにあたりその基準を作成した。大島（1971）は、重症心身障害は、そのほとんどがけいれんに発作、てんかんなどの合併があり、その他の多くの疾患を併せもっているのが常であり、単に肢体不自由と知的障害との組み合わせというような単純なものではない、とした。したがって、これら二つの軸（肢体機能と知的機能）で表現するのは必ずしも当を得ているとは思わない。しかし、比較的ポピュラーでわかりやすく、そう的はずれでもないだろうということで、横軸に行動レベ

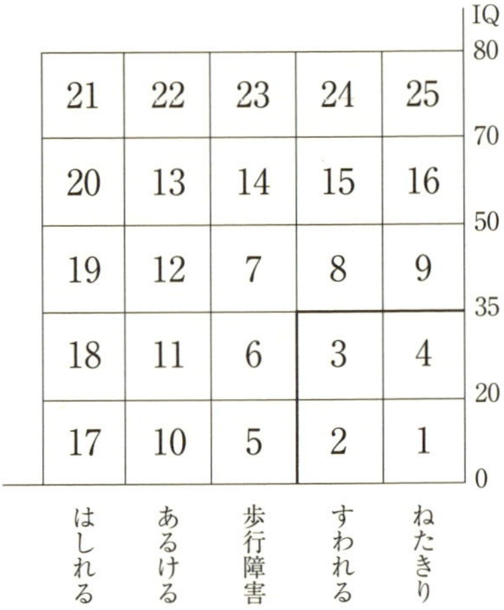

					IQ
21	22	23	24	25	80
					70
20	13	14	15	16	
					50
19	12	7	8	9	
					35
18	11	6	3	4	
					20
17	10	5	2	1	
					0
はしれる	あるける	歩行障害	すわれる	ねたきり	

図7-6 大島の分類（大島, 1971）

ルを，縦軸に知能レベルを設定した分類表を提案している（図7-6）。

図7-6において，大島は，区分1～4を，すなわち，行動レベルは「すわれる」もしくは「ねたきり」の程度で，知能レベルがIQ35以下の者を重症心身障害と表現してよいだろう，としている。さらに，5～9の者で，①絶えず医療管理下におくべき者，②障害の状態が進行的と思われる者，③合併症のある者，の三条件のうち一つでも該当するものがあれば入所の対象となるとした。

今日，定義どおりの重症心身障害児とされるのは，大島分類の区分1～4に属する子どもたちである。この大島の分類区分は，今日においても，施設現場などで広く用いられている。

(2) 厚生省の分類

もう一つ，よく用いられる分類として，厚生省（現厚生労働省）の分類がある。これも，知的障害と肢体不自由を基準としており，表7-2に示すように，Ⅰ～Ⅳ型がある（高谷，1983）。

厚生省分類のⅠ～Ⅲ型に属する子どもの状態・特徴を，高谷（1983）は次のようにまとめている。

Ⅰ型に入る子どもは，頸がすわっていないことも多く，自分で姿勢を変えることができない。その状態を，①重い身体障害がある，②重い精神発達障害がある，③てんかんを合併していることが多い（大部分は難治性），④乳幼児期にはたいへん虚弱なことがある，⑤他の障害を合併していることも多い（眼，耳，内臓など），と述べている。

Ⅱ型に分類される子どもは，たいていの場合一定の年齢になると歩くことができるが，精神発達障害は重く，身辺のことが自分でできないし，感情の交流はままならな

表7-2　厚生省による重症心身障害児分類（高谷，1983）

Ⅰ	重度精神薄弱（IQ35以下あるいは推定その程度）＋重度肢体不自由（強度四肢マヒ，ただし寝返り，幹移動および介助座位程度可能）
Ⅱ	重度精神薄弱が主で肢体不自由は次の程度
	(a) 上肢マヒはあるが下肢マヒはないか，あっても軽い（いざり歩き程度以上可能）
	(b) 下肢マヒはあるが上肢マヒはないか，あっても軽い（自力節食・車椅子移動程度以上可能）
	(c) 四肢マヒはないがあっても軽い（上肢b，下肢a程度以上可能）
Ⅲ	重度肢体不自由が主で精神薄弱は次の程度
	1. IQ30～50あるいは推定その程度
	2. IQ50以上あるいは推定その程度
Ⅳ	精神薄弱，肢体不自由ともに重度でない，肢体不自由程度，精神薄弱程度はⅡ（(a), (b), (c)）Ⅲ（1. 2.）に準ずる

い。その特徴を，①重い精神発達障害がある，②身体障害はないか軽い，③てんかんを合併していることが多い（大部分は難治性），④姿勢，運動などに問題のみられることがある，⑤事故が起こりやすい，と記述している。

　Ⅲ型の子どもは，①重い身体障害がある，②精神発達障害はないか軽い，③高熱症候群，心因反応による筋緊張，コーヒー残渣様嘔吐など特有な問題がみられる，④てんかんは少ない，と述べている。

　上述のⅠ～Ⅳの分類は，今日，日本重症児福祉協会の全国重症心身障害児施設実態調査においても使用されている。すなわち，この分類基準にしたがって，主要病因分類についての整理が行なわれている。ちなみに，2011年度の日本重症児福祉協会の調査では，公法人立重症心身障害児施設利用者11,512名のうち，Ⅰ型は77.49％，Ⅱ型は18.24％，Ⅲ型は3.57％，Ⅳ型は0.69％である。

4 重症心身障害児の心理特性
(1) コミュニケーション

　自分の思いを伝えたり，相手の思いを知ったりして，お互いに理解しあうことをコミュニケーションという。コミュニケーションは人間関係における基盤ともいえるものであり，コミュニケーションに障害があると，人間関係も円滑に進まなくなる。子どものコミュニケーション障害については，田中（1993）が，①言葉の入力側の欠陥に基づくもの，②言語の高次機能に欠陥のあるもの，③言葉の出力側の欠陥に基づくもの，④環境・心理的要因が強く関与するもの，⑤音声障害および共鳴障害，の五つに分類している。

　心身機能・身体構造に重篤な障害をもつ重症心身障害児の場合，上述の欠陥や障害をいくつも併せもっている可能性が考えられる。そのような場合には，コミュニケーション障害はいっそう著しいものとなるだろう。

　2011年度全国重症心身障害児施設実態調査の結果によると，定義どおりの重症児といわれる重症児分類Ⅰ型（大島の分類で1～4に属する者）の利用者が90％以上を占める施設数は122か所中49か所（利用者3,558名）であった。それら施設の実態調査結果をもとにして，遊び，コミュニケーション能力（理解能力，表現能力），問題行動（自傷，常同行動，攻撃反応，衝動発作，他害）について整理したものを表7-3に示した。表7-3における重症心身障害児のコミュニケーション能力をみる。

　理解能力に関する「1. どんな方法ではたらきかけてもまったくわからない」という回答は20％，表現能力の「1. 意思表示がまったくないようだ」という回答が17％強である。さらに，遊びについてみると，「1. 遊びらしいものはまったくみられな

表7-3　重症心身障害児の遊び，コミュニケーション，問題行動

			Ⅰ型90%以上		全体	
			人数	%	人数	%
遊び		1．遊びらしいものはまったくみられない	670	18.8	1,803	15.7
		2．何かを楽しんでいる様子がある	1,181	33.2	3,609	31.3
		3．ひとり遊びをする	657	18.5	2,251	19.6
		4．他児の遊びをみている	167	4.7	596	5.2
		5．大人（職員や家族）と遊ぶ	570	16.0	1,970	17.1
		6．大人（職員や家族）を介して他児と遊ぶ	209	5.9	716	6.2
		7．仲間遊びができる	104	2.9	567	4.9
		小　　計	3,558		11,512	
コミュニケーション	理解能力	1．どんな方法ではたらきかけてもまったくわからない	712	20.0	2,066	17.9
		2．なんらかの方法ではたらきかけると多少は理解する	1,651	46.4	5,074	44.1
		3．簡単な言葉や身振りなどを理解する	723	20.3	2,707	23.5
		4．日常会話を理解する	472	13.3	1,665	14.5
		小　　計	3,558		11,512	
	表現能力	1．意思表示がまったくないようだ	615	17.3	1,830	15.9
		2．意味はわからないが声や身振りで表現する	1,921	54.0	5,891	51.2
		3．意図した身振りやサインで表現する	529	14.9	1,970	17.1
		4．単語で表現する	201	5.6	658	5.7
		5．2語文で表現する	162	4.6	590	5.1
		6．文章で表現する	130	3.7	573	5.0
		小　　計	3,558		11,512	
問題行動	自傷	1．日常的にある	144	4.0	546	4.7
		2．時々ある	495	13.9	1,843	16.0
		3．なし	2,919	82.0	9,123	79.2
		小　　計	3,558		11,512	
	首振り，頭叩きなどの常同行動	1．日常的にある	302	8.5	942	8.2
		2．時々ある	421	11.8	1,457	12.7
		3．なし	2,835	79.7	9,113	79.2
		小　　計	3,558		11,512	
	攻撃的・反抗的態度	1．日常的にある	99	2.8	361	3.1
		2．時々ある	697	19.6	2,712	23.6
		3．なし	2,762	77.6	8,439	73.3
		小　　計	3,558		11,512	
	衝動的・発作的行動	1．日常的にある	63	1.8	283	2.5
		2．時々ある	465	13.1	2,097	18.2
		3．なし	3,030	85.2	9,132	79.3
		小　　計	3,558		11,512	
	他害	1．日常的にある	71	2.0	209	1.8
		2．時々ある	445	12.5	1,742	15.1
		3．なし	3,042	85.5	9,561	83.1
		小　　計	3,558		11,512	

注）3,558名のうち，Ⅰ型の人数は3,434名（96.5%）である。

い」という回答も19％弱である。このような結果から，20％近くの定義どおりの重症心身障害児は，遊びらしい遊びもなく，どんな方法ではたらきかけてもわからないし，意思表示もまったくないとみられている可能性がある。そして，「2. なんらかの方法ではたらきかけると多少は理解する」が46.4％，「2. 意味はわからないが声や身振りで表現する」者が54％となっている。したがって，多少の理解能力を有している者や意味は不明であるものの声や身振りで表現する者が50％前後であると見なされている。理解に関しては，簡単な言葉や身振りなどを理解するか，あるいはそれ以上の能力を有する者が34％程度である。表現能力については，意図した身振りやサインで表現するとか，言語で表現する者は3割弱である。

このような結果をみると，重症心身障害児の多くは「反応に乏しい」「反応があっても理解できない」「こちらのはたらきかけを理解していない」ととらえられ，彼らとコミュニケーションをとることはむずかしい，と理解されていることが予想される。

重症心身障害児のコミュニケーションの困難さの理由については，重い運動障害があるので発信手段が限られてくる，重症心身障害児からの発信行動は微細かつ未分化であることが多いのでコミュニケーションの相手が受信しにくい，移動上の制約がありコミュニケーションしたい相手に接近することがむずかしいので自分からコミュニケーションすることが困難となる，重症心身障害児はコミュニケーションの意欲が乏しい，生活上の変化が乏しいため他者と共有したり伝えたいという話題が乏しい，といったことなどが考えられよう（岡澤・川住，2004）。

(2) 行動
①定位反応と期待反応

生後2，3か月の乳児は，突然外部に刺激が呈示されると，その方向に目を向け，耳を傾けて「いったい何だろう」という反応を示す。このような反応を定位反応と呼ぶ。定位反応は，生後の外界との相互作用の経過の中で刺激を受容することによりしだいに発現する。重症心身障害児に対して，心拍反応を指標として縦断的に測定したところ，定位反応の増加が確認されている。また，生後半年くらいの乳児に，「イナイイナイ」といって顔を隠し，3～5秒後に「バー」といって顔を出すような行為を5回くらい繰り返すと，「イナイイナイ」というだけで，乳児は笑顔を示したり，声を出したりする。このようなかかわりあいを期待するかのような乳児の反応を期待反応という。乳児においては，当初定位反応が優勢であるが，生後半年以降になると，期待反応が発生し，優勢になってくる。重症心身障害児についても，心拍反応を指標として発達的に分析した研究において，定位反応優勢から期待反応優勢になることが

確認された。このような結果を受けて，北島（2004）は，重症心身障害児はその独自性をもちながらも能動的に外界を受容し，はたらきかけ，発達している存在であると述べている。

②微笑行動

自発行動の少ない重症心身障害児のわずかな動きや表情の変化などから，その意図を推測することはむずかしいため，手探りであったり，彼らの思いとはかけ離れたかかわりであったりすることもある。そのような中で，重症心身障害児の微笑行動は，確かな手応えとしてかかわり手に返され，また新たなかかわりが展開されると考え，郷間と伊丹（2005）は，大島の分類区分1に属する5〜11歳の3名の重症心身障害児の微笑行動に注目して，1人あたり8〜20回の観察を行なった。彼らは，観察から得られた多くのエピソードのうち，刺激と反応に一定の関連があり繰り返して観察できたもの，子どもの気持ちの志向が明らかで観察者に確かな印象として伝わったものを選択して解釈している。その結果によると，身体分野では，受け入れることの可能な身体刺激を楽しみ，たちまち微笑んだり，大きな笑い声が出たりする様子が観察できた。認識分野では，おもちゃなど物への興味関心，繰り返されることを待っている予期や期待，日常とのズレに対する認識など，それぞれの発達段階の微笑行動もみられた。さらに，人とのかかわりの分野では，呼びかけに対する無差別的微笑，親しい人を他者から識別する微笑，自分の関心を観察者と共有しようとした主体的微笑など種々の発達段階の微笑が観察された。ただし，郷間と伊丹は，微笑の意味については，かかわり手（観察者）だけが解釈できるという主観的あるいは間主観的な曖昧さを含んでいることは否定できないとしている。

郷間と伊丹の重症心身障害児の微笑行動の観察結果から，自発行動が少なく，あったとしても見落とされがちであると考えられる重症心身障害児の精神活動を，彼らの微笑行動から推測することが可能であるといえよう。

③行動障害

表7-3の自傷，常同行動，他害などのいわゆる問題行動といわれる行動障害についてみると，概して，重症心身障害児は少ないことがわかる。「攻撃的・反抗的態度」や「衝動的・発作的行動」，「他害」などが日常的にあるという回答は3％未満である。「自傷」がやや多くて，日常的にあるとする回答は4％である。行動障害の中では，「首振り，頭叩きなどの常同行動」が比較的多くて，日常的にあるという回答は8.5％となっている。自傷や常同行動などの自己に向けられた行動障害のほうが，攻撃的反抗的態度や他害などの他者に向けられた行動障害に比べて多いともいえよう。このような結果は，重症心身障害児の重い運動障害とも関連していると考えられる。

(3) 発達

　全国の国立療養所に入院中の7,800名の重症心身障害児者を対象として，発達の分析が行なわれている（杉田，2001）。その結果によると，重症心身障害児の発達年齢は，0～3か月未満が全体の19％，0～6か月に43％が含まれ，1歳までに全体の56％が含まれていた。このような結果から，重症心身障害児の5割強が発達段階が1歳レベルにまで達していないともいえよう。また，移動運動，理解能力，表現能力，対人関係といった領域間での発達のアンバランスが指摘されている。重症心身障害の原因が脳障害にあるだけに，彼らの脳障害の部位や程度によって発達のアンバランスが生じてくると考えることができよう。

　重症心身障害児の発達をとらえるにあたっては，健常児の発達段階のどのレベルにあるかということだけを問題にするのでは不十分である。重い障害があって運動の自由が制約されていたとしても，その中にある小さな能動性を見いだす視点，重い運動機能の障害をもっていても，そのことが言語理解や概念形成という認識発達を直接的に制約するものではないという視点，の重要性が指摘されている。そして，これら二つの視点を獲得していくときには，時間をかけて子どもの能動性の発露や意思を見いだそうとするような「間」をもったかかわりが必要であると説かれている（白石，2004）。

5 重症心身障害児の支援

(1) 医療的な支援

　ここでは，医療的な支援を特に必要とする超重症児の支援，次いで，重症心身障害児の医療的支援の中核となる，姿勢づくり，呼吸障害の支援，摂食嚥下障害の支援を取り上げる。

①超重症児の支援

　長期にわたって濃厚な医療や介護を継続して必要とする超重症児と呼ばれる子どもたちへの支援のあり方の検討は，重症心身障害児の支援のあり方の最も根本的な点について検討することに通じるものだといえよう。

　川住（2003）は，彼らが常時医療的ケアを必要とする重度・重複障害児への教育的対応に関して実施した実態調査結果の一部を報告している。

　それをみると，健康を守るための教育的対応としては，①体温測定，呼吸状態の把握，顔色や表情観察，脈拍測定，体調，睡眠時間，排便排尿の状態などの健康観察，②姿勢管理，運動・動作の促進とリラクセーション，食事指導，水分補給などの健康指導，③医療的ケアに関係する注意・配慮事項，環境調整，体温調整，骨折等事故へ

の注意・配慮,感染予防,衛生管理,てんかん発作への配慮,などの健康管理,に関する内容の回答が寄せられた。

さらに,川住は,超重症児の成長・発達を促すための教育的対応の現状を,10の教育実践報告を取り上げて紹介している。それによると,指導の糸口については,担当教師は非常に微細な動きや限局された身体部位の動きに着目していた。また,全身の筋緊張や限局された部位の筋緊張,表情のわずかな変化や呼吸運動の変化などにも着目して,個別の教育ニーズを把握することに精力を傾けていた。指導(活動)内容について,最も共通していたのは,スイッチ操作による学習場面を取り上げていることであった。すなわち,子どものわずかな身体の動きをなんらかの形で活かしたいという教師の思いと,その思いを可能にさせるスイッチを含めた最近の種々の支援機器の発展があるとしている。スイッチは,音・音楽が出る装置や動く玩具につながれたり,音声表出コミュニケーション・エイド(VOCA)につながれたりしている。川住は,スイッチの活用は今後,障害の重い子どもたちの生活の質を変えていく糸口になるのではないか,と述べている。

上述の健康を守るための教育的対応にしても,成長・発達を促すための教育的対応の現状にしても,その多くは,超重症児のみならず,重症心身障害児全体の支援に深くかかわる内容といえよう。

②姿勢づくり

姿勢の管理は,重症心身障害児の療育全体の基本の一つともいえるものである。合理的な姿勢を工夫することにより,緊張が緩和される,活動が行ないやすい,上肢動作が行ないやすい,呼吸によい,嚥下障害・誤嚥が軽減される,胃食道逆流その他の上部消化管障害を軽減予防する,心臓血液循環機能上に無理がない,変形拘縮を悪化させない,といった利点をあげることができる(北住,2003)。自分自身で姿勢を調整したり変換できない重症心身障害児にあっては,支援する者が姿勢の管理に配慮することが大切となってこよう。

姿勢の管理ともかかわるが,姿勢づくり(positioning)は,身体運動面だけではなく,精神面も含めた全人的発達にかかわるものである,としてその重要性を強調することができる。適切な姿勢が形成されれば,子どもの運動面が改善され,そのことが精神面の活動にも影響を及ぼすようになってくる。子どもの姿勢づくりが適切になされると,①手の最大限の使用を可能にして,環境への能動的なはたらきかけを引き出す,②環境から,より豊かな情報を得やすくする,③身体意識の形成を促す,④首振り,指しゃぶり,などの自己刺激的行動を抑制し,より目的的な行動を促す,⑤情緒の安定や対人関係の発達を促す,⑥正常な呼吸パターンの発達を促す,⑦かむ,吸

う，飲み込むなどの口腔運動機能の発達を促し，正しい構音の基礎をつくる，といった効果を期待することができる（藤田，1986）。

以上のようなことから，重症心身障害児にとって，姿勢の管理，姿勢づくりは，彼らのQOLの改善に大きく影響を及ぼしてくるということができよう。

③呼吸障害の支援

呼吸をスムーズに行なうことは，われわれ生物がより快適に生きていくために大切なことである。ところが重症心身障害児は，種々の原因により呼吸障害を起こす。

障害の重い子どもの呼吸障害への取り組みとして，坂野（2004）は以下のことなどをあげ，子どもたちと話をしながら信頼関係を高め，子どもたちの思いに添った形で援助していくことの必要性を説いている。

① 「今日の調子はどう？」などと尋ねて呼吸の評価を行ない，バイタルサイン，表情・筋肉の状態など全身状態を確認すること。
② 少しの変化でもすぐ対応できるように，元気なときの姿・状態を把握し，日常の呼吸リズムを把握しておくこと。
③ 子どもたちの声（訴え）に耳を傾けていねいに接し，「心地よい・快」の状態で楽しい授業を受けられるよう準備すること。
④ 人間としての発達的視点をもちながら，呼吸介助を行なうこと。
⑤ 子どもとの信頼関係をはぐくむ中で呼吸介助を行なうこと。
⑥ 姿勢の工夫・生活空間の工夫・室温の適正化などの生活環境を見直すこと。

なお，思春期に達した重症心身障害児の場合，身長スパートにより側弯などの体の変形が生じ，呼吸機能や摂食機能にも影響を受けることがある（小谷，2003）。したがって，医療的な支援を展開するにあたっては，身体諸機能の再評価を行ない，生活環境を含めた支援の再検討が必要となってくる。

④摂食嚥下障害の支援

食べること，飲むことは生きていくうえで欠かすことのできないことであるばかりでなく，日常生活の中において楽しみをもたらすことでもある。ところが重症心身障害児には，摂食嚥下障害があったりして，食生活を楽しむことができない場合がある。

重症心身障害児の摂食嚥下障害の要因としては，過敏，筋の協調運動障害，生活リズムの乱れ，不適切な食事環境，形態発育の遅れ，全身状態の悪化，などが考えられる。そして，摂食の支援を行なうにあたっては，臨床評価や機器を使用した評価を行なって摂食状態を把握し，子どもの摂食嚥下障害の原因についてもよく検討する必要がある。基本的には，子どもに食事を無理強いしないことが大切である。また，子ど

もの摂食機能に合わせた調理形態の食物やスプーンなどの器具の形や大きさを適切に選ぶ。姿勢に関しては，誤嚥を起こしにくい体幹の角度を考慮する。直接訓練としては，舌突出や丸飲み込みなどの異常動作を抑制する。口唇閉鎖や咀嚼などの正常発達を促す訓練を毎回の食事のときに行なう。間接訓練としては，歯肉マッサージを行なう（尾本，2005）。

(2) 心理的な支援
①コミュニケーション

障害があることは，コミュニケーションになんらかの影響を与える。たとえば食べ物を食べさせてもらうとき，視覚障害があれば母親（援助者）がどんな表情で何をスプーンですくったのかわからない。聴覚障害があれば母親（援助者）の語りかけや食器の音に気づかないかもしれない。運動障害があると食べ物，スプーンの動き，母親（援助者）の表情を見比べにくくなる。知的障害があると，今ある情報（母親（援助者），そのしぐさ・動き，さまざまな食べ物，スプーン，食事をする空間・時間……）を理解したり，それら情報の間に関係を見つけたりすることに困難が生じたり，また，自分自身の気持ちを表現し，まわりの人に正しく理解してもらうことがむずかしくなったりする。障害とコミュニケーションとの関連を以上のようにとらえ，岩根（2004）は，障害児のコミュニケーションを支援するうえでの観点として，以下の2点をあげている。

わかるように伝える　わかるように伝えるためには，行動観察と日常的にかかわっている人からの情報聴取を中心にして，重い障害のある子どもの理解している範囲（理解の輪郭）を明確にする必要がある。さらに，教室や活動の場ごとに床・壁の色や素材に変化をつけるとか，子どもたちに関係ある遊具や玩具は，子どもたちが見えるところから取り出し片付けるとか，子どもたちにわかりやすい服の色や声かけ，活動によって立つ位置を固定しておく，といったように，可能なかぎり彼らにかかわりある社会的環境を整えることである。

できる方法で自分を表現してもらう　できる方法で自分を表現してもらうためには，食事をしているとき，欲しいおかずのほうを見る，嫌な食べ物が来ると口を閉ざすというような子どもの行為を見逃さないようにする。さらに，障害児が操作しやすいようにつくられたスイッチ類やVOCA，工夫された玩具を用いて活動に参加しやすいようにすることである。

さらに，岩根は，重い障害児とのコミュニケーションは困難であるとしつつも，重い子どもたちの「わかる／できる」が具体的なエピソードとしていつも話題になるよ

うな場所にこそコミュニケーションのチャンスがあるように思う，と述べている。

②行動

大島の分類区分1の重症心身障害者が，長年，食後に手足をバタバタさせ軸回りするのを，佐々木ら（2001）は「その人の習慣」としてとらえていた。しかし，そのような動きをする原因を探るために観察を行なったところ，腹部不快を訴える表出方法なのではないかと気づき，排便調整と食後のゲップを十分に行なった。その結果，手足をバタバタさせ軸回りする動きはなくなり，新たな動きも見られなくなり，不快表情も消失したという報告を行なっている。このような問題行動ととらえられがちな行動の消失の経験から，佐々木らは，この種の行動を問題行動としてとらえるのではなく，重症心身障害児の心のメッセージとして受け止め，受容・共通理解・具体的な対応・評価および考察というプロセスをとおした心のケアの大切さを強調している。佐々木らの報告から，重症心身障害児の問題行動とか行動障害といわれるような行動を，よくない行動と決めつけるのではなく，彼らのなんらかの要求が表現された行動ととらえて，そのような行動が生ずる原因を探る試みも大切なことであるといえよう。

問題行動とか行動障害といわれる行動の原因としては，さまざまな要因が考えられる。以下，江口（2005）にしたがって，行動障害の背景要因と支援について述べる。

重症心身障害児の行動障害の背景要因は，生物学的要因と発達的要因に分けることができる。生物学的要因としては，以下の場合などがあげられる。

①睡眠の乱れ，食事や排泄関係の問題など，周期的な気分変調やてんかんによる気分の変動等が背景要因となる場合。
②自傷行為や奇声，強度のこだわり行動，強迫性障害など，精神科的問題の合併が要因の一つとしてかかわる場合。
③内科的疾患による体調の崩れが行動問題の誘因や悪化の要因となる場合。

発達的要因としては，以下の場合などがあげられる。

①生理的基盤の未発達のため，睡眠―覚醒リズムが整わなかったり，感覚受容・統合の問題を抱えたりして，睡眠の乱れや摂食障害，自傷行為や自己刺激的な固執行動につながる場合。
②認知や操作にかかわる発達の障害が重くて外界からの情報の仕分けや理解，さらに外界に対するはたらきかけの力も弱く，そのために行動の方向づけや組み立てがうまくできず，多動，徘徊，常同行動等に陥る場合。
③対人関係やコミュニケーション能力の発達が未熟であるために，要求・拒否，示威

などの表現行為として他害行為やパニックや粗暴行為などにいたる場合。

行動障害の支援にあたっては，行動障害の背景要因をしっかりと分析し課題を明らかにする必要がある。そのうえで，①睡眠・食事・排泄の安定維持など生理的基盤を整える，②手がかりとなる対人関係の基盤をつくり，行動の方向づけを促すための発達的な援助を講じる，③本人にとって了解可能な，予測立てのできる情報の提供と療育環境を整える，というようなことが大切になってくる（江口，2005）。

③発達支援

長年にわたって実施してきた重症心身障害児への発達生理心理学的アプローチの経験について，片桐ら（1999）がまとめている。その中で彼らは，認知やコミュニケーションなど，重症心身障害児の発達とその援助における主要な心理機能をふまえ，発達援助の実際について，10人の事例を取り上げて紹介している。10人の事例のうち発達的変化が顕著に観察された，大島の分類区分１のＡ児は，指導者との対人関係において，入院当初は身体接触を中心とするはたらきかけにより不安定状態（啼泣するなど）が鎮静化するというものであった。３歳以降になるとそのような安定した状態のもとで，指導者の顔を注視するようになり，学童期になると，身体接触を伴わない言葉かけによっても指導者に対して，注視する，笑う，手足を動かすなどのより応答的な反応が観察されている。また，超重症児と診断されているＤ児は，応答表出は微弱であったが，心地よい状態を反映すると考えられた「舌出し」行動が２年間の指導の後，教師のはたらきかけに対して安定して表出されるようになった。また，「歌遊びを伴う足への接触」によるはたらきかけは対象児の緊張状態の低減を，「ギター演奏」によるはたらきかけは緊張状態の高まりをもたらしたことが考えられた。さらに，痙直型脳性まひで小頭症のＨ児には，Ｈ児の好むコミュニケーションを介して，教師に対する視覚的定位（アイコンタクト）や到達・把握行動を促した。教師がＨ児の手を取り，口にあて「アワワーーー」と発声するはたらきかけを繰り返し行なうという口遊びにより，コミュニケーション手段として教師とのアイコンタクトが安定して生じるようになった。そして，口遊びでの手の動きが鈴輪に直線的に手を伸ばす行動の契機ともなったと考えられた。

以上の事例から，「反応がない」とか「反応に乏しい」といわれる重症心身障害の子どもが，大人からの長期間にわたるはたらきかけに対して発達的に応答していることがわかる。

III部
特別支援児の教育支援

8章

特別支援教育の概要

1節 特別支援教育の基本的視点

　特殊教育（障害児教育）から特別支援教育への転換は，1872（明治5）年の学制発布，1979（昭和54）年度の養護学校義務制実施に継ぐ，第三の改革と考えられている。この改革の歴史的な背景には，国際的な人権意識の高まりと障害者施策の潮流の変化があり，障害者福祉や医療と特別支援教育の関係を十分に押さえることで理解ができる。

❶ 日本の障害者施策
（1）障害に対する特別な施策
　戦前の日本においては，一部の職業訓練教育的なものを除いて国家による障害者施策はほとんどなかった。知的障害者や身体障害者は，1929（昭和4）年の「救護法」などで窮民対策として扱われ，精神障害者は，1875（明治8）年の「路上の狂癲人の取扱いに関する行政警察規則」などで，治安維持や取り締まりの対象として扱われていた。傷痍軍人は別として，多くの障害者が公的な支援や保護を受けることはなく，宗教者や民間の篤志家などによって保護されていた。むしろ，1940（昭和15）年に制定された「国民優生法」では，知的障害者や精神障害者などを「悪質ナル遺伝性疾患ノ素質ヲ有スル者ノ増加ヲ防遏スルト共ニ健全ナル素質ヲ有スル者ノ増加ヲ図」るための，排除の対象と考えられていた。
　しかし，第二次世界大戦後に，GHQ（General Headquarters, the Supreme Commander for the Allied Powers：連合国軍最高司令官総司令部）の指示により，社会福祉の概念が日本国憲法に位置づけられ，1946（昭和21）年の「生活保護法」や

翌年の「児童福祉法」とともに，1949年に「身体障害者福祉法」が制定され，福祉三法として国家による障害者施策が開始された。

一方で，1947年には「学校教育法」が制定され，従来は教育の対象とされなかった障害児に対しても，特殊教育という形で教育の機会が与えられた。特殊教育では，障害児に特別な教育を特別な場所で専門的に行なうことを基本とし，1960（昭和35）年に養護学校設置五か年計画が策定されている。

1970（昭和45）年には，心身障害者対策の総合的推進を図ることを目的とした「心身障害者対策基本法」が制定され，特殊教育についても，1973年の政令により，1979（昭和54）年に養護学校義務制が実施された。ただ，義務制実施を教育権の保障と考える立場と，義務制で差別が固定化されたと考える立場とがあった。

世界的には「完全参加と平等」をテーマとした国際障害者年（1981年）や国連・障害者の十年（1983〜1992年）など，ノーマライゼーションの理念が急速に普及し，国内でも施設入所中心等の隔離的な施策から地域福祉を模索する動きが活発化し始めていた。特殊教育においても，1978（昭和53）年の「軽度心身障害児に関する学校教育の在り方」や，1992（平成4）年の「通級による指導に関する充実方策について（審議のまとめ）」は，広い意味ではそれらに関係し，固定した学級だけでない「通級による指導の有効性」について報告している。

(2) 障害者施策の変化―必要に応じた支援へ―

1993（平成5）年に「心身障害者対策基本法」が改正され，法律の目的を「（前略）障害者の自立と社会，経済，文化その他あらゆる分野の活動への参加を促進する」とした「障害者基本法」に変更された。また，障害者の定義をいわゆる3障害（身体障害，知的障害（改正時は精神薄弱），精神障害）とし，国と自治体に障害者計画の策定を義務づけた。この年の12月に国連は「障害者の機会均等化に関する標準規則」を採択したが，この標準規則の目的は，障害のある人がそれぞれの社会の市民として，その他の人々と同じ権利と義務を行使できることを確保することである。

翌1994年には，厚生省（当時）内に障害者保健福祉推進本部が設置され，この年から年次報告書として「障害者白書」が出されている。ちなみに，1997（平成9）年度の障害者白書では，ノーマライゼーションの理念が国際潮流であることと，わが国もノーマライゼーションとリハビリテーションの理念に基づいた，総合的かつ計画的な障害者施策を展開することが述べられている。

このような大きな変化の中で，文部省（当時）では，さまざまな動向をふまえて21世紀の特殊教育のあり方の検討を行なうとして調査研究協力者会議を設置し，2001

（平成13）年1月に，「21世紀の特殊教育の在り方について～一人一人のニーズに応じた特別な支援の在り方について～（最終報告）」を出している。この調査研究協力者会議を設置するにあたって，初等中等教育局長が国立特殊教育総合研究所（当時）の主任研究員を呼んで，世界的な動きについてレクチャーを受けたことが知られている。

またこの頃には，少子高齢化社会への対応として第3次（1996年）と第4次（2011年）の医療法改正や，介護保険開始（2000年）なども重なり，医療・福祉の大きな変化の時期となっているが，2004（平成16）年には，障害者の自立と社会参加の支援を施策の基本とした，障害者基本法の大幅な改正もあった。

一方，2003（平成15）年には「支援費制度」の導入が始まった。従来の措置制度では行政が一方的にサービスの利用先や内容などを決定していたが，支援費制度では障害者自身の自己決定に基づくサービス利用ができるようになった。障害者の自立と社会参加の流れに沿った施策への転換である。しかし，財源の問題をはじめとして，障害種別間の格差やサービス水準の地域間格差などの問題が生じ，これらの解決策として新たに登場したのが，2006（平成18）年度から施行された「障害者自立支援法」であった。

ちなみに，2005（平成17）年4月には，それまで障害として正式に認知されていなかった発達障害に特化した「発達障害者支援法」が施行されている。

障害者自立支援法では，障害種別ごとに異なっていたサービス体系の一元化や，共通尺度として「障害程度区分」の導入，コンピュータによる判定と自治体審査委員会による審査など，支給決定プロセスの明確化・透明化を図った。この制度は施行後もさらに検討が続けられ，2010（平成22）年には「定率負担」から「応能負担」に改正された。

また，2011（平成23）年7月には「（前略）全ての国民が，障害の有無によって分け隔てられることなく，相互に人格と個性を尊重し合いながら共生する社会を実現する」ことを基本として障害者基本法の一部改正が行なわれ，翌2012（平成24）年6月には「地域社会における共生の実現に向けて新たな障害保健福祉施策を講ずるための関係法律の整備に関する法律」が公布された。

これらによって「障害者自立支援法」は，2013（平成25）年4月から「障害者の日常生活及び社会生活を総合的に支援するための法律（障害者総合支援法）」となり，障害者の範囲に難病等が追加されるなど，より障害者基本法の基本原則に沿ったものに変わった。

さらに，2011（平成23）年の「障害者虐待防止法」や，2013（平成25）年の「障害

を理由とする差別の解消の推進に関する法律」（差別解消法）の成立などを背景に，次項に述べる権利条約の批准が2014（平成26）年1月に寄託され，2月19日から効力発生となった。

2 国連障害者の権利条約
(1) 権利条約成立の背景と流れ

第30回国連総会（1975年）の「障害者の権利宣言」採択，1981（昭和56）年の国際障害者年とそれに続く国連障害者の10年（～1992年），そして1999（平成11）年の「米州障害者差別撤廃条約」の採択などの流れの中，2001年12月に開かれた第56回国連総会は，メキシコ提案の「障害者の権利及び尊厳を保護・促進するための包括的総合的な国際条約」決議案を採択した。

これを受けて，第57回国連総会（2002年）は，国際条約に関する国連総会臨時委員会（障害者の権利条約アドホック委員会）を，第1回国連障害者の権利条約特別委員会として開始し，翌年以降検討が本格化した。

2004（平成16）年1月の起草作業部会以降，さまざまな経過を経て，2006（平成18）年に開催された第8回特別委員会の最終日に条約案全文が採択され，第61回国連総会本会議で条約草案文書および選択議定書を含む草案最終報告書が採択された。ちなみに，これらの全プロセスに各国の障害者団体や市民団体などが積極的に参加しており，日本からも多くの障害者や関係者が参加をしていた。2007（平成19）年9月には，日本の外務大臣もこの条約に署名している。

なお，2008（平成20）年5月3日に障害者の権利条約の効力が発生しており，2014（平成26）年10月現在の批准国は，国連加盟国193か国のうち151か国である。

(2) 権利条約の教育に関する条項

国連障害者の権利条約（日本政府仮訳では「障害者の権利に関する条約」）には，教育に関わる条文があり，教育に関する障害者の権利として機会の均等を基礎と考え，あらゆる段階における障害者を包容する教育制度および生涯学習を示している。

なかでも，障害を理由として教育制度一般から排除されないことが規定され，いくつかの具体的な指摘がなされている。たとえば，「効果的な教育を容易にするために必要な支援を教育制度一般の下で受けること」などである。また，「地域社会の構成員として教育に完全かつ平等に参加することを容易にするため」に，点字を代替的な文字，手話に言語的同一性を認め，スムースなコミュニケーションや移動などの保障も求めている。さらに，高等教育，職業教育，生涯学習の機会や「合理的配慮が障害

者に提供されること」が必要と明記され，特別支援教育のめざす方向である，インクルーシブな教育制度の完成に向けた背景となるものである。

2節 特別支援教育の制度

第1節でみてきたように，世界の潮流や日本の障害者福祉施策の流れの中で，障害のある子どもに対する教育的対応が変わってきた。端的にいえば，教育の対象外から特別な教育へ，特別な教育から必要に応じた教育へ，という変化である。

1 調査研究協力者会議と中央教育審議会および学校教育法の改正

特殊教育（障害児教育）から特別支援教育へと大きくシフトする舵取り役となったのは，21世紀の特殊教育の在り方に関する調査研究協力者会議（座長：河合隼雄 国際日本文化センター所長）によって，2001（平成13）年1月に出された「21世紀の特殊教育の在り方について～一人一人のニーズに応じた特別な支援の在り方について～（最終報告）」である。

ここで，「今後の特殊教育の在り方についての基本的な考え方」として，「これまで児童生徒等の障害の種類，程度に応じて特別の配慮の下に手厚くきめ細かな教育を行うため，盲・聾・養護学校や特殊学級などの整備充実に努めてきた」が，「これからの特殊教育は，障害のある児童生徒等の視点に立って一人一人のニーズを把握し，必要な支援を行うという考えに基づいて対応を図る」との方向性を示し，「ノーマライゼーションの進展に向け，障害のある児童生徒等の自立と社会参加を社会全体として，生涯にわたって支援する」としている。

また，「今後，障害のある者と障害のない者が同じ社会に生きる人間としてお互いを正しく理解し，共に助け合い，支え合って生きていくことが大切である。このような考え方の下に，障害のある児童生徒等が，地域社会の一員として，生涯にわたって様々な人々と交流し，主体的に社会参加しながら心豊かに生きていくことができるようにするためには，教育，福祉，医療，労働等の各分野が一体となって社会全体として，当該児童生徒等の自立を生涯にわたって支援していく体制を整備することが必要」と述べ，「これまで盲・聾・養護学校や特殊学級等に就学する児童生徒への教育が中心であった（中略）。このため，小・中学校等の通常の学級に在籍する学習障害児や注意欠陥／多動性障害（ADHD）児，高機能自閉症児等特別な教育的支援を必要とする児童生徒等に対しても積極的に対応していく必要がある」としている。

また，地域の特殊教育のセンターとしての盲・聾・養護学校の機能や，特殊学級および通級による指導の再編についても提言された。障害種にとらわれない特別支援学校という概念や，必要に応じて特別の指導ができる「特別支援教室（仮称）」のイメージについても，ここで初めて示された。

この最終報告を受け，さらに具体的な調査研究を行なうために，特別支援教育の在り方に関する調査研究協力者会議（座長：小林登　東京大学名誉教授）によって，2003（平成15）年3月28日に「今後の特別支援教育の在り方について（最終報告）」が出された。

ここでは，特別支援教育を支えるしくみとして関係部署間の連携をはかる「広域特別支援連携協議会」，生涯にわたる支援をしていくための「個別の教育支援計画」，学内のみならず関係機関との連絡調整や保護者に対する相談窓口となる「特別支援教育コーディネーター」などについて具体的に示し，ニーズに基づく教育という視点を支える概念が示された。

また，法令等の改正を行なわなくても現行制度下で実施できることについては，全国を対象とした事業「特別支援教育推進体制モデル事業」を開始し，各都道府県下にLD・ADHD等総合推進地域を指定した。これによって，注意欠如・多動性障害（ADHD）や高機能自閉症のある児童生徒等に対する指導のための体制整備をはじめ，専門家による巡回相談事業の拡充をするなど，特別支援教育体制への移行を推進した。この事業は，年を経るにしたがい徐々に形を変えながら充実していき，やがて「特別支援教育総合推進事業」や「インクルーシブ教育システム構築事業」などへと実を結んでいくが，当初は長年続いてきた特殊教育の概念から抜け出せないという矛盾を抱えたまま，法的根拠を大事にする自治体にとっては混乱の時期もあった。

さらに，この最終報告を受け，2004（平成16）年2月24日，中央教育審議会初等中等教育分科会に特別支援教育特別委員会（委員長：高倉翔　明海大学長）が設けられ，2005年12月8日に出された答申では，「盲・聾・養護学校制度の制度的見直し」「小・中学校における制度の見直し」「教員免許制度の見直し」のほか，就学や法令用語の見直しなどの関連するいくつかの課題についても，法改正を前提とした具体的な方向性を示した。

これまでの報告や答申をもとに，学校教育法を一部改正（2006年6月21日公布，2007年4月1日施行）し，盲学校，聾学校および養護学校を特別支援学校とするほか，特別支援学校の目的として，「視覚障害者，聴覚障害者，知的障害者，肢体不自由者又は病弱者（身体虚弱者を含む）に対して，幼稚園，小学校，中学校又は高等学校に準ずる教育を施すとともに，障害による学習上又は生活上の困難を克服し自立を

III部 特別支援児の教育支援

図るために必要な知識技能を授けること」と規定した。また，これらの教育のほかに「幼稚園，小学校，中学校，高等学校又は中等教育学校の要請に応じて，教育上特別の支援を必要とする児童，生徒又は幼児の教育に関し必要な助言又は援助を行うよう努める」ことになった。

また，小学校，中学校，高等学校，中等教育学校および幼稚園においては，「教育上特別の支援を必要とする児童，生徒及び幼児に対し，障害による学習上又は生活上の困難を克服するための教育を行うもの」という条項が加えられ，「特殊学級」の名称を「特別支援学級」に変更することとなった。これは，前提として通常学級に障害のある子どもがいることを意味する。

なお，すでに2006（平成18）年3月31日公布，同年4月1日から施行されていた学校教育法施行規則の一部改正によって，あらたに「通級による指導」の対象となった自閉症，情緒障害，学習障害，注意欠如・多動性障害のある児童生徒への指導や支援が先行しており，この学校教育法の改正によって特別支援教育体制の制度的な基本的枠組みがほぼ完成したといわれている。ちなみに，「通級による指導」の対象拡大にあたっては，「発達障害」という枠組みにするのか「自閉症，情緒障害，学習障害，注意欠陥多動性障害」にするのか，関係する調査官の間で論議が続いたが，指導の専門性を優先するという立場から後者に落ち着いている。

さらに就学にあたっては，2007年3月30日改正，同年4月1日から施行された学校教育法施行令で，就学にあたっては日常生活上の状況等をよく把握している保護者の意見を聴取することを義務づけている。これも，行政による措置を緩和したとみることができる。ただし，保護者による学校選択の権限は認めていない。これは，国や自治体には国民に学校教育を受けさせる義務がある，つまり措置権限があるとの考えである。

これらの法改正等に対して，2007年4月1日付けで初等中等教育局長から「特別支援教育の推進について（通知）」が発出され，特別支援教育の周知徹底と一層の推進が求められている。そこでは，「これまでの特殊教育の対象の障害だけでなく，知的な遅れのない発達障害も含めて，特別な支援を必要とする幼児児童生徒が在籍する全ての学校において実施される」ことや，「障害のある幼児児童生徒への教育にとどまらず，障害の有無やその他の個々の違いを認識しつつ様々な人々が生き生きと活躍できる共生社会の形成の基礎となるものであり，我が国の現在及び将来の社会にとって重要な意味を持っている」とされている（図8-1）。

特別支援教育の対象は，学校教育法第72条によって「特別支援学校は，視覚障害者，聴覚障害者，知的障害者，肢体不自由者又は病弱者（身体虚弱者を含む。以下同

8章　特別支援教育の概要

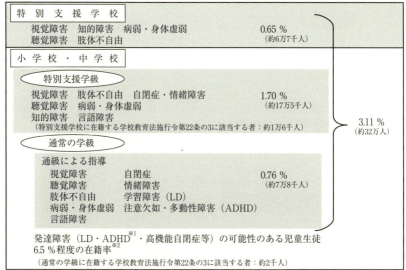

図8-1　特別支援教育の対象の概念図（義務教育段階）（文部科学省，2004）

※1　LD（Learning Disabilities）：学習障害，ADHD（Attention-Deficit/Hyperactivity Disorder）：注意欠如・多動性障害
※2　この数値は，平成24年に文部科学省が行なった調査において，学級担任を含む複数の教員により判断された回答に基づくものであり，医師の診断によるものでない。

じ。）に対して，幼稚園，小学校，中学校又は高等学校に準ずる教育を施すとともに，障害による学習上又は生活上の困難を克服し自立を図るために必要な知識技能を授けることを目的とする。」とされ，その基準として障害の程度を学校教育法施行令第22条3で以下のように定めている（表8-1）。

　ここでいう準ずる教育とは，通常の小学校や中学校等の教科・科目等とほぼ同じ教育課程（知的障害者は別の教育課程）を意味しており，障害による学習上又は生活上の困難を克服し自立を図るために必要な知識技能を授けるためには，自立活動という領域が用意されている。

　一方，同法第81条では，「幼稚園，小学校，中学校，高等学校及び中等教育学校においては，次項各号のいずれかに該当する幼児，児童及び生徒その他教育上特別の支援を必要とする幼児，児童及び生徒に対し，文部科学大臣の定めるところにより，障害による学習上又は生活上の困難を克服するための教育を行うものとする。

表8-1　学校教育法における障害の程度

区分	障害の程度
視覚障害者	両眼の視力がおおむね0.3未満のもの又は視力以外の視機能障害が高度のもののうち，拡大鏡等の使用によっても通常の文字，図形等の視覚による認識が不可能又は著しく困難な程度のもの
聴覚障害者	両耳の聴力レベルがおおむね60デシベル以上のもののうち，補聴器等の使用によっても通常の話声を解することが不可能又は著しく困難な程度のもの
知的障害者	一　知的発達の遅滞があり，他人との意思疎通が困難で日常生活を営むのに頻繁に援助を必要とする程度のもの 二　知的発達の遅滞の程度が前号に掲げる程度に達しないもののうち，社会生活への適応が著しく困難なもの
肢体不自由者	一　肢体不自由の状態が補装具の使用によっても歩行，筆記等日常生活における基本的な動作が不可能又は困難な程度のもの 二　肢体不自由の状態が前号に掲げる程度に達しないもののうち，常時の医学的観察指導を必要とする程度のもの
病弱者	一　慢性の呼吸器疾患，腎臓疾患及び神経疾患，悪性新生物その他の疾患の状態が継続して医療又は生活規制を必要とする程度のもの 二　身体虚弱の状態が継続して生活規制を必要とする程度のもの

2　小学校，中学校，高等学校及び中等教育学校には，次の各号のいずれかに該当する児童及び生徒のために，特別支援学級を置くことができる。
一　知的障害者　　二　肢体不自由者　　三　身体虚弱者　　四　弱視者
五　難聴者　　六　その他障害のある者で，特別支援学級において教育を行うことが適当なもの
3　前項に規定する学校においては，疾病により療養中の児童及び生徒に対して，特別支援学級を設け，又は教員を派遣して，教育を行うことができる。」としている。

　ここでは，第2項にある障害等の児童・生徒がいることを前提として，必要に応じて特別支援学級を設置することができるとしており，教育課程に関しても特別支援学校のものを参考にするなど，それぞれの児童・生徒に応じた教育が行われるように，考えられている。

　また，通常の学級に在籍しながらも，必要に応じて必要な時間を特別な場所で特別な教育を受けることができる制度として「通級による指導」があるが，これは学校教育法施行規則第140条で特別な教育課程を編成できるとして，以下のように定められている。

　「小学校若しくは中学校又は中等教育学校の前期課程において，次の各号のいずれかに該当する児童又は生徒（特別支援学級児童及び生徒を除く。）のうち当該障害に

応じた特別の指導を行う必要があるものを教育する場合には，文部科学大臣が別に定めるところにより，第五十条第一項，第五十一条及び第五十二条の規定並びに第七十二条から第七十四条までの規定にかかわらず，特別の教育課程によることができる。
一　言語障害者　　二　自閉症者　　三　情緒障害者　　四　弱視者　　五　難聴者
六　学習障害者　　七　注意欠陥多動性障害者　　八　その他障害のある者で，この条の規定により特別の教育課程による教育を行うことが適当なもの」

　通級による指導は，特別な教育課程の編成により行われ，障害による学習上又は生活上の困難の改善・克服を目的とする「自立活動」が中心となるが，特に必要がある場合には「各教科の補充指導」も行うことができる。

　指導時間については，自立活動と各教科の補充指導を合わせて年間35単位時間（週１単位時間）からおおむね年間280単位時間（週８単位時間）以内が標準とされているが，LD及びADHDの場合は，月１単位時間程度でも指導上の効果が期待できる場合があることから，下限が年間10単位時間とされている。

2 法改正以後

　2005（平成17）年12月８日の中央教育審議会答申で，障害のある児童生徒の就学のあり方などさらなる検討を要するとされた課題に対して，特別支援教育の推進に関する調査研究協力者会議（座長：髙倉翔　明海大学学事顧問）が設置（2008年７月28日）され，2009（平成21）年２月12日に審議の中間取りまとめとして「特別支援教育の更なる充実に向けて」が出された。

　さらなる推進のための基本的な考え方として「障害のある子どもに対する多様な支援全体を一貫した「教育支援」と捉え，個別の教育支援計画の作成・活用を通じて，特別支援教育の理念の実現を図る」こととし，個別の教育支援計画の作成・活用を中心とした早期からの教育相談や，総合的に判断された就学決定と継続的な就学相談などをポイントとしている。

　また，2010（平成22）年３月24日には審議経過報告が出され，改正学校教育法に適正な対応をすることや交流および共同学習の推進，職業教育の充実など，特別支援学校や小・中学校のさらなる充実に加え，高等学校における特別支援教育の推進，特別支援教育担当教員の専門性の確保，学校外の人材や関係機関・民間団体等との連携協力などが示された。これに応じて文部科学省では「民間組織支援技術を活用した特別支援教育研究事業」などを実施し始めている。また，障害者権利条約批准のための政府全体の障害者制度改革の検討状況もふまえつつさらなる検討が必要ともされた。

さらに，2010年7月12日の第70回中央教育審議会初等中等教育分科会で，「障害者の権利に関する条約の理念を踏まえた特別支援教育の在り方について専門的な調査審議を行うため」の「特別支援教育の在り方に関する特別委員会」（委員長：宮﨑英憲 東洋大学教授）が設置され，就学相談・就学先決定のあり方や制度改革の実施に必要な体制・環境整備，また，教職員の専門性確保など，インクルーシブ教育システム構築に向けての特別支援教育の方向性について論点整理が行なわれた。

また特別委員会の下には，特別支援教育に関わる合理的配慮等について障害種別に専門的な調査審議を行なうため，2011（平成23）年5月27日に「合理的配慮等環境整備検討ワーキンググループ」（主査：尾崎祐三 全国特別支援学校長会会長）が設置され，2012年2月13日に報告書が出されている。

この間において，政権が交替（2009年8月〜2012年12月）したり，障害者基本法が改正（2011年7月）されたりと，障害者施策そのものに若干の揺れがあったことも少なからず影響があったといわれるが，2012年7月23日には，中央教育審議会初等中等教育分科会からこれらの審議の結果をまとめた「共生社会の形成に向けたインクルーシブ教育システム構築のための特別支援教育の推進（報告）」が出され，就学相談・就学決定や合理的配慮，教員の専門性向上等に関しての具体的な方向が示された。

それらを受けて，学校教育法施行令の改正（2013年8月21日公布，9月1日施行）によって，「就学基準に該当する障害のある子どもは特別支援学校に原則就学する」という，従来の就学先を決定するしくみが，「障害の状態，本人の教育上必要な支援，本人や保護者の意見，教育や心理学等の専門家からの意見，学校や地域の状況等をふまえた総合的な観点から就学先を決定する」しくみに変更された。この改正では多様な学びの場の連続性を保証するものであり，障害の状態等の変化を踏まえた転学にも総合的判断を行なえるように通知（25文科初第655号）されている。また，同年10月4日には，「障害のある児童生徒等に対する早期からの一貫した支援について（通知）」が初等中等教育局長から出され，同時に新しい就学指導資料となる「教育支援資料」も発表された（図8-2）。

以上みてきたように，措置され保護される存在から主体的に生活をする存在へと，障害者施策も人々の意識も変わっていく中で，障害のある子どもに対する教育も障害児教育から特別支援教育として，個人個人の特性や支援の必要性をより尊重したものとして発展している

しかしまだまだ進行形であって，特に，通常の学級，通級による指導，特別支援学級，特別支援学校という「器」そのものには大きな変化がないため，一般の国民のみならず教育関係以外の自治体職員の意識には，従来の考え方から特別支援教育の概念

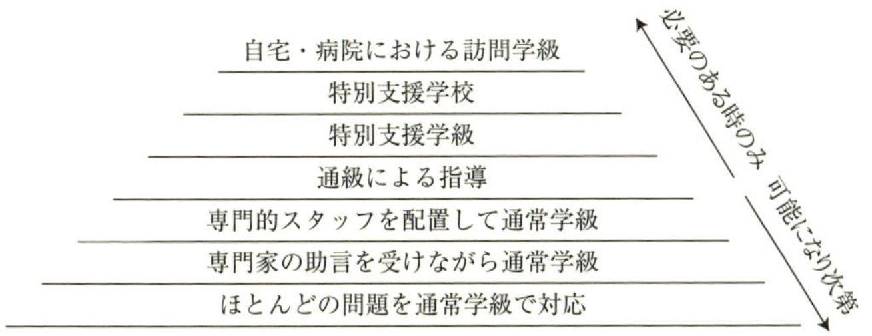

```
         自宅・病院における訪問学級
               特別支援学校          ↑
               特別支援学級          必
               通級による指導        要
          専門的スタッフを配置して通常学級  の
         専門家の助言を受けながら通常学級   あ
         ほとんどの問題を通常学級で対応    る
                                時
                                の
                                み
                                ↓
                                可
                                能
                                に
                                よ
                                り
                                常
                                時
```

図 8-2　日本の義務教育段階の多様な学びの場の連続性（文部科学省中央教育審議会, 2012）
　同じ場で共に学ぶことを追求するとともに，個別の教育的ニーズのある児童生徒に対して，自立と社会参加を見据えて，その時点で教育的ニーズに最も的確に応える指導を提供できる，多様で柔軟な仕組みを整備することが重要である。小・中学校における通常の学級，通級による指導，特別支援学級，特別支援学校といった，連続性のある「多様な学びの場」を用意しておくことが必要。

に移ったとは言いがたい部分もある。単に呼び名が変わったくらいの意識でしかない自治体すらある。

　また，教職員の専門性の向上の問題にもまだまだ課題が残されており，より工夫された人事異動や研修等の必要性も問われている。

9章

特別支援教育の実際

1節　特別な支援が必要な子どもの教育課程と授業

❶ 学習上，生活上の困難を改善・克服するための「自立活動」

　心理学的にとらえれば，通常の子どもの発達とは異なる状態にある子どもや，通常の子どもが有する機能を十分に活用できない状態の子どもを「特別支援児」と呼ぶだろう。それと同様に，教育の分野では，一般の子どもとは異なる枠組み（教育の場や内容）で指導しなければ十分な教育効果が得られないと判断する子どもが「特別支援児」である。

　そのため，特別な支援を必要とする子どもを教育・指導する特別な場では，一般の子どもたちには提供しない「特別な指導（内容）」が用意されている。それを，教育課程として示したものが特別支援学校学習指導要領である。たとえば，障害のある子どもたちに固有の教育課程として，「自立活動」という授業がある。これは，「個々の児童又は生徒が自立を目指し，障害による学習上又は生活上の困難を主体的に改善・克服するために必要な知識，技能，態度及び習慣を養い，もって心身の調和的発達を培う」ための授業である（具体的な内容は図9-1参照）。

　このように，自立活動は障害のある子どもにだけ特別に提供されるもので特別支援教育における特徴的な指導である。この指導は，

①個々の児童または生徒の障害の状態や発達の段階等を的確に把握する
②指導の目標及び指導内容を明確化する
③個別の指導計画を作成する

といった手順をふんで，授業を展開することが必要であると考えられている。

1 健康の保持
(1) 生活のリズムや生活習慣の形成に関すること。
(2) 病気の状態の理解と生活管理に関すること。
(3) 身体各部の状態の理解と養護に関すること。
(4) 健康状態の維持・改善に関すること。

2 心理的な安定
(1) 情緒の安定に関すること。
(2) 状況の理解と変化への対応に関すること。
(3) 障害による学習上又は生活上の困難を改善・克服する意欲に関すること。

3 人間関係の形成
(1) 他者とのかかわりの基礎に関すること。
(2) 他者の意図や感情の理解に関すること。
(3) 自己の理解と行動の調整に関すること。
(4) 集団への参加の基礎に関すること。

4 環境の把握
(1) 保有する感覚の活用に関すること。
(2) 感覚や認知の特性への対応に関すること。
(3) 感覚の補助及び代行手段の活用に関すること。
(4) 感覚を総合的に活用した周囲の状況の把握に関すること。
(5) 認知や行動の手掛かりとなる概念の形成に関すること。

5 身体の動き
(1) 姿勢と運動・動作の基本的技能に関すること。
(2) 姿勢保持と運動・動作の補助的手段の活用に関すること。
(3) 日常生活に必要な基本動作に関すること。
(4) 身体の移動能力に関すること。
(5) 作業に必要な動作と円滑な遂行に関すること。

6 コミュニケーション
(1) コミュニケーションの基礎的能力に関すること。
(2) 言語の受容と表出に関すること。
(3) 言語の形成と活用に関すること。
(4) コミュニケーション手段の選択と活用に関すること。
(5) 状況に応じたコミュニケーションに関すること。

図9-1 自立活動の内容（文部科学省，2009をもとに作成）

このうち，特に①については，心理学を基盤としたアセスメントの知見を活用することができれば，より「的確に把握」することができるだろう。また，②③においても，数年後の子どもの状態を想像しながら計画を立てることが求められるが，そうした場合には，発達や情緒の安定に関する心理学の知見は大いに役に立つ情報となると考える[注1]。

こうした自立活動は，視覚障害・聴覚障害・肢体不自由・知的障害・病弱など，すべての障害種に対して展開することができる。そのため，特別支援学校や特別支援学級，通級による指導など，障害児のために特別な教育課程を編成して教育している場においては，目玉となる授業の一つとして保護者の期待も高い。

2 学習によって得られた知識を総合化する「領域・教科を合わせた指導」

自立活動のほかに，障害児に固有の教育課程といえば，知的障害児に対して行われている「領域・教科を合わせた指導」がある[注2]。これは，もともと知的障害者の学習上の特性を，「学習によって得た知識や技能は断片的になりやすく，実際の生活の場で応用されにくいこと」や「成功経験が少ないことなどにより，主体的に活動に取り組む意欲が十分に育っていないこと」と捉え，「抽象的な内容より，実際的・具体

表9-1　領域・教科を合わせた指導の内容（新井，2007）

日常生活の指導	食事指導・衣服着脱の指導・排泄指導など身辺自立に関することから，あいさつや曜日，天気に関することなど，日常生活に必要な知識・技能全般を指導する。時間割上では「朝の会」「帰りの会」「給食」の時間における指導がこれに該当するが，時間割に記載されていない時間帯にも多く指導が行われている。
生活単元学習	生活に関することがらを単元学習として組織し，体験的に指導する時間である。「生活」に関する事項であれば，単元として取り上げることができるが，教育現場では運動会や文化祭，校外学習などの「行事単元」や「季節単元」を取り上げることが多い。
作業学習	生産・労働の経験をさせる中で働く意欲や態度，および労働に必要な知識や技能を身につけることを目的としている。作業学習は中学部や高等部で行われていることが多く，「木工」「窯業」「園芸」「手芸」などが作業種目となっている学校が多い。近年，産業構造の変化に合わせて，喫茶店やクリーニングなど，サービス産業を基礎とした作業学習も実践されるようになっている。
遊びの指導	障害の重い子どもが学校教育の対象となったときに，生活単元学習の内容の一部に「遊び単元」が組み入れられるようになった。発達が未分化な子どもには，「遊び的な要素」を取り入れた活動を行うことが求められ，「遊びながらいろいろな活動ができるようになる」「遊び方を学習する」「友達と関わる」など「遊び」を通して心身の発育を促していくことを目指して行われていることが多い。

的な内容を指導するほうがより効果的である」と考えられたことから設けられたものである。

　領域・教科を合わせた指導は，具体的には，以下の四つの指導の形態で取り組まれている（表9-1参照）。

　以上のような教育課程にもとづき，特別支援学校や特別支援学級で知的障害児に対する授業づくりを行なうとしたら，子どもの能力や興味に応じた展開を考えなければならないという点で，心理アセスメントや障害特性に関する知見がとても重要となる。その一方で，心理アセスメントにもとづく能力評価や障害特性が十分に理解できていれば，子どもにふさわしい単元学習や作業活動，あるいは遊びを展開することができるかというと，必ずしもそうではないだろう。

　なぜなら，子どもたちが取り組む学習活動は，子どもの興味や生活経験などを考慮しなければならないからである。こうした要素を教育学では「文化的背景」と呼び，「心理学的知見」を超えた教師固有の力量・専門性が発揮される点であると考える。

2節　特別支援教育の指導の実際―コミュニケーションを例にして―

1 広義のコミュニケーションを基盤とした授業における教師の支援

　それでは，指導する際に心理学的な知見（アセスメントや障害特性の理解）と教師固有の視点（子どもの興味や生活）をどのように融合していったらよいだろうか。以下に，作業学習（窯業班）で粘土を叩いて平らにする作業をしている子どもを例にあげて考えてみたい。

　作業学習の時間に，ある子どもが楽しそうに粘土を叩いていたとする。それは，棒で粘土を叩くといろいろな形に変化するのがとても楽しいからであった。こうした子どもに対し，教師が，「こんなふうに叩いてみたら？」と提案してさまざまな方法を試しにやらせてみたとする。すると，この子どもは，「こんなに強く叩いたらどうなるだろう」と思いながら，棒で叩いたり，誤って机を叩いてしまって手がしびれた（笑顔で「いてて…」というような表情をする）など，子どもはとても楽しく学習をした（図9-2参照）。

　こうした子どもが生き生きと活動する授業では，教師が子どもをある方向に強く導こうとするのではなく，子どもに活動させることに主眼をおいた授業を展開していることが多い。その逆に，隣にいる教師が子どもの手を取って丁寧に子どもに教え，とてもきれいに平らな粘土をつくり上げてしまったら，子どもは「どうすればよいかよくわからないけど，先生が手を取って教えてくれるのなら，身を任せていればいいや」というような気持ちになることもある。あるいは，「自分がわからなくなったときには，教師が手を取って教えてくれる」ということを子どもは学んでしまう可能性すらある[注3]。

　このように考えると，特別支援教育の授業では，教師がどこまで手を出し，お膳立てをするのか，また，子どもが自ら活動している中で不要に手出ししないように注意するなど，自らの関与の度合いを調整していくことが重要となる。そして，こうした学習活動の中だからこそ，

図9-2　道具を介してものや人と対話する

子ども自身が粘土を叩いたときの感触や，友達の道具の使い方をまねてみようとするなど，「もの」や「人」との関係を豊かにしていくのだと考える。

　こうした関係性を広義のコミュニケーションとしてとらえるのであれば，特別支援教育の授業づくりは，広義のコミュニケーションを可能にするために教師がさまざまな配慮や支援，あるいは授業づくりの工夫をしなければならない。その中には，道具が上手に使えない子どもに対して補助的な教具を作成するなども含まれる。なぜなら，道具が使えるかどうかによって，「この辺を強く叩いてみよう」などというように，もの（対象）に向かう気持ちやそこでの内言語（前頁図の吹き出し部分）も大きく異なってくるからである。

2 状況をつくり，コミュニケーションを促進する教師の支援

　もちろん，こうした対象との関係性（対話）は，人に向かっても生じるものである。たとえば，棒で粘土を叩いている子ども（Aさん）が一人で活動しているときには単調に叩くだけで，数分すると飽きてしまうことが多かったのに，同じ活動をしている友だち（Bさん）が目の前にいるときにはさまざまな叩き方をして，飽きることなく20分くらい活動を継続することができるなどということは，よく見かける姿である。

　こうした子どもの様子をよく観察すると，子どもは時どき，目の前の子どもを「チラ見」していることが多い。おそらく，子どもの内面では，「あの子はこんな叩き方をしているぞ」「よし，自分はこんな叩き方をしてみよう！」というような気持ちになっているのではないかと推察できる。そして，こうした気持ちに子ども（Aさん）がなるのは，普段の生活の中で友だち（Bさん）に対して「あこがれの気持ち」を抱いていたり，逆に「ライバル視しているところがある」ということも関係しているのではないだろうか（図9-3）。

　こうした中で，Aさんが行なった活動の続きをBさんが引き継ぐというような流れをつくったら，どうなるだろうか。たとえば，Aさんが大まかに粘土を平らにしたあとに，Bさんが仕上げをするというような役割を与えたら，すばやく正確に作業ができるBさんであっても，Aさんから粘土が回ってこないと自分の作業ができないという状況になる。このとき，「粘土がないじゃないか〜！」と怒り出すこともあれば，「Aさんの手伝いをしよう！」と思うこともあるだろう。

　さらには，AさんとBさんが使っている道具を一つずつ渡さないで，わざと机に一つしか置かなかったらどうなるだろうか。AさんとBさんはどちらが使うかを（目配せなどで，いわば「協議」をして），順番を決める（無言で話し合う）というような

9章 特別支援教育の実際

図9-3　他者を意識した自己の行動調整

ことも考えられる。

　以上のように，子どもは状況が変わると他者との関係性＝コミュニケーションも変化する。そのため，授業中に子どものコミュニケーションを促進するための教師の役割は，どのような状況を意図的に生み出すかということである。これは，どのような道具を用意するか，活動の流れや目標をどのように設定するかということと大きく関係しており，教師固有の力量・専門性の範疇であると考える。

　しかし，どのくらい他者を意識でき，言語力を含めて他者と対話（交渉）する力があるかという点については，障害の程度や特性に大きく影響する。こうした点については，教師の経験や感覚だけではなく，広くコミュニケーション能力をアセスメントし，実態把握へとつなげていくことが必要である。

3節　特別支援教育の授業づくりに求められる教師の資質と専門性

　以上のように，特別支援教育の授業づくりにおいては，心理学的な知見を活用しながらも，教師固有の力量・専門性を発揮しながら，子どもを伸ばしていくことが教師に求められている。この二側面を融合することができる教師は，子どもの内面で対話をしている姿をどのくらい想像できるかにかかっているのではないかと考える。

　すなわち，子どもを機械的にアセスメントし，指導課題を設定するといった「観察者的共感性」ではなく，「対話的共感性」が必要であると考えられている。「対話的共

165

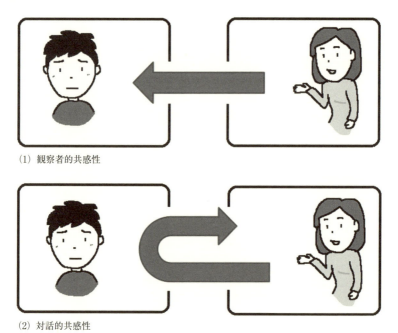

(1) 観察者的共感性

(2) 対話的共感性

図9-4 「観察者的共感性」と「対話的共感性」の違い

感性」とは子どもの状態を冷静に（客観的に）理解したうえで，子どもの気持ちを受けて自らの姿勢や態度の変革を求めることであると考えられている（角田，2010参照：図9-4）。

　たとえば，前節までの粘土を平らにする作業学習を例にとれば，「友だちを意識できるはずの子どもなのに，自分一人の世界で作業をしている」というように，教師はその授業の子どもを観察する。このとき，「それでは，〜のような支援をしよう」と直接的に考えるのではなく，「前の授業のことを引きずって，作業に集中できないのかも」とか，その逆に「友だちを気にすることができないくらい，今日は作業自体に没頭しているのかも」というように，教師自身が反すうしてどのように対応するかを考えることが大切である。

　もちろん，「友だちを意識できるはず」という確信は，発達検査の結果からそうした能力を有していることを根拠としているというのも大切なことである。また，「障害特性からこうした方向に向いて作業していたのでは，この子たちは友だちを意識できない」などという考えをもつことも重要である。しかし，その一方で，教師が状況

を判断し，さまざまな反すうを経て，教師が子どもに合わせて柔軟に指導方法を変えていくことができなければ，子どもの内面における「言葉」や「対話」はやはり広がっていかないのではないかと考える。

　このように，教師も内面でいろいろと反すう（対話的共感性）を繰り返していく中で，知的障害児をはじめとした特別な支援が必要な子どもに対して，最適化された指導を提供することができるのではないかと考える。このときに大切なことは，子どもの観察や子どもとの関わりの中から冷静に（客観的に）子どもの状態をとらえる力である。こうしたことができるようになるために，教師は心理学的な知見をもとにしたアセスメントの方法や，障害特性に応じた子どもとの関わり方を知り，身につけることが必要である。

　一方で，子どもに合わせて，あるいは状況に応じて指導していくためには，「子どものどこを見ればよいか」といったことだけでは不十分であり，「対話的共感性」が必要である。これは，身体的レベルで通じ合い，教師の姿勢や関わり方を常に変化させることを前提とした対応が必要であることを示唆していると考える。

　このように考えると，特別支援教育を担当する教師には，日常の教育実践を見つめ直し，常に新しい実践（価値）を取り入れることができる「省察する力」が求められる。現在，特別支援教育の実践においても重要視されている，子どもの「人間関係形成能力」や「コミュニケーション力」を育てるためには，目に見えるエビデンスだけをもとに授業を構成するのではなく，「見えない」側面にも十分に視点をあてて指導を考えていくことができる教師でなければならないと考える。

■■注■■
1) 学習指導要領においても，「児童又は生徒の障害の状態により，必要に応じて，専門の医師及びその他の専門家の指導・助言を求めるなどして，適切な指導ができるようにするものとする」と記述されており，自立活動を展開する際に，心理学的知見を参考にしながら授業をつくることが求められている。
2) 学校教育法施行規則　第百三十条２では，「特別支援学校の小学部，中学部又は高等部においては，知的障害者である児童若しくは生徒又は複数の種類の障害を併せ有する児童若しくは生徒を教育する場合において特に必要があるときは，各教科，道徳，外国語活動，特別活動及び自立活動の全部又は一部について，合わせて授業を行うことができる」と記されている。
3) 健常幼児の場合，こうした関わりをすると「自分でやるから手を持たないで！」というように，大人からの過度な関わりを拒絶する行動も多くみられる。

IV部

特別支援児の心理とその支援に関するトピックス

10章

視知覚機能障害とその支援

1節 視知覚の発達とその障害

　われわれが「モノを見る」際には，まず外界の物体を網膜にうまく投影させることが必要で，投影された映像にかかわる情報はさまざまな処理を経ながら脳へ伝達し，さらに脳内で高度な処理が行なわれて初めて「見る」ことを実感できる。したがって，一連の処理過程のいずれに障害があっても「見る」ことがむずかしくなる。ここでは，中枢処理機能の障害である知的障害児の抱えている視覚認知活動の問題を中心に述べていく。

　中心視においてどのくらい細かくモノを見分けることができるか，いわゆる空間分解能を計測するのに，わが国ではCの形状をしたランドルト環による視力検査がよく用いられる。このランドルト環では切れ目の幅（視角）を認識できる力を測定しているが，視力検査には文字の大きさやドットの大きさを変化させて視標の認識をさせたり，線分のズレを検出させたりするなどさまざまな方法がある。それぞれの計測値は必ずしも一致しないため機能的に異なるものを測定していることが推定されるが，基本的には測定値に大きな違いは現われない。

　では，視力はいかなる発達を遂げていくのだろうか？　新生児や乳幼児の視力は選好注視法（preferential looking：PL法）を用いて測定することができる。乳児に無地と縞模様の図を同時に提示すると縞模様のほうを好んで見る特性を利用し，縞の間隔を変えることで（たとえば，縞の間隔が狭くなるほどその識別には高い空間分解能が必要である）視力の推定が可能である。新生児ではかなりぼやけた像であるが，はじめの数か月でかなり見えるようになり，18か月で視力は0.2ぐらいにまで急速に発達する（治村・山本，1989）。ランドルト環による視力測定は3歳くらいから可能と

なり，4歳までには1.0以上の視力を有するようになるといわれている（神田・川瀬，1993）。しかし，視力の発達は4歳で完成されるのではなく，遮眼により視力が阻害されるケースから考えると8歳頃までは影響を受けるものと推察され，視力は新生児から8歳くらいまでの間に発達し続けるものと考えられている（粟屋，1987）。

　知的障害とのかかわりでは，ダウン症候群において眼科的異常を合併する割合が高く，その中で最も多いのが屈折異常であると報告されている（湖崎，1990）。見えにくさの原因が中枢性ではなく遠視・近視・乱視など光学系による異常のみであれば，レフラクトメータと呼ばれる屈折度を測る機械で早期に屈折異常の発見が可能である。この検査は他覚的に測定できるために自覚的な応答の困難な知的障害児においても有効である（佐島ら，2002）。視力の発達期における視覚入力の損失はその後の視覚発達に大きな影響を及ぼすことから早期の屈折異常発見は重要であろう。

　さらに，知的障害児において，たとえ視力（矯正視力も含む）が正常であっても，見え方に特徴がみられる場合がある。たとえば，第7染色体の一部欠損が見られるウィリアムズ症候群では，知能に比べて言語能力が優れていることが一つの特徴であるが，逆に言語面での遅れがみられるダウン症児と対比して論じられることが多い。ウィリアムズ症候群における視知覚の特徴として，見たものを部分的に捉えることが可能であっても，全体として捉えることがむずかしい面があげられる。たとえば，図10-1はウィリアムズ症児とダウン症児に自転車を描写してもらった際の絵であるが，同年齢のダウン症児と比較して，ウィリアムズ症児の場合，車輪やペダルなど部分的に羅列することが可能であっても適切に配置することができず，外観として「自転車」が表現しきれていなかった（Bellugi et al., 2001）。このことからウィリアムズ症候群では視空間認知に障害があり，部分構成要素を全体像に再現できないことが推察される。

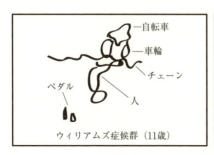 

図10-1　ウィリアムズ症児とダウン症児が描いた自転車の絵
　　　（Bellugi et al., 2001）

IV部 特別支援児の心理とその支援に関するトピックス

　以上のように，視力は「見る力」の重要な要素ではあるものの，脳に到達したあとの情報処理によってモノの見え方が複雑に変化してしまうことを，ウィリアムズ症候群の事例がわれわれに教えてくれる。知的障害は脳の障害であることを考えれば，彼らの視覚世界はわれわれの想像を超えた世界である可能性があり，その支援にあたっては彼らの視知覚機能の特徴を十分に分析し，仮説を立てて検証しながら進めていく姿勢が重要であろう。

2節　知的障害児における視覚認知活動研究

　視力は「見る力」の中の一部でしかない。一般に視力といった場合，目を視標にまっすぐ向けて中心視の空間分解能を測定する中心視力を意味するが，視覚認知活動においては中心視のみならず周辺視情報をも積極的に活用した処理が行なわれている。たとえば，おもちゃの箱の中から自分の好みのものを探し出そうとする場合，目をキョロキョロと動かして視覚探索を行なっている。目を動かさなければならないのは，高い空間分解能をもつ中心視に見ようとする対象物の像を合わせるためであるが，視線移動前には周辺視情報に基づいた大まかな特徴抽出を行なっており，次の視線定位位置を決定するための重要な情報となっている。この情報をうまく活用することで，少ない探索回数で効率的な視覚探索が可能となる。周辺視は中心視に比べると空間分解能が低く，周辺視から投影される像はぼやけて見えるが，それでも周辺視機能は「見る力」の中の重要な一つとして考えられる。

　通常，成人の健常者に視覚探索を行なわせると，視線移動と停留を交互に繰り返している様子がみえる。これを定量的に測定すると，視覚探索中では0.2秒程度の注視を頻繁に行なっていることがわかっている。眼球運動中には視覚情報の入力抑制が行なわれていることがわかっており，サッケイド抑制と呼ばれている。たとえば，ビデオカメラを撮影している際に急にカメラを動かしてみると映像がかなり乱れるのがわかるが，このような現象がわれわれの視覚探索中に起こらないのはサッケイド抑制によるものである。したがって，視覚探索場面における視覚情報の入手は眼球が停留している短時間に行なわれており，視覚探索には中心視とその周辺の情報を瞬時に取り入れることが要求されているといえよう。

　一方で，知的障害児における視覚探索活動はかなり非効率的であることが指摘されている。たとえば，ボエルスマとムーア（Boersma & Muir, 1975）は絵の中にある矛盾する部分（雪に覆われた絵の中に一か所のみ覆われていない部分がある）を報告

させる課題や，絵の内容を説明させる課題を知的障害児に行ない，その際の視線パターンを解析した。その結果，健常児では課題遂行に必要不可欠な部分に多く視線を移動させるが，知的障害児では課題に重要でない箇所についても視線を定位することがわかった。つまり，知的障害児の場合には絵の全体にわたってまんべんなく視線を向けていた。さらに，カーリンら（Carlin et al., 2003）は短時間で交互に呈示される二枚の絵について「間違い探し」（色や形が一か所異なっている，あるいは絵の一部が欠けている）を行なわせたところ，健常者に比べて知的障害者ではより長い時間をかけて探索していた。この際の視線移動パターンを定量的に測定すると，両群とも絵の中で注目しやすい箇所にまず視線を向けるが，健常者の場合にはすぐに他の領域に視線を移動させるのに対して，知的障害者では関心領域の探索により長い時間をかけていることがわかった。このように知的障害児・者における非効率的な視覚探索活動がターゲットの検出時間だけではなく，ターゲットの検出に至るまでの視線移動パターンに反映されることがわかっている。

　視線移動に先立って取り込まれる周辺視情報は，次に視線を向ける位置を決定するために利用されている。その際，周辺視野から瞬時にどのくらいの精度で情報を取り込み，それを活用することができるかが効率的な視覚探索の実現のために重要である。さまざまな視覚認知場面で必要とされる視野範囲は，いわゆる「視野」と区別されて「有効視野」と呼ばれている。勝二・堅田（1998）は知的障害者においてどのくらいの範囲までの情報を瞬時にパターン認知のために利用できるのか，彼らの有効視野範囲についての検討を行なった。課題は，中央の凝視点をじっと見つめた状態で周辺視野に0.3秒で同時呈示される1つの円と3つの六角形の中から，ターゲットである円がどこに呈示されたかを識別するもので，図形の呈示位置と識別率との関係から有効視野を推定した。

　図10-2は健常児・者を年齢群ごとに分けて各呈示位置での図形識別率を表わしたものである。縦軸は正答率を，横軸は図形の呈示位置で，右方向ほど中心視から離れた位置に図形が呈示されたことを意味している。いずれの年齢群も中心視から周辺に離れていくほど図形の正答率は低下していくが，正答率の低下が始まる位置は年齢群によって異なっていた。たとえば，6歳群では正答率の低下が視角8度付近で見られるのに対して，8歳群や10歳群では視角10度付近で認められた。視角10度における正答率をみると，発達に応じて高い正答率を示すことが確認できる。また，12歳でほぼ成人（20歳群）と同じ様相を示すことが明らかとなった。以上の結果から，周辺視野から視覚認知に必要な情報を瞬時に取り込む力は年齢発達とともに獲得されていき，12歳頃までに成人の有効視野に達するものと考えられる。

Ⅳ部 特別支援児の心理とその支援に関するトピックス

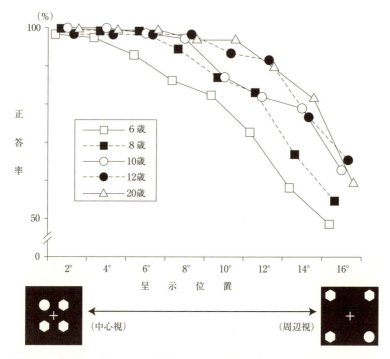

図10-2 健常児・者における有効視野の発達的変化（勝二・堅田，1998を修正）
呈示位置ごとに図形識別の正答率を各年齢群に分けて示した。縦軸は正答率を，横軸は図形が呈示される位置で，右方向ほど中心視より離れた位置に図形が呈示されたことを意味する。

　一方で，知的障害者（平均生活年齢17.5歳，平均精神年齢7.1歳）における図形識別率をみると（図10-3），生活年齢をマッチングさせた健常者に比べて視角10度付近での著しい正答率低下が認められた。この結果は，周辺視野から情報を瞬時に取り込む際に，知的障害者ではパターン識別の精度が健常者よりも低いことを意味し，知的障害者における有効視野の狭さがうかがえた。また，知的障害者の結果は彼らの平均精神年齢に近い健常児6歳群の結果と類似していたことから，発達の遅れが有効視野の広さに影響を及ぼしていることが推察された。さらに，知的障害者に上記と同じ幾何学図形の刺激パターンを用いて自由に目を動かしてよい条件下で視覚探索させた場合，ターゲットを見つけるのに知的障害者は健常児・者より多い視線移動回数を要することが確認されている（伊藤ら，2004）。以上の結果は，知的障害者における有効視野の狭さが非効率的な視覚探索に深く関与していることを示唆している。しかし，有効視野の狭さは非効率的な視覚探索の一要因にすぎず，教育的支援を考える際に

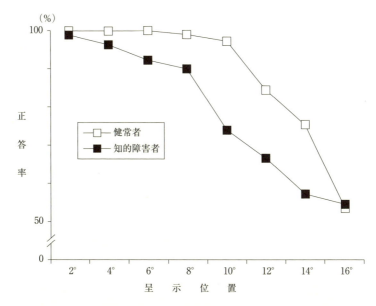

図10-3　知的障害者における有効視野（勝二・堅田，1998を修正）
図の説明については図10-2を参照

は，有効視野の狭さがどのくらい視覚探索活動に影響を与えているのか個々のレベルで検証していく必要があるだろう。

3節　知的障害児への視覚認知活動の支援

　知的障害児において周辺視機能をうまく活用できていないことが非効率的な視覚探索を引き起こしているものと推察されたが，彼らの視覚探索活動を支援するにはいかなる方法が考えられるのだろうか。
　一つの方法として，周辺視でのパターン識別能を向上させることが考えられる。パターン識別能あるいは視力といった場合，眼球での末梢機能を反映したものと考えがちになってしまうが，前述のようにわれわれが「見た」と感じることができるのは，脳内での処理を経た結果である。したがって，末梢からの情報入手が正常に行なわれているとすれば，中枢処理システムに変化をもたらすことで識別能を向上させることができる。たとえば，反復呈示される刺激を見続けると，感覚処理が促進され，識別

能が向上する知覚学習と呼ばれる現象が生じることがわかっており，視覚系の知覚学習は中心視のみならず周辺視でも可能であること（Crist et al., 1997）やその知覚学習が脳の可塑的変化により生じていることが報告されている（Shoji & Skrandies, 2006）。しかし，知的障害児において，単調な刺激の反復呈示による訓練は課題持続が困難なことから実効性に乏しいことが推定される。

最近では，テレビゲームは前頭葉機能の活性化を妨げるなど悪影響の側面が強調されているが，視機能訓練という目的でテレビゲームを用いることも一つの方法である。たとえば，テレビゲームの中でもアクションゲーム経験者が有効視野を含むさまざまな視知覚機能に優れており，非経験者もアクションゲームを一定時間実施することで知覚学習が成立し，視知覚機能の向上をもたらすことが明らかとされている（Green & Bavelier, 2003）。もちろん，テレビゲームは常習性をもたらす可能性もあり，慎重にその適用を考える必要がある。必ずしも市販のテレビゲームを使用するのではなく，教材としてコンピュータを使用しているならば，教材の中に視覚探索の要素を含めながら，楽しめる課題を設定することでよいだろうし，ディスプレイを使わなくても，たとえばカルタ取りのように遊びの中に視覚探索の要素が含まれているものもある。多様な刺激の中での視覚探索活動は周辺視情報の分析能力を高めるだけでなく，その情報を次に定位させる視線位置の決定に活用できる力をも向上させることが可能であろう。そのような力を高めることで，さまざまな認知場面において作業効率が高まり，「見えてくる」世界もそれまでと違ったものになるだろう。結果として，自信の高まりをもたらし，それが情緒的安定を引き起こすことも期待できる。

知的障害児・者への視覚探索活動の促進をもたらす支援方法の開発は確立されておらず，いまだ試行的段階である。さまざまな場面で生じる問題の細かな側面に注目しすぎずに，個々の子どもがもつ視知覚機能の特徴を分析し，自立活動や作業学習など教育課程の中に教育的支援の一環として彼らの視知覚機能の遅れを補償する場があってもよいのではないだろうか。

11章

知能発達の障害とその支援

1節 知能と知能検査

　個に応じた支援の重要性が認識されるにつれ，アセスメントの重要性についての認識も高まっている。知能検査の結果もまた，子どもをよりよく理解するのに役立つ情報の一つとなる。しかし，利用の仕方を間違えると，子どもにとって有害なものにもなりかねない。知能や知能検査についての正しい理解が必要である。

　知能の定義は，研究者あるいは知能検査の開発者によって異なる。奥野（1981）は，さまざまな知能の定義を①抽象的思考を重視するもの，②学習する能力とみなすもの，③新しい環境に適応する能力と見なすもの，④包括的に定義しようとするもの，⑤操作的定義（「知能とは知能検査によって測定されたもの」とする定義），の五つに大別し，これらを要約して「知能とは認知・記憶・思考・判断・推理などの知的機能の複合した有機体の環境に対する知的適応の可能性を示す実用的概念であり，その量的側面は知能検査によって測定される」と定義している。

　異なる知能の定義や知能観をもとに作成された検査は，測定しようとする能力も当然異なる。したがって，同じ人に実施した2種類の知能検査の結果がかなり異なることもありうる。また，適用対象によっても，検査の内容は異なってくる。知能検査の結果を支援に活用する際には，各検査のマニュアルを参照するなどして，その検査の特性を知っておく必要がある。

2節 知能の指標

　知能検査の結果の表わし方も複数ある。その一つが精神年齢（Mental Age：MA）であり、これは知能を何歳児の平均レベルに相当するかで表わしたものである。子どもの知能の発達をMAを指標としてみていくと、次節で紹介するように、障害をもつ子どもであっても、その子なりに知能が上昇していくのをみることができる。留意すべきは、MAは知能という一側面を年齢で表わしているだけであるので、子どもの人格すべてをMAと同年齢のレベルにあると見なしてはいけないということである。MAが6歳の子どもが二人いると考えてみよう。一人は暦年齢が3歳で、もう一人の暦年齢は17歳だとする。3歳の子どもは、MAは6歳であっても、やはり3歳の子どもであるし、17歳の青年は、MAは6歳でも、やはり17歳の青年なのである。

　知能指数（Intelligence Quotient：IQ）で表わす方法もある。IQ＝MA÷暦年齢×100の公式で算出する。MAが暦年齢と同じペースで上昇していればIQは100であり、この100が標準とされている。IQは、標準的な知能の発達は、年齢とともに一定したスピードで進むという前提のもと、年齢が異なる子どもの知能の発達スピードも比較できるように考案されたものである。しかし、知能の発達スピードは、たとえば成人期に近づくと低下するなど、必ずしも一定でないことが知られるようになり、IQの有用性に疑問が呈されるようになった。いずれにせよ、もしある人のIQが低下したとしても、それは発達のスピードが以前よりゆっくりになったことを表わしているだけであって、必ずしも知能そのものが低下したことを示すのではないことに留意する必要がある。

　今日では、偏差知能指数（Deviation Intelligence Quotient：DIQ）がよく用いられる。上述の「知能指数」と同じく、単に「IQ」と表記されることがあり、注意が必要である。たとえば、ウェクスラー式の知能検査の「全検査IQ」はDIQである。DIQは、同年齢の人たちの中での相対的な位置として、知能の高さを表わしている。同年代の人たちの平均と同程度の知能であれば、DIQは100であり、平均よりも低ければ低いほどDIQは低くなる。子どもの知能が同年齢集団の平均からどの程度隔たっているのか把握したいときには、この指標が有用である。

　結果をプロフィールで表わす方法も、よく用いられる。これは、それぞれに特性をもつ複数の下位検査の成績について、おのおのの高低だけでなく、バランスにも着目して示す方法であり、ウエクスラー式知能検査などで採用されている。発達に障害がある子どもの場合、特定の領域の知能の低さは障害に起因している可能性があり、そ

の障害自体は教育・福祉的介入で取り除くことはできない。また，たとえばある課題に向かったときに，苦手な能力をおもにはたらかせて解決しようとするのは効率が悪いし，苦痛から意欲の低下を招く危険もある。結果をプロフィールで示す方法には，その人が比較的得意とする能力を知ることで，課題解決に利用しやすい方略や，取り組みやすい課題を見いだすヒントが得られ，具体的支援につなげやすいというメリットがある。

知能検査によって結果の表わし方も異なるので，必要な情報を表示できる検査を見極め，これを有効に活用する必要がある。

3節 知的障害児者の知能の発達に関する研究

フィッシャー（Fisher, M. A.）とジーマン（Zeaman, D.）は，半縦断的手法と横断的手法を併用して，知的障害児者の全般的知能の発達について，MAは5～16歳まで直線的に発達し，60歳を過ぎると低下の傾向に転じると報告した（Fisher & Zeaman, 1970）。なお5歳以前について言及されていないのは，それより若い対象者がいなかったためと思われる。

フィッシャーらは全般的知能の発達について示したが，冒頭でも述べたように，知能にはさまざまなものがある。このうち，生涯発達の観点から特に注目されているものとして，キャッテル（Cattell, R. B.）とホーン（Horn, J. L.）の「流動性知能」と「結晶性知能」の概念がある（Horn & Cattell, 1966, 1967；Horn, 1967；Cattell, 1998）。彼らは，それぞれ特徴的な生涯発達の経過をたどる，二つの知能があることを見いだした。一つは20歳前後まで急激に上昇し，ピークに達した後すぐに低下し始めるもので，流動性知能と命名された。もう一つは，より緩やかに上昇し，成人期のかなり遅くまで低下しないか，あるいは上昇し続けると考えられているもので，結晶性知能と命名された（図11-1）。前者の流動性知能は，目新しい問題を解決するのにおもにかかわるもので，たとえば帰納法的推理力が含まれる。これは中枢神経の成熟や老化によって規定されるところが大きく，過去の教育や経験によって得た知識はあまり影響しない。これに対し，結晶性知能は，おもに，それまでに獲得した知識やスキルを利用することに関係するものであり，知識の蓄積によって向上する。言語理解力や常識的知識の豊富さなどはこれにあたる。結晶性知能には，言語が果たす役割が大きいと考えられていることから，指標として，言語性の知能検査がよく用いられる。一方，流動性知能の指標には，言語能力をあまり必要としない検査，たとえばウ

Ⅳ部 特別支援児の心理とその支援に関するトピックス

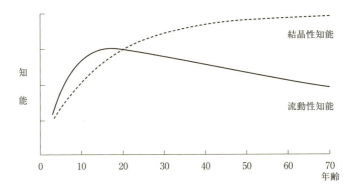

図11-1 流動性知能と結晶性知能の生涯発達モデル（Cattell, 1998）

ェクスラー式知能検査の動作性下位検査がよく用いられている（Kaufman & Lichtenberger, 2002）。

　キャッテルとホーンの研究は，障害をもたない人を対象としたものである。では，知能の発達に障害のある人の場合，流動性知能と結晶性知能はどのような発達の経過をたどるのであろうか。筆者はこれについて，6〜64歳までの知的障害者153人に実施した，ウェクスラー式知能検査の言語性・動作性下位検査の結果をもとに検討した。各年代によって全体的知能の平均が異なるので，単純に流動性知能と結晶性知能の値を比べることは避け，流動性知能と結晶性知能のどちらが高かったかによって研究参加者を分類して，おのおのの割合を算出した。キャッテルらが言うように，流動性知能は20歳前後にピークを迎えて低下し始め，結晶性知能はゆっくりと上昇して低下しにくいものなのであれば，若い人たちには流動性知能のほうが高い人が多く，年齢が高い人たちには，結晶性知能のほうが高い人が多いはずである。結果は図11-2に示したとおりで，10歳代までは流動性知能のほうが高い人が多くを占めたが，20歳代以上の年齢層では，流動性知能のほうが高い人の割合は相対的に低くなっていた。また，20歳代で結晶性知能のほうが高い人が予想外に多かったものの，全体の傾向としては，年齢が高いほど結晶性知能のほうが高い人が多いという，予測と一致する結果が得られた。

　また，28〜53歳の知的障害者16人を対象に，縦断的方法によって両知能の変化を確認しようと試みた。8年の間隔をおいて，二度知能検査を実施した結果によれば，流動性知能は多くの人で低下しており，キャッテルらの主張と一致していた。また，結晶性知能は過半数の人で上昇しており，横断的研究と同様，流動性知能に比べ結晶性知能のほうが低下しにくい傾向がみられた（Hasegawa et al., 2004）。とはいえ，結

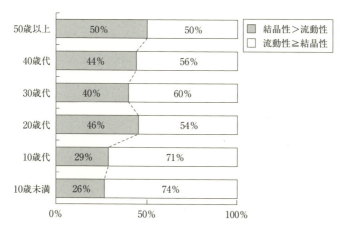

図11-2 結晶性知能のほうが高い人・流動性知能のほうが高い人の割合

晶性知能が低下した人も半数近くいて，個人差があった。縦断的研究の参加者は，長年，入所型施設で生活している人たちであった。入所型施設では，あくまでも一般論ではあるが，生活経験が乏しくなりがちといわれる。結晶性知能は生活経験や教育経験から得た知識量の影響を受けやすいものなのだから，このような生活環境が知能の生涯発達に影響している可能性は大いにある。今後，施設以外で暮らす人たちの知能の変化を追跡するなどして，この点について確認していかなければならない。

4節 知能の発達と生涯発達支援

　読者は，どのように知能を高める支援をしたらよいのかに関心がおありかもしれない。キャッテルらの理論を単純に適用すれば，結晶性知能は知識の蓄積によって向上していくものと考えられているので，小さい頃から大人が次々と知識を示し，それを次々に記憶・習得させることで，結晶性知能をより速く向上させることができるということになる。しかし，仮にこのような方法で子どもの知能を高められたとしても，それにはおそらく，実際的な意味はあまりない。なぜなら，知能のような潜在的能力が実社会で存分に発揮されるためには，いわゆる自発性や課題に取り組む粘り強さなどが重要であり，これらをはぐくむ方法と，効率よく知識を与えて記憶させる方法との間には，相反する点があるからである。

　自発性や粘り強さなどについては，心理学的には，自己効力感，内発的動機づけ，

達成動機などの観点から研究されている。たとえば，ゴットフリートら（Gottfried et al., 1994）は，親の養育態度が子どもの内発的動機づけの高さに影響を及ぼし，内発的動機づけの高さは，後のその子の学業成績と関連していることを示している。具体的には，子どもが自発的に始めたことをほめたり，好奇心がわく環境を提供するなど，内発的動機づけを高める養育態度は将来の学業成績に良い影響を与え，報酬や罰のような外発的動機づけ，すなわち「～したら欲しい物を買ってあげる」「～しないと遊びに行かせないよ」などの多用は，好ましくない影響を与えるというわけである。また，自分で目標を立て，行動を計画し，実行し，うまくいかなかったときにはさらに自分で目標や計画を修正するなど，自身の思考で行動をコントロールした結果として目標を達成する体験の積み重ねが，自己効力感の育成に非常に重要だという（Bandura, 1977；波多野・稲垣, 1981）。これらはいずれも，子どもが自分から何かに興味をもち，行動するのを待つべきという点で共通しており，あらかじめ大人が決めた課題を行なわせたり，詰め込み式に知識を習得させる方法とは異なっている。子どもの自発を待つということは，待つだけの時間を要することであり，単に多くの知識などを習得させるという観点からみれば，時間を浪費する非効率的でじれったいものに感じられるかもしれない。だが，目先の成長だけにとらわれてこのようなかかわりをおろそかにすると，子どものためのはずの教育が，結果的にはその子の人間的成長の機会を奪い，生涯発達を阻むものになってしまうことにもなりかねないのである。

　上記はいずれも，健常児を対象とした研究からの知見であり，知能の発達に障害のある子どもに関しては，この分野の研究はまだまだ進んでいない。しかし，小島と池田（2001）が，ダウン症をもつ青年の自己効力感と親や教師が評定した自発性・能動性の高さに高い相関があることを示したように，これらの知見が障害をもつ子どもに適用できる可能性は当然ある。障害のある子の中には自発的行動が少ない子もいるようだが，自発的行動がまったく見られないことは極めてまれと考えられ，ポイントはむしろ大人がそれに気づくかどうかであろう。たとえば，乳幼児が泣くという単なる生理的欲求によると思われかねない行動も，自発的行動の一種である。これは要求があるときはいつも同じように泣くという単純なものではない。大人が普段どのように反応するかで，幼い子どもの行動傾向も変化するのである（詳細は数井・遠藤, 2005を参照）。あるいは障害をもつ子どもに見られる自発性の乏しさ自体，生来のものというより，養育環境によるところが大きいのかもしれない。結晶性知能の発達の経過も示すように，知識の習得だけであれば，大人になってからでもそう難しくはない。知能の上昇に傾注するよりも，将来にわたって自ら学び，潜在的能力を存分に発揮す

る力を育てることのほうが，子どもの人間としての発達へのより強力な支援になるといえよう。

　最後に，ワーキングメモリ課題を使って流動性知能を高めると称したトレーニングの効果に関する研究を紹介しておきたい。ワーキングメモリとは，バドリー（Baddeley, 1992）によれば，言語理解，学習，推論のような複雑な認知課題に必要な情報を一時的に保持して操作する，脳の仕組みである。流動性知能は，第3節で紹介したように，中枢神経の成熟や老化によって規定されるところが大きく，教育や経験の影響をあまり受けないとされてきた。しかし，2008年にイェギら（Jaeggi et al.）が，平均年齢25.6歳の大学コミュニティの人々に難度の高いワーキングメモリ課題を使った短期間のトレーニングを行なって流動性知能を高めることに成功したと発表し，これまでの流動性知能観に一石を投じた。課題はインターネットで紹介され，今や，同様のものが日本のフリーソフト提供サイトから容易に入手できる。また，ワーキングメモリを向上させることは，注意・集中の困難の改善や，その他の認知機能の向上にも役立つなどとして，子どもも取り組みやすい内容の有料トレーニングプログラムが各社から提供されてもいる。

　しかし，ワーキングメモリトレーニングが本当に流動性知能を向上させるのかについてはかなりの議論があり，さまざまな研究者が研究を続けている。知的障害などの発達の障害がある人を対象とした研究と，定型発達者を対象とした研究の両方を分析対象としたメタ分析的レビュー（Melby-Lervåg & Hulme, 2013）は，これまでに蓄積された信頼できる研究データを見る限り，トレーニングには，ワーキングメモリ技能を一時的に向上させる効果はあるようだが，効果の長期的な持続は疑わしいこと，また，ワーキングメモリ以外の認知的能力を向上させる効果については，トレーニング終了直後に小さな効果が認められたものもあったが，長期的な効果の持続はなんら認められないようであるとしている。また，ワーキングメモリを一時的に向上させる効果さえないと報告した研究もあり（Redick et al., 2013），効果に否定的な意見は決して少なくない。とはいえ今後は，イェギら（Jaeggi et al., 2011）が提案するように，トレーニングに普遍的な効果があるか否かではなく，どのような方法でトレーニングを行なうのが効果的で，長期的な効果の継続につながるかや，これがどのような人に有用かといった視点からの研究も待たれるところである。また，研究間で結果が一致しない理由として，研究参加者の内発的動機づけが影響している可能性も示唆されており（Jaeggi et al., 2013），この点も興味深い。ともあれ，流動性知能や認知機能全般を長期にわたって向上させる効果があるか明らかでない現状で，乗り気でない子どもにトレーニングを強く勧めても，結果的には，心理面や自発面にダメージを

与えただけだったということになりかねない。妄信的にこれらプログラムに傾倒するべきでないことは警告しておきたい。

　どの人にもその人なりの生物学的素質があるし，1日，1年，そして人生に与えられた時間にも限りがある。たとえば，非常に重い知的障害がある人でも皆，教育やトレーニング次第でその人の年齢に標準的な全体的知能を獲得できると考えるのは無理があろう。そして一方では，どの人にも自分の素質をできるだけ活かしながら生きていく権利がある。知能は単に，素質の一つにすぎない。われわれ支援者は，知能や認知機能の向上にとらわれすぎることなく，それぞれの人が限りある人生の中で，全人格として発達する支援や，そのための環境づくりをめざしたいものである。

12章

知的障害児の問題解決行動とその支援

1節 問題解決とその過程

　問題とは，現在の状態が望んでいる状態と一致しない状況をさす。問題解決はこれらの状態の差がなくなること，つまり望ましい状態が達成されたことを意味する。このように考えると，子どもの生活の中にも多くの問題がある。学校で課されるテスト，放課後や休日に何をして遊ぶかなどは，常に直面する日常的問題である。また，進路や就職先の選択のように，やがて解決しなければならない重要な問題もある。ここでは，このような社会的な問題解決は取り扱わないが，その基礎となる心理的プロセスについて述べる。

　認知心理学では，問題を解いているときの人間の内的過程を問題空間の形成とその探索として捉えている（Newell & Simon, 1972）。概要について，実験課題として多用されてきたハノイの塔パズルで説明する。材料は図12-1のような真ん中に穴の空いた大中小の3枚のディスクと，それらを置ける3本のペグがついた台から構成されている。パズルは，初期状態の3枚のディスクを目標状態になるようにすべて移し替えれば成功である。ただしルールがあり，ディスクは1枚ずつ動かし，小さいディスクの上にそれより大きなディスクは置けない。

　まず解決者は問題空間を心的に表象し，初期状態から目標状態に至る最適な経路を探す。問題空間は初期状態と目標状態，その中間の状態をルールに従って結びつけた状態の空間のことである。ハノイの塔パズルの完全な問題空間は図12-2のようになる。しかし，ハノイの塔パズルのような単純な問題でも，最初からこのような完全な問題空間を表象できるわけではないし，やみくもに経路を探索するのは非効率的である。そこで，方略と呼ばれる主観的ルールを使って探索していくのである。問題解決

IV部 特別支援児の心理とその支援に関するトピックス

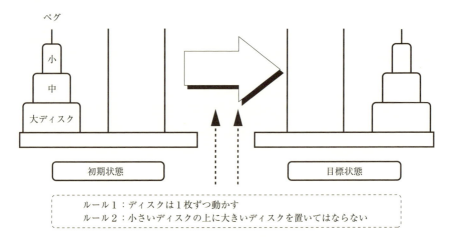

図12-1　ハノイの塔パズル

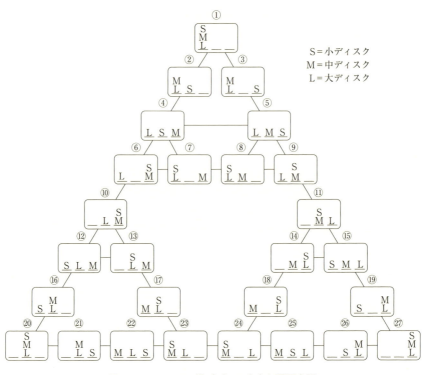

図12-2　ハノイの塔パズルの完全な問題空間

において，よく使われる方略は手段目標分析である。手段目標分析とは，初期状態と目標状態との差を減少するための下位目標を把握し，それを達成することで目標状態に近づこうとする方略である。たとえば図12-2で初期状態①，目標状態㉗の問題では，次のようにはたらく。解決者は始めに①と㉗の差を評価する。次にその評価の結果から，まず最初にめざすべき下位目標を見つけ出す。ハノイの塔パズルの下位目標は，一番下にある大ディスクを目標状態のペグへ動かすことである。図12-2では状態⑪が下位目標の達成である。次に，下位目標を達成するためのディスクの操作手順を考える。この正しい手順を実行できれば，目標状態㉗に最少手順数の7回で到達できる。

ハノイの塔パズルのような初期状態と目標状態，制約条件が明確に定義されている問題を構造化された問題（well-structured problem）と呼ぶ。しかし，生活の中の問題は，これらの諸条件があいまいであることが多い。そのような問題は構造化されてない問題（ill-structured problem）と呼ばれているが，問題解決の内的過程の基本部分は，ほぼ同一であると考えられている（Simon, 1978）。

2節 問題解決能力の発達と障害

エリスとシーグラー（Ellis & Siegler, 1994）によれば，子どもの問題解決はごく単純な目的をもち，その達成を阻害する障害物を取り除く行動から始まるという。ルイスら（Lewis et al., 1990）は，2～8か月の子どもに対し，レバーを引くと楽しい仕掛けが起こる刺激材料を与えた。しばらくして，その仕掛けを生じなくすると，子どもはしだいにレバーを引かなくなり，怒りの表情を見せるようになるという。これは，仕掛けを見るという目的が達成できなくなったことへの不満の現われである。その後，子どもは運動能力の発達に伴い，目的を達成するための実際的手段を用いるようになる。たとえば，クロスの端に子どもの好きなおもちゃを置く。おもちゃは子どもが手の届かない位置にあるため，それを手に入れるには，なんらかの手段を用いなければならない。このとき，6か月児では，その手段をうまく見いだすことができないが，9か月児になるとクロスを自分の手前に引っ張り，おもちゃを手に入れることができる（Willatts, 1989）。

方略を用いた本格的な問題解決を行なうようになるのは，言語や表象能力が十分に発達してくる4歳前後からである。クラーとロビンソン（Klahr & Robinson, 1981）は，先に述べたハノイの塔パズルを幼児用に材料と手続きを変え，4～6歳の子ども

IV部 特別支援児の心理とその支援に関するトピックス

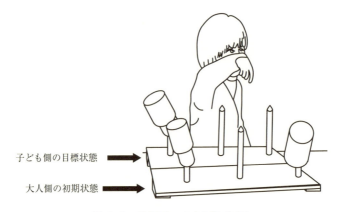

図12-3　幼児用ハノイの塔パズル

の問題解決能力の発達を調べている。幼児用のハノイの塔パズルは、図12-3のようにディスクのかわりに缶が積み重ねてあり、目標状態が子どもの目の前に提示されている。こうすると物理的に小さい缶の上にそれより大きな缶は置けないし、目の前に目標状態が明示されているので、子どもは解決することのみに集中できる。加えて子どもが問題を理解しやすいように、次のような話によって与えられた。「大きい缶はお父さん猿、中くらいの缶はお母さん猿、小さいのは子猿です。猿たちは物まねが大好きです。私のほうの猿たち（初期状態）は、君のほうの猿たち（目標状態）のまねをしたがっています。猿たちはどのように飛び移るとよいか教えてください」。子どもたちは、実際に缶を動かさないで口頭で動かし方を説明した。結果は、4歳児の約7割が目標状態を達成するのに缶を2回操作する条件において、正しく缶の動かし方を説明できた。また、さらにむずかしい3回操作の条件でも5割近くの子どもが正答した。これは4歳児が「あの缶を動かすためには、まずこの缶を動かす、そのためには最初にこっちの缶を動かそう」というような手段目標分析を用いて問題解決を行なっていることを示すものである。5歳児になると約7割が4回操作の条件で正答し、6歳児では5回操作でも7割の子どもが正しい操作を説明できることが示された。しかし、この幼児用ハノイの塔パズルでも7回操作条件では、6歳児でさえほとんど成功できなかった。成人と同水準の問題解決能力をもつようになるのは、ピアジェの形式的操作による思考が可能となる11歳以降と考えられる。この時期の子どもは、標準のハノイの塔パズルの7回操作条件でも解決に成功できる。また4枚にディスクを増やし15回の操作が必要になっても、3枚ディスクパズルでの解決経験を応用して解決できるようになる（Piaget, 1976）。

12章 知的障害児の問題解決行動とその支援

　加齢に伴い子どもは，最初は障害除去のための単純な手段から，頭の中で解き方を操作する複雑な方略を使用するようになる。それらは，やがて複雑な社会的問題を解決する能力の基盤となる。一方，知的障害や学習障害のある子どもは，問題解決の場面において自力で解決できず，定型発達の子どもよりも多くの解決時間と援助を必要とする。知的障害児のハノイの塔パズルの遂行成績を定型発達児と比較した研究（Byrnes & Spitz, 1977；渡邉ら，2001）では，精神年齢9，10歳の知的障害児が6，7歳の定型発達児と同じ遂行成績を示すことが報告されている。これは，知的障害児の問題解決能力の発達が3歳以上遅れていることを示唆するものである。また，学習障害児においては方略変化の分析が行なわれている（Wansart, 1990）。この研究では，11歳の学習障害児と定型発達児に対して，初期状態と目標状態が異なる3種のハノイの塔パズルが与えられ，1課題につき最大10試行，全体で30試行までの解決が許された。彼らのディスク操作を詳細に分析した結果，全員が解決初期に用いた方略を，終期にはより効果的な方略に変化させた。しかし，定型発達児が解決終期には，自発的に方略を違う問題に応用できるようになったのに対し，学習障害児は方略を応用することができなかった。このような遅れの原因は，問題解決行動に多様な認知機能のはたらきが作用するため，特定するのは困難である。今のところ，おもに作動記憶容量の制約（Ferretti & Cavalier, 1991；Spitz & Borys, 1984；渡邉・梅谷，2001）や，作動記憶のはたらきの中でも注意などの情報処理資源を制御する中央実行系（Central Executive）の機能不全（Numminen et al., 2001）などが推測されている。

3節　問題解決の支援方法

　問題解決の支援の鍵となるのは，解決のプランニングを促すことである。プランニングとは，問題空間を探索するための方略を産出する一連の行為をさす。つまり，問題を解く前にどのように解いていくか思案することであり，プランニングを慎重に行なう解決者は問題解決の成功率が高まるのである。一般に認知発達に遅れや偏りがある子どもは同年齢の子どもよりもプランニングを十分に行なわず，衝動的に解決しようとする傾向がある。したがって，適切なプランニングを行なうように子どもを導けば，解決行動の改善が期待される。ここではプランニングへの支援方法をいくつか述べる。

■1 問題をわかりやすくする

　先に述べた幼児用ハノイの塔パズルは，初期状態と目標状態，制約条件といった問

題の情報を子どもが理解しやすいように，材料や手続きを工夫したものであった。逆に同じハノイの塔パズルでも，問題の情報をなじみのないわかりにくい話で与えると，大人でも標準のパズルより10倍以上の解決時間が必要になる（Kotovsky et al., 1985）。このように問題の表現形式を変えると，同じ問題空間で表わされる同型の問題でも難易度が変化する。つまり，むずかしい問題は，問題の情報（初期状態，目標状態，制約条件など）を解決者の理解水準に相応したものに変えて与えれば，プランニングを促すことができる。具体的な例として，中・軽度知的障害児を対象とした野口と松野（1991）の研究がある。彼らは，ハノイの塔パズルの3枚のディスクをそれぞれ人形（小ディスク），人形の座る椅子（中ディスク），椅子の下に敷く絨毯（大ディスク）に変え，3本のペグを3つの人形の部屋に変更した。こうすれば，ハノイの塔パズルの小さなディスクの上に大きなディスクが置けないというルールが，人形の上に人形の座る椅子や絨毯は置けないと表現されるので，子どもにとって一目瞭然となるわけである。クラーとロビンソン（Klahr & Robinson, 1981）の研究のようにカバーストーリーは与えなかったが，目標状態を子どもの前に明示した。その結果，特に標準のパズルで成績が低かった知的障害児に効果があり，遂行成績が向上した。子どもの解決行動を分析すると，子どもが人形と対話することで，より多くの発話が生じていた。野口と松野（1991）は，この能動的な言語使用が，問題の場面を分析することやプランニングの意識を高め，正確な解決が可能となったと推察している。

2 プランを発話させる

野口と松野（1991）の研究では，もう一つの重要な手続きの工夫を行なっている。それは，子どもが直接的に解決を行なうのではなく，子ども（対象児）が大人（実験者）に言葉で指示し，大人はそれに従いながら材料を動かすようにしたのである。この大人と共同で解決する条件下では，知的障害児，定型発達児ともに単独で解決する条件よりもルール違反が減少し，遂行成績が向上した。相手に話すという行為は，その前に子ども自身で発話内容を考えさせることになる。このことが，衝動的な解決を抑制し，ルールに従ったプランニングを可能としたと野口と松野（1991）は述べている。この研究では，子どもの発話に大人が積極的に介入することはしていないが，一緒にプランについて話し合うことも効果がある。商品リストにあるものをすべて買うのに最も効率よい道順をプランニングする課題を用いた研究（Radziszewska & Rogoff, 1988）では，9〜10歳の子どもどうしのペアと8歳の子どもと大人のペアの比較を行なった。ペアでプランニングを行ない課題を解決したあとに，子どもが単独でポストテストを行なった。その結果，大人と組んで解決を行なった子どものほうが

効率のよいプランニングを行なった。子どもと大人の会話を分析すると，子どもどうしのペアに比べ，道順のプランや課題内容に関する発話が多く見られた。このことが課題の学習効果を高め，子どものプランニングを促進したものと考えられる。問題をどのように解決するか話し合うときに，相手の大人が子どもが考えたプランを否定せず，どこが不十分なのか説明し，プランを練り直すようにはたらきかけていくことが大切である。

3 ヒントを与える

　上述した二つの支援方法は，子どもの自発的なプランニングを促すために，問題の材料や手続き，相手に話す状況をつくる方法であった。これらはプランニングを間接的に支援する方法といえるが，解決のヒントを与えて直接的にプランニングにはたらきかける方法がある。問題解決におけるヒントとは，下位目標のことである。下位目標は，それを達成すれば確実に目標状態に近づける状態のことをさす。たとえば図12-2の初期状態①から目標状態㉗の問題では，状態⑪が下位目標である。この状態⑪を解決者に言葉で「一番下のディスクをゴールのペグに置くにはどうしたらよいか考えてごらん」のように教示したり，パネルに描いて提示すると解決の成功率が高まる。そして，下位目標を提示された状況で，繰り返し問題解決を行なうと，大人はその解決経験から手段目標分析を学習し，ポストテストで下位目標のないハノイの塔パズルの応用問題も解けるようになる（仮屋園，1990）。しかし，知的障害児では，単に言葉で教示したり図で提示しただけでは，そのような学習効果はみられず，応用問題を解くまでには至らない（Minsky et al., 1985；渡邉，2000）。そこで渡邉（2006）は知的障害者を対象とし，自己教示によって下位目標を定着させることを試みた。最初は，実験者が下位目標を自己教示しながら解決するお手本を見せ，次の段階で対象者に模倣させながら，自己教示できるように援助していった。対象者自身で正確に自己教示し，解決できるようになったら練習を終了した。練習の結果，8名中2名は遂行得点がポストテスト，維持テスト，般化テストで上昇した。彼らは練習前よりも解決開始までの時間が長くなり，慎重にプランニングしている様子がうかがえた。ただし，効果の示された2名はWAIS-RでIQが60以上であり，言語能力が高い知的障害者であった。より重度の知的障害のある子どもの場合は，言語理解や発話の水準に応じた教示内容の設定が不可欠であろう。なお自己教示訓練（Meichenbaum & Goodman, 1971）は，すでに多くの知的障害児・者を対象とした教科学習（たとえば，田中，1992；藍，1995）や作業訓練（たとえば，Spence & Whitman, 1990；渡邉，2004）などで適用され，その有効性が示されている。

13章

言語の獲得・表出障害と
その支援

1節　言語発達遅滞の概要

1 ことばの鎖からみたランゲージとスピーチ

　言語障害は「ランゲージ」と「スピーチ」の障害に分けられる。デニスとピンソン（Denes & Pinson, 1963）はその著書『The Speech Chain』において，話し手が伝えたい内容が相手に伝わるまでには，言語学的段階→生理学的段階→音響学的段階→生理学的段階→言語学的段階をたどることを示している。言語障害学ではこの「ことばの鎖（speech chain）」の発話における言語学的段階の障害をランゲージの障害，生理学的段階の障害をスピーチの障害とし，この二つの間で支援方法が大きく異なる。スピーチの障害は音声言語の表出（運動面）のみの障害であるのに対し，ランゲージの障害とは，言語学的段階の障害であり，話す，聞く，読む，書く，のすべての言語機能にわたる障害である。
　たとえばコミュニケーション上，スピーチの障害のある人は文字などによる代替手段を使用することが可能であるが，ランゲージの障害のある人はこのような言語機能のあらゆる側面が障害され，「話す」のみでなく「聞く」，「読む」，「書く」などの側面も障害される。このことは言語障害児・者を対象にアセスメント，あるいは支援を行なうときに常に考慮しなければならない点である。

2 言語発達遅滞の原因と状態像

　ことばの遅れを主訴として，幼い子どもたちがさまざまな医療機関や相談機関に連れられてくる。これらの子どもたちは，ことばが遅れているため，いわゆる言語発達遅滞児と診断されるかもしれない。これは表面に表われる症状すなわち状態像という

視点からの診断である。言語発達遅滞児の中には，原因が簡単には特定できない子どもも多いため，言語病理の専門家はこの状態像における言語症状をていねいに見分け，原因を推定しなければならない。原因は大きく二つに分けることができる。一つは本人自身のなんらかの機能障害が明らかであるかもしくは推定され，それが原因の中核にあるもの，もう一つは本人を取り巻く言語獲得環境が原因の中核にあるものである。

　ところで聴覚障害によっても言語発達遅滞となる。聴覚障害という，生物学的な原因が存在することは明らかではあるが，聴覚障害がすぐに言語障害を引き起こすとはかぎらない。聴覚障害をもつ子どもは，言語獲得にとって重要な乳幼児期に，母親の音声言語という言語獲得環境が不十分であることから，必然的に言語発達遅滞が引き起こされやすい。この意味では，聴覚障害児の言語発達遅滞は，二次的な障害と考えることができる。

3 言語発達遅滞の分類

　分類方法は原因論的分類と状態像による分類とに分かれる。前者は，聴覚障害や知的障害，自閉症などの言語発達に影響を及ぼす原因が明らかな場合に用いられる。それに対して，後者では，言語症状のタイプから分類することになる。言語症状のタイプからの分類としては，表出性あるいは受容性言語障害というような失語症分類に類似したものがある。現実にはこの原因論的分類と状態像による分類がさまざまな程度で混在するため，しばしば混乱がみられる。そして聴覚障害や知的障害，自閉症などの原因が明らかでない言語発達遅滞児がしばしば存在する。このような子どもは，特異的言語発達遅滞児とされる。聴覚障害や知的障害などによる言語発達遅滞とは，各障害における言語の状態像に焦点を当てて診断したものといえる。それに対し，特異的言語発達遅滞とは聴覚障害や知的障害などの障害と並び，明確にそれらの障害を除外した診断名である。その意味では，広義の言語発達遅滞と狭義の言語発達遅滞とは異なる次元での診断名といえる。

　ところで，言語発達遅滞においては，原因論的分類が適用できない場合も多い。特に低年齢の子どもでは，原因となる障害の鑑別が困難であることが多く，明らかな原因が認められず，状態像としての分類が先行することはやむをえない。小枝（2003）によれば，幼児期には状態像として言語発達遅滞のみ（特異的言語発達遅滞）であったとしても学童期は自閉症や軽度知的障害と診断される場合があり，幼児期の言語発達遅滞についてはその鑑別の困難さのために特異的言語発達遅滞とされることが多いとしている。

4 特異的言語発達遅滞

　狭義の言語発達遅滞は，前述したランゲージのみの障害，すなわち特異的言語発達遅滞とする考え方も存在する。しかしながら，いわゆる自閉症児や知的障害児も原障害に起因するなんらかの言語障害をもっているともいえるし，指導上ランゲージの障害を念頭にいれて指導することは有益である。ことばの遅れという状態像としては同じでも，ことばの遅れの原因あるいは背景要因として自閉症や知的障害が存在することにおいては，やはりこれらの言語障害は二次的な言語障害ともいえる。それでは果たして純粋な一次的障害としての言語（ランゲージ）障害とは何を意味するのか。脳の言語野が限局的に損傷した場合に，純粋な失語症という言語障害が存在するように，純粋な特異的言語発達遅滞も存在するのか。純粋な特異的言語発達遅滞のみを言語発達遅滞としてしまうと学問上は意味のある用語であるとしても，臨床上は有用ではないかもしれない。臨床上は状態像としての言語発達遅滞を定義することにより，原因論的に説明可能なものとして，聴覚障害によるもの，知的障害によるもの，自閉症によるものなどとするのが通例である。明らかに言語獲得環境が制限される場合は，環境要因を原因として特定できるが，環境要因が明らかにされないものもある。原因不明の言語発達遅滞について，状態像のみから適切な支援指針が導きだされるのなら，原因論的追求は必要ないのかもしれないが，それでも原因論的追求は科学的アプローチのために必要であろう。

5 言語発達遅滞事例

　筆者が経験した4年間の巡回相談の中で，興味深い事例と出会ったので以下に紹介する（原島，2004）。最初に紹介する事例は，言語発達の遅れを主訴として来談した5歳児である。この事例は教育相談において，通常の音声には反応するがささやき声に反応しないことが判明し，難聴が疑われたため医療機関に紹介した。そこで聴力検査等の精査を行なったところ，50dB程度の難聴が確認され，補聴器の装用にまで至った。この事例は，「ことばの遅れ」を主訴とする軽-中度聴覚障害幼児であり，聴力検査の機会を逃してしまったために，難聴の発見が遅れてしまい，そのために重篤な言語発達遅滞を引き起こした事例である。第二の事例は，面接時には難聴が認められなかったものの，母親から生育歴を聴取した結果，幼少児期に何度も中耳炎を繰り返したという言語発達遅滞児であった。言語獲得期の長期にわたる中耳炎も，場合によっては言語発達に大きな影響を及ぼすに違いない。近年このような中耳炎などによる幼少時期の言語獲得環境の乏しさが言語発達に影響を及ぼすとしている報告が散見されている（Bennett & Haggard, 1999；Campbell et al., 2003）。第三の事例では，

母親が外国人であり，母親は日本語に自信がなく，その子どもに対し乳幼児期からあまり話しかけなかったという。この事例の言語発達遅滞は乳幼児期の日本語獲得環境の不十分さの結果と推測された。このように言語発達遅滞児とされている子どもの中にはこのような軽度難聴や言語環境の乏しさなどの問題が潜在している可能性もあることに留意する必要があろう。

　以上の事例から一つの示唆が得られる。言語発達遅滞という状態像に対して一見原因論的にわかりにくい場合でも，根気よくていねいに調べることによってなんらかの原因が見つかる場合もあるということである。以上の事例における原因は比較的わかりやすいものではあったが，実際の言語発達遅滞の原因はかなり多様で複雑であることが多いのかもしれない。

2節 言語発達遅滞の診断

1 保護者の面接と生育歴調査の重要性

　以上の複雑な言語発達遅滞児のアセスメントにおいて，生育歴調査を丹念に行なうことは有益であり，また必要不可欠である（大熊，2002）。この生育歴調査から，原因論的示唆が多く得られるものである。生育歴調査では出生時から現在までの生育過程を聴取する。特に現在に至るまでどのような相談歴を経てきたのかは，両親の具体的な行動からその子どもに対する感情を引き出すのに役立つ。

　生育歴調査においては，保護者自身がもつ教育上の悩みやさまざまな家庭の事情にふれることとなる。この場合，心理カウンセリング的知識と配慮を心がける必要がある。目の前の症例の状態像のみからすべてを判断してはならない。その状態像は，現在の姿に成長するまでの間，原因となる障害と環境との相互作用の中で複雑に形成されてきたものと考えるべきである。そしてこの相互作用における悪循環が見いだされることにより，問題の重要な部分が解決することさえある。この問題の重要な部分とはむしろ言語障害そのものではないことが多い。この生育歴調査は，カウンセリングマインドをもって行なうことにより，両親との信頼関係が成立することは少なくなく，両親へのカウンセリングが問題の重要な部分への解決の糸口となることが多い。

2 アセスメントにおける除外診断の重要性

　言語障害児のアセスメントは刑事の仕事に似ている。この刑事の仕事から示唆される事柄がある。たとえばA，B，Cの3人の容疑者がいたとする。Aが最も疑わしい

としたらAを尋問することは妥当であろうし，運良くAが自白したとしたら話は簡単かもしれない。しかしBやCについてなおざりにしてはならない。Aが犯人であることを確実にするためにはBやCが犯人でないことについても証明することも大切である。以上のように言語障害の診断においてもあらゆる可能性を疑い，一つひとつの可能性を排除することが誤診を防ぐために，遠回りのようで近道なのである。

言語障害児のアセスメントにおいては以上の除外診断を常に意識しながら，以下の手続きを行なうことが有益である。

①生育歴調査（既往歴，相談歴，家庭環境，母子関係，気になるエピソード）
②聴力検査（必要に応じて視力検査，運動の巧緻性の検査）
③発達・知能検査
④遊戯場面での行動観察
⑤一定期間の経過（行動）観察と親のカウンセリング

以上の①は，環境要因あるいは原障害と環境要因との相互作用を明らかにするため，②と③は聴覚障害や知的障害と特異的言語発達遅滞を鑑別するための検査として必要である。そして検査のみに頼らず，臨床家自らの目で行動を観察し，実際のかかわりの中で，その行動特徴を見逃さないことが重要である。さらには，結論を急ぐことなく，養育者に対するカウンセリングを行ない続けることが必要である。

3 診断における純粋性

ところですでに述べたように，診断において厳密な純粋性あるいは際立った特異性を強調するならば，「言語発達遅滞」としてのニーズをもつ対象はきわめて少なくなり，教育現場における特別支援教育の対象としての定義としては現実的ではない。しかしながらこの曖昧さはこれまでの「言語発達遅滞」に対する認識上の混乱を招いてきた。言語発達遅滞児は，原因論的には種々雑多ではあっても，特別支援教育のニーズのある児童として診断することは可能であり，またそういった診断も有益である。

3節 言語障害児の支援

言語障害児の支援方法は，最初に述べたように，まずスピーチの障害であるのかランゲージの障害であるかにより，大きく異なる。スピーチ障害の一つである構音障害等では構音訓練が中心となるが，ランゲージの障害では語彙や文法の獲得が主目的と

なる場合や，コミュニケーション関係あるいは認知的学習を先行して行なう必要がある場合もある．また原因論的な問題において，言語発達遅滞が聴覚障害，自閉症や知的障害に起因する場合は，原障害に特有のアプローチが必要である．そのような意味で，言語障害が障害種を超えた横断的な障害であることから，言語障害を扱う専門家は知的障害や運動障害など他の障害についても精通している必要がある．しかしながら，どの障害においても共通する基本的アプローチはコミュニケーション障害としての取り組み方であり，人と人とのかかわりあいの問題に着目した指導方針を中心とする必要がある．さらには言語障害が生育歴の中で言語獲得環境との相互作用において複雑化している可能性が高いことから，両親や家族あるいは言語障害児を取り巻く環境へのアプローチが共通して重要である．以上のことから生育歴の聴取に始まり，両親へのカウンセリングは言語障害児の支援として重視されなければならず，また言語障害児の言語面のみならず，心理・情緒的側面，さらには生育環境面へのケアがきわめて重要であろう．これまで述べてきたことから，特別支援教育における言語障害児教育担当者は，言語障害についての生理・病理的知識はいうまでもなく，障害種を超えた幅広い専門性，心理カウンセリング技術，さらには環境要因調整のためのコーディネーターの素養が要求されるといえる．

14章

学習活動における支援機器利用の現状

1節 「障害者の権利に関する条約」と「合理的配慮」

　特別支援児に対する支援機器（e-AT）による学習支援を考えるうえで，近年のわが国の障害者を取り巻く環境や支援の考え方，法制度の変化は重要な要素となる。
　2006年12月13日第61回国連総会において採択された「障害者の権利に関する条約（Convention on the Rights of Persons with Disabilities）」は国際人権法に基づく人権条約である。日本政府は，2007年9月28日に署名，法制度等の改定を進めてきた。2013年12月の国会承認を受け，翌2014年1月20日に吉川元偉国連大使が国連法務局に批准書を提出，140番目の締約国となった。
　同条約「第2条定義」では，「意思疎通」「合理的配慮」という特別支援教育に関する重要な語について定義されている。「意思疎通」は「言語，文字表記，点字，触覚を使った意思疎通，拡大文字，利用可能なマルチメディア並びに筆記，聴覚，平易な言葉及び朗読者による意思疎通の形態，手段及び様式並びに補助的及び代替的な意思疎通の形態，手段及び様式（利用可能な情報通信技術を含む。）をいう」と定義され，後述の拡大・代替コミュニケーション（Augmentative and Alternative Communication：AAC）も含めるものとされる。「言語」は，「音声言語及び手話その他の形態の非音声言語」と定義されている。また，「合理的配慮」を「障害者が他の者と平等にすべての人権及び基本的自由を享有し，又は行使することを確保するための必要かつ適当な変更及び調整であって，特定の場合において必要とされるものであり，かつ，均衡を失した又は過度の負担を課さないもの」とし，この「合理的配慮」の否定も含めて「障害を理由とする差別」であると定義している。
　同条約「第24条教育」では，「障害者の権利を差別なしに，かつ，機会の均等を基

礎として実現するため，次のことを目的とするあらゆる段階における障害者を包容する教育制度及び生涯学習を確保する」としている。その三項において，「(a) 点字，代替的な文字，意思疎通の補助的及び代替的な形態，手段及び様式並びに適応及び移動のための技能の習得並びに障害者相互による支援及び助言を容易にすること」とし，学校教育のそれぞれの段階でこれらの学習が保障されることに言及している。つまり，支援機器（e-AT）による学習支援は特別支援児が教育を受けるうえで，「合理的配慮」であり，教育を受ける権利の一部であると明記しているのである。

「障害者の権利に関する条約」批准にあたって，文部科学省中央教育審議会初等中等教育分科会特別支援教育の在り方に関する特別委員会合理的配慮等環境整備検討ワーキンググループでは，学校教育における「合理的配慮」について詳細な検討を行なってきた。同報告（2012）では，「合理的配慮」の充実を図るうえで「基礎的環境整備」が重要であり，現時点では「（1）ネットワークの形成・連続性のある多様な学びの場の活用，（2）専門性のある指導体制の確保，（3）個別の教育支援計画や個別の指導計画の作成等による指導，（4）教材の確保，（5）施設・設備の整備，（6）専門性のある教員，支援員等の人的配置，（7）個に応じた指導や学びの場の設定等による特別な指導，（8）交流及び共同学習の推進」が課題であると述べられている。

ここで指摘された「（4）教材の確保」を受け，文部科学省障害のある児童生徒の教材の充実に関する検討会（2013）は，障害のある児童生徒の教材の充実について整理している。そこでは「発達障害のある児童生徒が使用する教材等の整備充実」「視覚障害のある児童生徒のための音声教材の整備充実及び高等学校段階の拡大教科書の発行」「様々な障害の状態や特性に応じた教材及び支援機器の充実」「障害の状態や特性に応じた様々なアプリケーションの開発」「情報端末についての基本的なアクセシビリティの保証」等が課題であるとしている。

本項ではこれらを受け，特別支援児に対する支援機器（e-AT）による学習支援について述べる。

2節 アシスティブ・テクノロジーとe-AT

わが国の現行の情報教育の指針について述べた「教育の情報化に関する手引」（文部科学省，2010）では，特別支援児に対する支援機器（e-AT）による支援について，「障害による物理的な操作上の困難や障壁（バリア）を，機器を工夫することによって支援しようという考え方が，アクセシビリティあるいはアシスティブ・テクノロジ

ーである。これは障害のために実現できなかったこと（Disability）をできるように支援する（Assist）ということであり，そのための技術（Technology）を指している」と述べている。さらに「学校教育におけるアシスティブ・テクノロジーは，個々の児童生徒の指導目標や指導内容を記した個別の指導計画に沿って行われることが大切である。それは，単なる機能の代替にとどまらず，教科指導なども含めた様々な学習活動を行う上での技術的支援方策ということになる。」と解説している。

「アシスティブ・テクノロジー（assistive technology：AT）」は，アメリカの考え方や制度をもとにし，アメリカの連邦法IDEA'97により規定され，「デバイス（device）」と「サービス（service）」として定義されている（the U.S. Department of Education, 1997）。「デバイス（device）」は「あらゆる道具・部品・製品システムについて，買ったもの・修正されたもの・カスタマイズされたものに関係なく，障害のある子どもの機能・能力を維持・拡大・向上させるのに用いられる」と記述されている。日本語では「機器」と訳されることが多い「デバイス」であるが，High-Tech機器だけをさしているわけではない。「できること」を増やすための最適な道具であれば，High-TechかNon-Techかは問わない。アメリカのIEPの書類にはさまざまなアシスティブ・テクノロジー・デバイスが書かれている。ベルクロ（マジックテープ）や握りやすいペンなどの文房具まで含むものであり「障害に応じた道具」という意味が大きい（表14-1）。

「サービス（service）」は「アシスティブ・テクノロジー・デバイスの選択や使用をとおして障害のある子どもを直接支援するあらゆるサービスを意味する」と書かれ，以下の六つの領域を含むと定義されている。

①日常環境での利用の評価を含む障害のある子どもの必要性の評価
②購入・貸与・寄付に関係なく障害のある子どもにAssistive Technology Deviceを用意すること
③Assistive Technology Deviceの選択・デザイン・フィッティング・カスタマイズ・適応・利用・修理・維持・交換に関すること

表14-1　アメリカのアシスティブ・テクノロジー・デバイスの分類例

Non-Technology	透明文字盤，シンボルコミュニケーションカード，白杖
Low-Technology	スイッチ・トイ（電動おもちゃ）
Mid-Technology	ラジカセ，ビデオ，テレビ
High-Technology	コンピュータ，さまざまな入出力装置

14章　学習活動における支援機器利用の現状

④他の教育やリハビリテーションにおける指導・治療と連携したAssistive Technologyサービスの調整・利用
⑤障害のある子どもや家族への必要に応じた適切なトレーニングや技術支援
⑥専門家（教育やリハビリテーション・サービスを提供している個人を含む），雇用者，サービス提供者へのトレーニングや技術支援

アシスティブ・テクノロジーの下位概念としてe-AT（electronic and information technology based Assistive Technology）がある。日本語では「電子技術や情報技術をベースにした支援技術（電子情報支援技術）」（e-AT利用促進協会）と訳されている。特別支援児の学習や生活を支援する手段の一つとしてe-ATも選択肢に入ると考えられる。

連邦法IDEA'97以降，アメリカ各州ではIEP（個別化教育計画）にアシスティブ・テクノロジーの項が設けられ，IEP会議で決定された機器やサービスについて学校区には予算措置と実施の義務が生じることとなった。IEPチームはアシスティブ・テクノロジーと特殊教育サービスを受けているすべての子どもたちに対応するアシスティブ・テクノロジー・サービスとコンシダレーション（Consideration：考慮・審議）を行なう必要があると記述された。しかし，同法は何が「コンシダレーション」を構成するか，どんな構成要素がコンシダレーションに含まれるかは規定していない（Watts et al., 2004）。そのため，各州でさまざまなコンシダレーションが実施されている。

表14-2　コンシダレーションの手順例（大杉ら，2009）

1．子どもの実態の確認	2．環境要因の分析	3．当面の目標と将来の目標
資料やビデオ等視聴により子どもの実態の把握を行なう。 ニーズ： 成功事例：	どんな場面で使いたいか： どんな支援をしたいか： 今まで何を利用してきたか： 配慮事項は何か：	当面の目標： 「少しの援助でできるようになること（発達の最近接領域）」は何か。 将来の目標：
4．ブレーンストーミング	5．具体案の絞り込み	6．実施計画の策定
どんな機器を利用すればできるか具体的な場面を考える。 （注意：ブレーンストーミングであり，出されたアイディアに対して評価は行なわない。検討は「5.」で行なう。）	ブレーンストーミング結果を議論し，上位二つのアイディアをあげる。	機器の試用について検討する。いつ・どのように行なうか。

大杉（2009）はアメリカのアシスティブ・テクノロジー・コンシダレーションに関するアセスメントシート（Minnesota Department of Children, Families & Learning, 2003）を邦訳・改良し，試用した（表14-2）。日本でのアセスメントにおいてもこの「チームによる問題解決」手順は有効で，「成功体験」と「配慮事項」を押さえることでより効果的なコンシダレーション結果を生むと報告している。

3節 アシスティブ・テクノロジーとAAC

AACは「Augmentative and Alternative Communication」の略で，日本では「拡大・代替コミュニケーション」と訳される。コミュニケーション確保の方法についての研究や実践をさす。

ASHA（American Speech-Language-Hearing Association, 1989, 1991）の定義を中邑（1998）が要約したものによれば，「AACとは重度の表出障害を持つ人々の形態障害（impairment）や能力障害（disability）を補償する臨床活動の領域を指す。AACは多面的アプローチであるべきで，個人の全てのコミュニケーション能力を活用する。それには，残存する発声，あるいは会話機能，ジェスチャー，サイン，エイドを使ったコミュニケーションが含まれる」とされる。また，中邑は「AACの基本は，手段にこだわらず，その人に残された能力とテクノロジーの力で自分の意志を相手に伝えることであると私は解釈しています。歩けることよりも移動できること，しゃべれることよりもコミュニケーションできることへの価値転換が求められているような気がします。」と述べている。

AACの手法の一つとしてテクノロジーを活用する場合もある。たとえば，VOCA（Voice Output Communication Aid）手法はAAC（発声によるコミュニケーションの代替）であるが，使用する機器（デバイス）はアシスティブ・テクノロジーでもある。このようにAACとアシスティブ・テクノロジーは重なる概念である。

特別支援学校学習指導要領解説自立活動編（文部科学省，2009）では「コミュニケーション手段の選択と活用」について，「話し言葉や各種の文字・記号，機器等のコミュニケーション手段を適切に選択・活用し，コミュニケーションが円滑にできるようにすること」と述べられている。また，「音声言語の表出は困難であるが，文字言語の理解ができる児童生徒の場合は，筆談で相手に自分の意思を伝えたり，文字板，ボタンを押すと音声が出る機器，コンピュータ等を使って，自分の意思を表出したりすることができる」と書かれている。この「ボタンを押すと合成音の言葉が出る器

具，コンピュータを使って意思を表出」とは，一般的にはVOCAと呼ばれるコミュニケーション・デバイスである。わが国においても多くのVOCAが市販され，またタブレットPCのコミュニケーション支援ソフトウェアが普及してきている。

4節 情報機器等の障害者アクセシビリティ

1 オペレーションシステムの障害者アクセシビリティ

アメリカのリハビリテーション法第508条（1998）では，「情報アクセスの技術的障壁を取り除き，身体障害を持つ人でも利用できることを目指すとともに，これらの達成を早めるための技術開発を促進すること」と定めている。政府予算を受けるすべて

表14-3　OS標準のアクセシビリティ機能例（Apple，2017）

視覚障害	ズーム	必要な画面を最大20倍に拡大。
	VoiceOver	画面読み上げ機能。点字ディスプレイに表示。
	音声入力	字を打つ代わりに声で入力。キーボードの代わりに声でコンピュータを操作（Speakable Items機能）。
	コントラストのオプション	コントラストの増減，グレースケールへの切り替え機能。設定した色はシステム全体に適用される。
	カーソルのサイズ変更	弱視者が見やすいサイズにカーソルを変更する。
聴覚障害	クローズドキャプション	黒地に白い文字の読みやすい組み合わせで動画に字幕を表示。
	画面の点滅機能	アプリケーションから何かを知らせる必要があるとき，アラート音を鳴らす代わりに画面をフラッシュのように点滅させて知らせる。
肢体不自由	スローキー	キーボードの感度を調整して，意図したキー入力だけが処理されるようにする。
	スティッキーキー	複数のキーを同時に押す代わりに，一つずつ押した複数のキーを組み合わせてコマンドを実行。効果音とともに押されたキーが画面に表示され，正しいキーが入力されたかどうかを確かめられる。
	マウスキー	マウスやトラックパッドを使うのがむずかしい場合，テンキーでカーソルを操作。
	アクセシビリティキーボード	画面上で選んだキーに対応するキーボードのキーを自動的に認識して，アクセスできるようにする。予測入力やスティッキーキーなどの，入力効率を高める機能も内蔵。
	スイッチコントロール	身体機能に障がいのある人が，一つのボタンだけでコンピュータを操作できるようにする。

の公・私立機関に対して，電子技術や情報技術を改良する際や，新規導入する際や，保守する際や，使用する際に実施するよう義務づけている。そのため，アメリカで販売されるコンピュータ等のオペレーションシステム（OS）はこの条件を満たすように作成されてきた。わが国でも同様の「障害者・高齢者等情報処理機器アクセシビリティ指針」はあるが，罰則項目がなく，努力目標となってきた。近年のOSは多国語対応として作成されるため，米国508条に準じた機能を日本語版ももつようになっている。

　米国508条は，「障害のある従業員や一般市民が政府機関の情報にアクセスする際に，一般人と変わらず操作できるようにしなければならない」と定めている。そのため，OSがアクセシビリティ機能をもち，システム操作全体にわたって利用環境を提供する。それぞれのアプリケーションソフトウェアは，システムのアクセシビリティ機能を利用することで，容易に多様な障害者の利用に対応できるのである。

　たとえば，最新のOS X High Sierra（Apple, 2017）は，視覚障害（弱視・盲），聴覚障害（難聴・聾），肢体不自由（手の操作の制限，スイッチによる操作）に対応したアクセシビリティ機能をもっている（表14-3）。これらの機能は，読字や書字障害のある人にも活用され，効果をあげている。

2　Webサイトの障害者アクセシビリティ

　インターネットを利用することで，人々は広範囲の情報を活用し，学習を深めることができる。さまざまな障害に起因する認知・操作上の困難は，前述のOSやアプリケーションのアクセシビリティ機能によって改善可能であるが，提供されるWeb情報そのものが障害者にとって利用しやすいデータ構造である必要がある。たとえば，画像データだけでは，スクリーンリーダーは「画像が置かれている」ことを示すだけで，視覚障害者にはその画像がどんな画像であるかはわからない。併せて画像について説明した代替の文字情報を用意する必要がある。障害のある人にも対応したWeb情報の提供はWebアクセシビリティと呼ばれ，障害者の情報アクセスにおいて重要な項目となってきている。

　Web技術に関する世界的な標準化団体であるＷ３ＣのWAIは，1999年５月５日にWebアクセシビリティに関する初のガイドラインとして「WCAG 1.0（Web Content Accessibility Guidelines 1.0）」を制定，Web技術の進歩に合わせて改訂を加えた。現在はWCAG 2.0が公表されている。

　「JIS X 8341-3：2010 高齢者・障害者等配慮設計指針――情報通信における機器，ソフトウェア及びサービス――第３部：ウェブコンテンツ」（日本規格協会，2004）はわ

表14-4　ウェブコンテンツに関する要件（JIS X 8341-3：2010）
（ウェブアクセシビリティ基盤委員会，2010）

7.1 知覚可能に関する原則	7.1.1 代替テキストに関するガイドライン 7.1.2 時間の経過に伴って変化するメディアに関するガイドライン 7.1.3 適応可能に関するガイドライン 7.1.4 識別可能に関するガイドライン
7.2 操作可能に関する原則	7.2.1 キーボード操作可能に関するガイドライン 7.2.2 十分な時間に関するガイドライン 7.2.3 発作の防止に関するガイドライン 7.2.4 ナビゲーション可能に関するガイドライン
7.3 理解可能に関する原則	7.3.1 読みやすさに関するガイドライン 7.3.2 予測可能に関するガイドライン 7.3.3 入力支援に関するガイドライン
7.4 頑健性に関する原則	7.4.1 互換性に関するガイドライン

が国の指針を示したものである（表14-4）。

これに加えWebサイトは音声化しやすい構造になっている必要がある。日本では，「Webアクセシビリティ基準」（日本規格協会，2004）が提唱され，国内の多くのサイトがこれに対応するようになってきている。

5節　情報通信機器の発展と普及

情報通信機器（ICT機器）とは，情報にアクセスするための機器・機械（情報用ハードウェアなど）のことをさす。総務省（2012）の調査によると，平成23年の情報通信機器の世帯普及率は，「携帯電話・PHS」が94.5％，スマートフォンを除く保有率は89.4％と報告している。また「パソコン」が77.4％，タブレット型端末が8.5％と報告している（図14-1）。

平成27年度「学校における教育の情報化の実態等に関する調査」（文部科学省，2016）は，学校に導入されたコンピュータ2,969,154台（特別支援学校120,494台）のうち，教育用コンピュータ1,953,484台（特別支援学校44,205台），クラス用コンピュータ456,422台（特別支援学校19,481台）と報告している。このうちタブレット型端末は253,755台（特別支援学校11,752台）で，2013年度調査の約10倍になっている。

特別支援教育現場にも，個別の学習に使用しやすいタブレット型端末が導入され，それらを活用した実践研究がさかんになっている。東京大学先端科学技術研究センタ

IV部 特別支援児の心理とその支援に関するトピックス

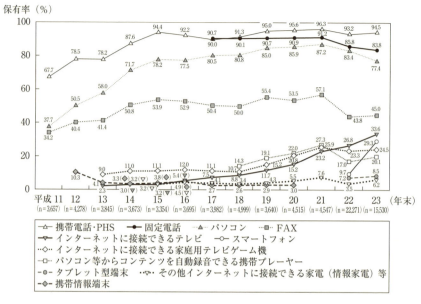

図14-1　情報通信端末の世帯保有率の推移（総務省，2012）

ーらは「魔法のプロジェクト—障害を持つ子どものためのモバイル端末活用事例研究—」（2009）を実施してきた。これはスマートフォンやタブレット型端末等の携帯情報端末を障害のある子どもの自立を支援する研究や啓発活動を共同で行なうプロジェクトである。各障害種別での実践事例を報告しており，携帯情報端末活用のひろがりを示している。

なお，文部科学省の教育の情報化事業ではデジタル教科書の普及にも力点が置かれている。電子黒板と併せて使用することで，子どもたちの学習を支援する。2016年の整備率は42.8%で，その内訳は小学校48.4%，中学校47.1%，高等学校10.2%，中等教育学校30.2%，特別支援学校10.9%であり，小中学校の整備が先んじている（文部科学省，2016）。

6節　障害に応じたe-AT活用と学習支援

1 盲児・弱視児

盲児・弱視児のe-AT活用は，視覚を活用できる弱視の場合と，視覚を活用できな

い全盲の場合に分けられる。コンピュータを操作する際、弱視の場合は文字や画面の拡大、ハイコントラスト設定、大型ディスプレイ等を利用して見えにくさを補う。全盲の場合はキーボードショートカットや6点入力を使用し、OSの画面読み上げ機能やスクリーンリーダー（音声化ソフト）による音声出力、点字ディスプレイによる触覚出力を利用する。また、スキャナと音声出力をあわせて利用することで活字の文章を音声で読み上げたり、「詳細読み」を活用することで、全盲の人が漢字かな混じり文章を作成することができる。画面読み上げ機能は、全盲の人だけでなく、小さい文字を読むことが困難な弱視の人にも補助手段として有効である。

画面読み上げ機能やスクリーンリーダーは大人の利用を想定して作成されたものである。そのため、「詳細読み（単語読み）」において難解な語が使用され、小学生が利用するにはむずかしい場合がある。渡辺ら（2007）は日本語スクリーンリーダーの詳細読みについて小学生の聞き取りを調査・分析し、小学生にわかりやすい詳細読み語彙の必要性を提案した。また、荒田ら（2011）は漢字の形を正確に知りたいという視覚障害者の要望を受け、漢字を言葉で伝える「構成読み」を提案している。この「構成読み」は、漢字を構成する複数の部品とその位置関係で漢字の形を表わすもので、学習障害児等の漢字の学習で使用される方法と類似している。

弱視児のe-AT活用では、近年タブレット端末の利用がめざましい。氏間と木内（2012）はタブレット端末のズームや色反転機能を利用した近見用拡大読書器としての使用について報告している。また、「日用視野測定ツール」を開発、タブレット端末を教育的視機能評価ツールとして活用することを提案している。

2 聾児・難聴児

前述の「中央教育審議会初等中等教育分科会特別支援教育の在り方に関する特別委員会合理的配慮等環境整備検討ワーキンググループ」では聴覚障害に関する学校における配慮事項について、聴覚障害に起因する情報不足を補う指導の工夫が必要だと述べている。

難聴児の聴覚を補償するためには適切な音声の増幅が必要であり、デジタル補聴器が活用される。また、必要な音声を直接補聴器にFM電波で送る補聴器援助システムは、より聞き取りやすい音声情報を送ることができる。

テレビ放送やビデオ映像等においては字幕や手話の挿入等の活用がされてきた。映像情報のデジタル化に伴い、日本語字幕が容易に利用できるようになっている。

要約筆記は従来の手書きによるものに対し、パソコン要約筆記が増加してきている。手書きによる要約筆記に比べ、パソコン入力は機器が必要であるが、キーボード

入力ができる人が容易に支援に参加することが可能である。白澤（2008）はICTを用いた聴覚障害学生支援の現状と課題について整理し，大学ではパソコン要約筆記が普及しており，今後は遠隔支援や全文入力型のサービス，音声認識技術の活用が期待できると述べている。

聾児・難聴児の言語力やコミュニケーションの意欲を高めるため，手話を用いたネットワーク会議，メールによる交流やSNS（ソーシャル・ネットワーク・システム）への参加など，他者との交流が行なわれている。携帯電話の画像やテキスト情報，メール等は音声による電話の使用が困難な聴覚障害児にとって，社会自立を充実させるためにも欠かせないものとなっている。

3 病弱・虚弱児

病気で入院する障害児は，家族と離れ長期間の入院生活が続き，学習等の遅れが生じていることも少なくない。これらを補うものとしてe-AT活用が行なわれる。自学自習できるソフトウェアを活用し，自分の不得意な教科や単元の克服のために役立てられる。

インターネットを活用することで，分教室，地域の学校や前籍校と共同で学習を進めることやお互いに意見を交流しあうことが可能となり，少人数での学習を補完することができる。また，電子メールや電子掲示板を活用して多くの友達と交流することが可能である。TV会議システムは，遠隔地にいる相手と顔を見ながらリアルタイムに話ができる。本校と分教室を接続したり，前籍校等と接続することで教科学習や学級会などでの学習が可能となるほか，感染予防などのために大きな集団への参加に制限がある病弱・虚弱児への取り組みにも利用される。

4 肢体不自由児

肢体不自由を補うため，さまざまなe-AT活用が行なわれる。適当な入力装置や補助ソフトウェアを用意（フィッティング）することで障害を補填することが可能となる。腕や手にまひなどの障害がある肢体不自由児は通常のキーボードとマウスでは操作がむずかしいが，OS標準の機能を利用して，キーリピートを制限したり，キーの同時入力を代替したり，マウス操作の代替が行なわれる。さらにさまざまなスイッチ等のアシスティブ・テクノロジー・デバイスを使用することで，より個に応じた利用が可能になる。文字入力の方法もア行・カ行…と行を特定し，次に列を特定するスキャン方式の支援機器が数多く登場し，一つのスイッチで文字入力のみならずコンピュータの操作全般ができるようになってきたことで，それらを生かした教育実践が日常

的になりつつある。現在も，障害に応じたさまざまな機器やソフトウェアが開発され，その利用実践が蓄積されている。

巖淵ら（2013）は，重度の障害がある人の手や体，顔（目や口）の小さな動きを画像センサーで検出し，スイッチ操作を可能とする技術「OAK（Observation and Access with Kinect）」を開発した。動きをログ（履歴）として保存することで，これまで気づきにくかった子どもの小さな動きや変化の理解にも役立てられることを報告している。

知的障害を伴う肢体不自由児の音声代替コミュニケーションには，シンボル選択による入力支援が利用される。佐原と大杉（2005）は，シンボルかな混じり文によるコミュニケーションエイドを提案した。

吉田ら（2011）は障害者向けソフトウェアの開発において，人間中心設計のプロセスとアジャイル開発手法（プロセスやツールよりも個人との対話，包括的なドキュメントよりも動くソフトウェア，契約交渉よりも顧客との協調，計画に従うことよりも変化への対応）を組み合わせることで，よりよいソフトウェアの開発につながると述べている。家庭や学校現場と開発現場をうまく結びつけることが必要である。

知的障害を伴う肢体不自由児に対する数の指導で佐原（2004）は教師の働きかけの有無に着目し，教師が主導した場合，成績そのものは優れているが本人は自分だけで答えを選択できる方法を望んでいる事例研究を報告した。そこでは，以下のことをあげている。

①知的な発達の遅れを伴う肢体不自由児も，自分だけで操作を行なうことができる。支援機器を取り入れたコンピュータ利用教育は，本人の意欲の点からも重要である。しかし，そのことを十分に生かすためには指導者の声かけなどによる介入が必要である。
②支援機器やコンピュータを利用した学習では指導者は本人の意欲を大切にし，指示やヒントを必要以上に与えない配慮が必要である。
③支援機器を重度ないし重複の障害をもつ肢体不自由児に適用する際には，本人の随意に動く部位や可動域に対しての最適化だけでなく，ソフトウェアなどの反応時間の最適化が重要になる。

認知発達に重度の障害がある場合でも，AACの一つの方法として，アクション＝リアクションの関係に着目させやすいスイッチ・トイを使うことにより子どもの自己表現が高まることが知られている。具体的な実践事例は肢体不自由教育におけるAAC利用の実践と普及で古くから活動しているマジカルトイボックス（2005）が多

数報告している。

5 学習障害児

　全般的に知能発達に遅れはないが，「聞く」「話す」「読む」「書く」「計算する」「推論する」能力のうち特定の能力に著しい困難を示す学習障害児は，それぞれの弱い部分を補う方法としてe-ATが活用される。コンピュータやタブレット端末が普及した現在は，「読む」「書く」の支援を中心に先進的な実践が行なわれている。

　文部科学省（2010）は「教育の情報化の手引き」の中で，読字や意味把握の困難さに対して，視覚的にわかりやすく理解しやすい情報機器の活用として，教科書準拠デジタルコンテンツの利用をあげている。また，読字の支援として，文章を音声朗読しているところが自動的に反転表示されるコンピュータ録音教材等を例示している。

　水内ら（2007）は，読み困難児に対して，視覚障害者用デジタル図書から発展したマルチメディアDAISY教材を用いた指導実践についてその効果を報告している。一方，金森ら（2010）は，マルチメディアDAISY教材について教材の種類も研究事例も少ないと述べている。高橋ら（2012）はデジタル教科書端末ソフトを開発,授業に導入することで読み困難児の読解成績の向上がみられたと報告している。同ソフトはタブレット端末を使用し，マルチメディアDAISY同様のハイライト機能に加え，拡大機能，学習者の操作パターンのログをとる機能を有し，個に応じたより細やかな支援が可能である。

　「教育の情報化の手引き」では，手書きの書字の困難さがある児童生徒についてノート型のコンピュータの利用を例示している。成田ら（2006）は書字の困難な児童に対して，タブレット端末上で動作する教材を開発した。漢字やひらがな学習や点つなぎ課題，線なぞり課題，迷路課題などの協調運動を促進する教材の効果を報告している。

　「学習における合理的配慮研究アライアンス」（DO-IT Japan，2007）は書字の困難を軽減するため，パソコンのワープロ文章作成，「Microsoft Visio」の「ブレーンストーミング」テンプレートの使用による思考の整理・表現する事例を報告している。また，これらの情報機器を大学受験の際も「合理的配慮」として使用が認められることを提唱している。そのため東京大学先端科学技術研究センターと日本マイクロソフトは，日本語入力時に変換候補として表示された漢字がすべて保存（ロギング）され，受験生が試験中に適切にパソコンを利用していたかどうかを，試験後に確認することができる「Lime（ライム）」を開発している。

6 自閉症児

　自閉症児に対する教育でも支援機器の利用が広く行なわれるようになってきている。知的障害特別支援学校に在籍する自閉症児は，自閉症スペクトラム（Autistic Spectrum Disorder，以下ASDと略記）の中でも一般的にカナータイプと呼ばれる知的障害を伴う児童生徒がほとんどである。TEACCHに代表される応用行動分析を基礎とした療育・指導法が今日は主流であるが，以前は受容的交流療法や動作法（心理リハビリテーション）に代表される心理療法が主流で，こちらも多くの成果を上げてきた。つまり，ASD児といっても，それぞれに対する指導法も多様で統一した指導法はない。ただし，カナータイプの場合，知的障害の発達や認知・行動の特性を考慮に入れて指導を行なうことは，ASD児による学習のむずかしさに対しても，有効な手段となりうる。例として，知的障害児の学習心理学では以前から硬さ（rigidity）として知られている現象，つまり成功体験として学習が成立した事項について固執し，他の条件が変わってもその後の変更がむずかしいことが知られている。しかし，喜多尾ら（1986）は，学習への適切な手がかりを用意することを，清野ら（2003）は経年的反復的な継続的指導を行なうことにより，移行学習や逆転移行学習などの面で成果がみられることを報告している。そして，ASD児の特徴の一つにも硬さがある。中度知的障害を伴うカナータイプのASD児に対して，知的障害児の研究領域で明らかにされた知見は有効性があると考えられる。以下，具体例をあげる。ASD児は時間の概念を学ぶことが苦手で，そのため，ある1日の行動パターンを習得するとその変更がむずかしく，行事などで本人の予想と異なる日課になると適応できずパニック行動になるなどの場合が多いことが知られている。ASD児が自律した生活を行なっていくためには，スケジュールの自己管理とそれを支えるタイムエイドが有効であることを熊谷（2001）は指摘している。タイムエイドは自らの時間と対社会的な時間の摺り合わせを行なう道具としての側面をもっており，社会の中で自律・自立した生活を送るための手段として必要である。実施にあたっては「誰にとって必要なのか」ということを指導者が常に留意することが必要である。指導者側が一方的にスケジュールを押しつけるために，選択の余地を与えないスケジュールを，タイムエイドをとおしてASD児に適用するのは逆効果であるだけでなく，ASD児の硬さを考慮に入れたならば，その後は支援技術を導入できなくなる危険さえある。つまり支援技術の利用自体を拒否するようになるのである。

　熊谷はこれらを踏まえたうえでタイムエイドを利用し，児童が遊びなどで自由に過ごす時間と学校の日課（スケジュール）を合わせる際の時間的手がかりに使用し有効であった。当初は専用のタイムエイド機器を用いたが，それらを手がかりにすること

を学習した時点で，指導を行なった生徒（中度知的障害を伴う）は，時計などの一般的なものを手がかりに時間を調整できるようになった。逆に，次に待つスケジュールに対して時間が接近してくるという感覚を養うためには，通常のタイマー系のタイムエイドではむずかしかった。このことは，一人ひとりの個性に応じた指導が必要であるということと同様に，学習場面に応じた機器の選定も重要になることを示唆している。また，この実践ではスケジュール管理にPDA（Personal Digital Assistant，具体的な製品としては「電子手帳」など）を用いている。持ち運びの便利さやさまざまな種類のファイル（音声・画像）を同時に扱うことができる点から，シンボル等の理解がある対象児に対して有効であったことを報告している。

7 高次脳機能障害

　事故や小児性脳梗塞などの後遺症により，長期記憶の保持が著しく困難になる高次脳機能障害児の在籍が病院やリハビリテーションセンター併設の病弱・肢体不自由特別支援学校で増加している。この障害に対する支援機器の研究例はまだ数が少ないが，自分の名前を正しい順序で入力することが困難な高次脳機能障害児に対する佐原（2004）の実践研究では，JIS配列キーボードを利用することが困難な生徒に携帯電話型50音配列のキーボードを利用し，さらに前段階として50音配列を携帯電話と同様の4段に配置する事前訓練を行なうことで正しい文字入力に要する時間が大幅に短縮されたことを報告している。

8 知的障害児

　今まであげた障害種ではAACに基づいて支援機器を利用することが容易である。しかし，知的障害児に対してはAACという切り口ではむずかしいことを佐原（2001）は指摘している。これまで知的障害特別支援学校においてコンピュータを利用した教育が普及しなかった理由として，佐原は以下のことを指摘した。

①教育内容が経験中心主義であるためコンピュータが敬遠される。
②導入が行政主導の横並びであるため必要度の軽重が無視されている。
③教科「情報」と混同されている。
④具体的な活用方法がわからないため認知発達の高い児童生徒のみを対象としてドリル学習的に利用する。
⑤インターネットなど流行に左右されている。
⑥学校や教職員間で情報格差がある。

⑦市販ソフトウェアでは知的障害児を対象にした場合限界がある。
⑧自作ソフトウェアそのものが限界性をもっている。

　教育の情報化が進んだ現在，学校間格差はあるが，知的障害教育のe-AT活用は進んできている。たとえば，知的障害児の日常生活の指導では，写真やシンボルを活用したコミュニケーションカードやスケジュール提示，振り返り学習，VOCAやタイムエイドを利用した個別の支援が普及している。個別の学習においては，市販や自作の教材ソフトが利用され，課題や興味関心に応じた効果的な学習が実施される。

　佐竹と安永（1993）は自動販売機の操作シミュレーションをコンピュータ上で行なった。この結果，これを使った指導以前には財布に入っているすべての硬貨を入れていた対象児が，指導後は正しい金額ではないものの数枚の硬貨を投入するという変化がみられたことを報告している。「お金は数枚」という法則を自ら導き出したわけで，被験児のIQが18および測定不能であることを考えると極めて有効性の高い支援機器利用の例といえる。

　また，言葉遊びの学習ソフトウェアで言葉の聞き分けなどの課題に複数が協力して正答を導き出す，自分が覚えたコンピュータや学習ソフトウェアの操作方法を他の生徒がわからずに困っている際に自発的に教えるなど対人関係でのコミュニケーションの高まりを示唆するような事例も実践現場では多くみることができる。

　タブレット端末は，安価で直感的に操作できるデバイスとして注目され，多くの学校現場から，その活用事例が報告されている。また，VOCAソフトウェアをインストールすることで，比較的安価な高機能VOCAとして利用することもでき，個人の長期使用も行なわれている。佐原（2012）はこれまで知的障害が重く，一人での操作がむずかしかった生徒がタブレット端末を使用することで，一人で集中して利用できたことを報告している。

　坂井ら（2012）は，自閉症と知的障害のある児童に対して携帯電話の情報端末機能を用いて買い物の指導を行なった。これまでは，紙の手順表では困難であった一連の買い物行動が，携帯電話の情報端末機能により形成されたと報告している。

　インターネットを利用した学習では，調べ学習のほか，BBS（電子会議システム）ソフトや電子メール，TV会議システムを使って交流学習や共同学習を行なう取り組みがなされてきた。大杉（2013）は校内電子掲示板の記述を追うことで，高等部生徒・勤労青年の在学期から職業生活に至る思考の変化について検証している。知的障害児にとっても電子情報ネットワークは継続したコミュニケーションを行なう道具として定着してきている。

引用文献

■1章
文部科学省　2003　特別支援教育の在り方に関する調査研究協力者会議「今後の特別支援教育の在り方について（最終報告）」

■2章
水谷　徹　1980　第3章障害児の病理　藤永　保・三宅和夫・山下栄一・依田　明・空井健三・伊沢秀而（編）　障害児心理学　有斐閣

Pinel, J. P. J.　2003　*Biopsychology*.　Person Education Inc.　佐藤　敬ほか（訳）　2005　ピネルバイオサイコロジー　西村書店

杉江陽子・杉江秀夫　2004　発達障害と遺伝　原　仁（編）　発達障害医学の進歩16　診断と治療社

津本忠治　1986　脳と発達　朝倉書店

■3章
藤田和弘　1988　子どもを生かす診断・評価と指導　脳性マヒ児の教育, 60, 2-5.

藤田和弘　1996　障害児・者教育心理学研究の現状と課題―実践研究に焦点を当てて―　教育心理学年報, 35, 117-126.

藤田継道・富永良寿・井上雅彦　1994　「指導」に関する研究の動向―精神遅滞・自閉症・運動障害・重度重複障害部門について―　教育心理学年報, 33, 120-131.

堅田明美　1980　研究法と研究領域　藤永保他（編著）　障害児心理学　テキストブック心理学(8)　有斐閣

Luria, A. R.　1963　Psychological studies of mental deficiency in the Soviet Union. In N.R. Ellis(Ed.), *Handbook of mental deficiency*.　New York: McGraw-Hill.　Pp.353-387.

梅谷忠勇　2002　知的障害の概要と判断・状態把握―障害の意味・診断―　梅谷忠勇・堅田明義（編著）　知的障害児の心理学　田研出版

梅谷忠勇　2004　図解 知的障害児の認知と学習―特性理解と援助―　田研出版

Zeaman, D., & House, B. J.　1963　The role of attention in retardate discrimination learning. In N. R. Ellis(Ed.), *Handbook of mental deficiency*.　New York: McGraw-Hill.　Pp.160-164.

Zigler, E., & Balla, D.　1982　*Mental retardation: The developmental-difference controversy*.　Hillsdale, NJ: Lawrence Erlbaum Associates.　田中道治・清野茂博・松村多美恵（訳）　1990　精神遅滞とはなにか―発達―差異論争―　上下　明治図書

■4章
Bangerter, von P.-D. A.　1955　*Amblyopiebehandlung* (2nd edition).　New York: Karger.

便利グッズサロン　2002　見えない・見えにくい人の便利グッズファイル　大活字

Blackmore, C., & Cooper, G. F.　1970　Development of the brain depends on visual environment.　*Nature*, **228**, 477-478.

Fielder, A. R., Best, A. B., & Bax, M. C. O. (Eds.)　1993　*The management of visual impairment in childhood*.　London: Mac Keith Press.

学生支援機構　2013　平成24年度(2012年度)大学，短期大学及び高等専門学校における障害のある学生の修学支援に関する実態調査結果報告書

五十嵐信敬　1993　視覚障害幼児の発達と指導　コレール社

池尻和良　2005　小・中学校の通常の学級に在籍する弱視児童生徒に係る調査について　弱視教育, **43**(3), 1-2.

稲本正法・小田孝博・岩森広明・小中雅文・大倉滋之・五十嵐信敬　1995　教師と親のための弱視レンズガイド

コレール社
猪平眞理　2010　乳幼児期における支援　香川邦生　2010　四訂版　視覚障害教育に携わる方のために　慶応義塾大学出版会　Pp.206-241.
香川邦生　2010　四訂版　視覚障害教育に携わる方のために　慶応義塾大学出版会
香川邦生　2013　障害のある子どもの認知と動作の基礎支援—手による観察と操作的活動を中心に—　教育出版
柿澤敏文　1999　視覚認知の発達とその阻害要因　大川原潔・香川邦生・瀬尾政雄・鈴木　篤・千田耕基（編）　視力の弱い子どもの理解と支援　教育出版　Pp.71-86.
柿澤敏文　2007　視覚障害の生理学　宮本信也・竹田一則（編）　障害理解のための医学・生理学　明石書店　Pp.203-256.
柿澤敏文　2012　全国視覚特別支援学校及び小・中学校弱視特別支援学級児童生徒の視覚障害原因等に関する調査研究—2010年調査—　筑波大学人間系障害科学域
厚生労働省　2008　平成18年身体障害児・者実態調査結果
厚生労働省　2013　平成23年生活のしづらさなどに関する調査（全国在宅障害児・者等実態調査）結果
共用品推進機構　2001　弱視の人に出合う本　小学館
文部科学省　2013　特別支援教育資料（平成24年度）
大内　進　2001　全盲児の触図模写とハプティック知覚　日本特殊教育学会第39回大会発表論文集　p.260.
佐藤泰正　1988　視覚障害心理学　学芸図書
佐藤泰正　1991　視覚障害学入門　学芸図書
視覚障害リハビリテーション協会　2003　視覚障害者のための情報機器&サービス2004　大活字
鳥居修晃・望月登志子　2000　先天盲開眼者の視覚世界　東京大学出版会
鳥山由子　2003　視覚障害児の教育　中村満紀男・前川久男・四日市章（編）　理解と支援の障害児教育　コレール社　Pp.55-70.
WHO (World Health Organization)　2001　*International Classification of Functioning, Disability, and Health*.　障害者福祉協会（編）　2002　ICF国際生活機能分類—国際障害分類改訂版—　中央法規
山本利和　1993　視覚障害者の空間認知の発達　二弊社
全国盲学校長会（編）　2000　視覚障害教育入門Q&A　ジアース教育新社
全国盲学校長会　2012　視覚障害教育の現状と課題—平成23年度年報—　第51巻　全国盲学校長会

■5章

Ahissar, M.　2007　Dyslexia and the anchoring-deficit hypothesis. *Trends in Cognitive Sciences*, 11(11), 458-465.
天野　清　1986　子どものかな文字の習得過程　秋山書店
American Association on Intellectual and Developmental Disabilities　2010　*Intellectual disability: Definition, classification, and systems of supports* (11th ed.).
American Psychiatric Association　1994　*Quick Reference to the Diagnostic Criteria from DSM-Ⅳ*.　高橋三郎・大野　裕・染谷俊行（訳）　1995　DSM-Ⅳ精神疾患の分類と診断の手引き　医学書院
American Psychiatric Association.(Ed.)　2000　*Diagnostic and statistical manual of mental disorders Fourth Edition Text Revision: DSM-Ⅳ-TR*.　高橋三郎・大野　裕・染谷俊幸（訳編）　2004　DSM-Ⅳ-TR精神疾患の診断・統計マニュアル新訂版　医学書院
American Psychiatric Association　2013　*Diagnostic and Statistical Manual of Mental Disorders*: Fifth Edition. American Psychiatric Publishing.　日本精神神経学会（監修）高橋三郎・大野　裕（監訳）染矢俊幸・神庭重信・尾崎紀夫・三村　將・村井俊哉（訳）　2014　DSM-5　精神疾患の診断・統計マニュアル　医学書院
Arnold, L. E., Abikoff, H. B., Cantwell, D. P., Conners, C. K., Elliott, G., Greenhill, L.L., Hechtman, L., Hinshaw, S.P., Hoza, B., Jansen, P. S., Kraemer, H. C., March, J. S., Newcorn, J. H., Pelham, W. E., Richters, J. E., Schiller, E., Severe, J. B., Swanson, J. M., Vereen, D., & Wells, K. C.　1997　National Institute of Mental Health Collaborative Multimodal Treatment Study of Children with ADHD (the MTA).　Design challenges and choices.　*Archives of*

General Psychiatry, **54**, 865-870.

Asperger, H. 1944 Die "Autistischen Psychopathen" im Kindesalter. *Archiv für Psychiatrie und Nervenkrankheiten*, **117**, 76-136. 高橋隆郎・M. ラター・E. ショブラー(編) 2000 小児期の自閉の精神病質 自閉症と発達障害 研究の進歩, 4, 30-68.

Baddeley, A. 1986 *Working memory*. Oxford, UK: Oxford University Press.

Baren, M., & Swanson, J. M. 1996 How not to diagnose ADHD. *Contemporary Pediatrics*, **13**, 53-64.

Barkley, R. A.(Ed.) 1997 *ADHD and the nature of self-control*. Guilford Press.

Barkley, R. A.(Ed.) 1998 *Attention-deficit hyperactivity disorder: A handbook for diagnosis and treatment second edition*. Guilford Press.

Barkley, R. A., Fischer, M., Edelbrock, C. S., & Smallish, L. 1990 The adolescent outcome of hyperactive children diagnosed by research criteria: I. An 8-year respective follow-up study. *Journal of the American Academy of Child and Adolescent Psychiatry*, **29**, 546-557.

Baron-Cohen, S., & Bolton, P. 1993 *Autism: The facts*. London: Oxford University Press. 久保紘章・古野晋一郎・内山登紀夫(訳) 1997 自閉症入門 中央法規出版

Biederman, J., Newcorn, J., & Sprich, S. 1991 Comorbidity of attention deficit hyperactivity disorder with conduct, depressive, anxiety, and other disorders. *American journal of Psychiatry*, **148**(5), 564-577.

Boden, C., & Giaschi, D. 2009 The role of low-spatial frequenxies in lexiacal decision and masked priming. *Brain and Cognition*, **69**, 580-591.

Bolton, P. 1994 A case-control family history study of autism. *Journal of Child Psychology and Psychiatry*, **35**, 877-900.

Brandeis, D., van Leeuwen, T. H., Rubia, K., Vitacco, D., Steger, J., Pascual-Marqui, R. D., & Steinhausen, H. C. 1998 Neuroelectric mapping reveals precursor of stop failures in children with attention deficits. *Behavioral Brain Research*, **94**, 111-123.

Broadwin, I. T. 1932 A contribution to study of truancy. *American Journal of Orthpsychiatry*, **2**, 253-259.

Campione, J., Hyman, L., & Zeaman, D. 1965 Dimensional shift and reversals in retardate discrimination learning. *Journal of Experimental Child Psychology*, **2**, 255-263.

Castellanos, F. X., Markus J. E., Kruesi, J. P., Marsh, W. L., Gulotta, C. S., Potter, W. Z., Ritchie, G. F., Hamburger, S. D., & Rapoport, J. L. 1996 Cerebrospinal fluid homovanillic acid predicts behavioral response to stimulants in 45 boys with attention deficit/hyperactivity disorder. *Neuropsychopharmacology*, **14**, 125-137.

Cline, T., & Baldwin, S. 1994 *Selective mutism in children*. London: Whurr Publishers.

Dehaene, S., Spelke, E., Pinel, P., Stanescu, R., & Tsivkin, S. 1999 Sources of mathematical thinking: Behavioral and brain-imaging evidence. *Science*, **284**, 970-974.

DuPaul, G. J., & Stoner, G. 2003 *ADHD in the schools: Assessment and intervention strategies*. 2nd ed. Guilford Press. 田中康雄(監修)森田由美(訳) 2005 学校のなかのADHD アセスメント・介入方法の理論と実践 明石書店

Elhers, S., & Gillberg, C. 1993 The Epidemiology of Asperger's syndrome: A total population study. *Journal of Child Psychology and Psychiatry*, **34**, 1327-1350.

Ellis, N. R. 1970 Memory processes in retardates and normals. In N. R. Ellis(Ed.), *International review of research in mental retardation*, 4, New York: Academic Press.

Ernst, M. 1996 Neuroimaging in Attention-Deficit / Hyperactivity Disorder. In G.R. Lyon & J.M. Rumsey(Eds.), *Neuroimaging: A Window to the Neurological Foundations of Learning and Behavior in Children*. Paul H. Brookes. Pp.95-117.

Fisher, M. A., & Zeaman, D. 1970 Growth and decline of retardate intelligence. In N. R. Ellis(Ed.), *International review of research in mental retardation*. 3. New York:Academic Press.

Folia, V., Udden, J., Forkstam, C., Ingvar, M., Hagoort, P., & Peterson, K. M. 2008 Implicit learning and dyslexia.

Annals of the New York Academy of Sciences, 1145(1), 132-150.

Folstein, S., & Rutter, M. 1977 Infantile autism: a genetic study of 21 twin pairs. *Journal of Child Psychology and Psychiatry*, 18, 297-321.

Frith, U. 1989 *Autism : Explaining the enigma*. Oxford: Blackwell. 富田真紀・清水康夫(訳) 1991 自閉症の謎を解き明かす 東京書籍

藤吉昭江・宇野 彰・川崎聡大・田口智子・春原則子・福島邦博 2010 漢字書字困難児における方法別の書字訓練効果：単語属性条件を統制した単語群を用いた検討 音声言語医学, 51(1), 12-18.

Gallagher, J. J., & Lucito, L. J. 1961 Intellectual patterns of gifted compared with average and retarded. *Exceptional Children*, 27, 479-482.

Gathercole, S. E., Alloway, T. P., Willis, C., & Adams, A-M. 2006 Working memory in children with reading disabilities. *Journal of Experimental Child Psychology*, 93, 265-281.

Gathercole, S. E., & Alloway, T. P. 2008 *Working memory and learning*. Sage Publications. 湯澤正通・湯澤美紀(訳) 2009 ワーキングメモリと学習指導―教師のための実践ガイド― 北大路書房

Gaub, M., & Carlson, C. L. 1997 Behavioral characteristics of DSM-Ⅳ ADHD subtypes in a school-based population. *Journal of Abnormal Child Psychology*, 25, 103-109.

Gerjuoy, I. P., & Spitz, H. H. 1966 Associative clustering in free recall.: Intellectual and developmental variables. *American Journal of Mental Deficiency*, 70, 918-927.

Gillberg, C. 2002 *A Guide to Asperger Syndrome*. Cambridge: Cambridge University Press. 田中康雄(監訳) 森田由美(訳) 2003 アスペルガー症候群がわかる本―理解と対応のためのガイドブック― 明石書店

Gillberg, C., & Rastam, M. 1992 Do some cases of anorexia nervosa refect underlying autistic-like conditions? *Behavioural Neurology*, 5, 27-32.

Green, W.H., Campbell, M., Hardesty, A.S., Grega, D.M., Padron-Gaynor, M., Shell, J., & Erlenmeyer-Kimling, L. 1984 A Comparison of Schizophrenic and autistic children. *Journal of the American Academy of Child and Adolescent Psychiatry*, 23, 399-409.

Geurts, H. M., Verte, S., Oosterlaan, J., Roeyers, H., & Sergeant, J. A. 2004 How specific are executive functioning deficits in attention deficit hyperactivity disorder and autism? *Journal of Child Psychology and Psychiatry*, 45(4), 836-854.

Gunter, H. L., Ghaziuddin, M., & Ellis, H. D. 2002 Asperger syndrome: tests of right hemisphere functioning and interhemispheric communication. *Journal of Autism and Developmental Disorders*, 32(4), 263-81.

星野仁彦・栗田征武 1995 学習障害を伴う登校拒否児の病像特徴 小児の精神と神経, 35, 285-297.

星野仁彦・八島祐子・熊代 永 1992 学習障害・MBDの臨床 新興医学出版社

Howlin, P., & Moore, A. 1997 Diagnosis in Autism: A Survey of Over 1200 Patients in the U.K.. *Autism: The International Journal of Research and Practice*, 1, 135-162.

Howlin, P., Baron-Cohen, S., & Hadwin, J. 1999 *Teaching Children with Autism to Mind-read: A practical Guide*. Chichester: John Wiley & Sons.

伊藤一美 1999 学習障害児に見られる算数文章題におけるつまずき LD―研究と実践, 7(2), 80-89.

伊藤一美 2001 数概念の発達からみた算数障害 LD―研究と実践, 7(2), 80-89.

Ives, M., & Munro, N. 2002 *Caring for a Child with Autism: A Practical Guide for Parents*. London:Jessica Kingsley Publishers.

岩坂英巳・中田洋二郎・井潤知美 2004 ADHD児へのペアレント・トレーニングガイドブック 家庭と医療機関・学校をつなぐ架け橋 じほう

Johnson, A. M., Falstein, E. I., Suzurek, S. A., & Svendsen, M. 1941 School phobia. *American Journal of Orthopsychiatry*, 11, 702-711.

Johnson, D. J., & Myklebust, H. R. 1964 *Learning Disabilities: Educational principles and practices*. Grune & Stratton. 森永良子・上村菊朗(訳) 1975 学習能力の障害 日本文化科学社

上林靖子・齊藤万比古・北道子(編)　2003　注意欠陥/多動性障害―AD／HD―の診断・治療ガイドライン　じほう

Kanner, L.　1943　Autistic disturbances of affective contact.　*Nervous child*, **2**, 217-250.

Kendler, H. H., & Kendler, T. S.　1959　Reversal and nonreversal shifts in kindergarten children.　*Journal of Experimental Psychology*, **58**, 56-60.

Kendler, H. H., & Kendler, T. S.　1962　Vertical and horizontal processes in problem solving.　*Psychological Review*, **69**, 1-16.

Kendler, T. S.　1964　Verbalization and optional reversal shifts among kindergarten children.　*Journal of Verbal Learning and Verbal Behaviour*, **3**, 428-436.

Kendler, T. S., & Kendler, H. H.　1970　An ontogeny of optional shift bahavior.　*Child Development*, **41**, 1-27.

喜多尾哲・梅谷忠勇　1983　精神薄弱児の弁別逆転学習における言語命名および言語化の効果　特殊教育学研究, **20**, 18-24.

喜多尾哲・梅谷忠勇・堅田明義　1996　中度精神遅滞児の弁別逆転学習における過剰訓練の効果　特殊教育学研究, **34**, 1-8.

喜多尾哲・梅谷忠勇・生川善雄　1986　中・軽度精神薄弱児の弁別逆転学習に関する研究―手がかり言語化訓練条件の違いによる検討―　日本特殊教育学会第24回大会発表論文集, 210-211.

小池敏英・窪島努・雲井未歓　2004　LD児のためのひらがな・漢字支援―個別支援に生かす書字教材―　あいり出版

小池敏英・雲井未歓・渡辺健治・上野一彦　2002　LD児の漢字学習とその支援――人ひとりの力をのばす書字教材―　北大路書房

行動障害児(者)研究会　1989　強度行動障害児(者)の行動改善および処遇のあり方に関する研究　財団法人キリン記念財団

熊谷恵子　2002　LDのある子どもの算数学習の特徴と指導(1) LD＆AD/HD, **3**, 54-57.

熊谷恵子　2003　LDのある子どもの算数学習の特徴と指導(2) LD＆AD/HD, **4**, 54-57.

Lallier, M., Donnadieu, S., & Valdois, S.　2013　Investigating the role of visual and auditory search in reading and developmental dyslexia. *Frontiers in Humnan Neurosicience*, **7**, 1.

Laycock, R., & Crewther, S. G.　2008　Towards an understanding of the role of the "magnocellular advantage" in fluent reading. *Neuroscience and biobehavioral Reviews,* **32**, 1494-1506.

Leary, M., & Hill, D.　1996　Moving On: Autism and Movement Disturbance.　*Mental Retardation*, **34**(1), 39-53.

LeCouteur, A., Bailey, A., Goode, S., Pickles, A., Robertson, S., Gottesman, I., & Rutter, M.　1996　A broader phenotype of autism: the clinical spectrum in twins.　*Journal of Child Psychology and Psychiatry and Allied Disciplines*, **37**, 785-801.

Losier, B. J., McGrath, P. J., & Klein, R. M.　1996　Error patterns on the continuous performance test in non-medicated and medicated samples of children with and without ADHD: A meta-analytic review.　*Journal of Child Psychology and Psychiatry*, **37**, 971-987.

Lou, H. C., Henriksen, L., Bruhn, P., Borner, H., & Nielsen, J. B.　1989　Striatal dysfunction in attention deficit and hyperkinetic disorder.　*Archives of Neurology*, **46**, 48-52.

Lovaas, O. I.　1987　Behavioral Treatment of Normal Educational and Intellectual Functioning in Young Autistic Children.　*Journal of Counseling and Clinical Psychology and Allied Disciplines*, **55**, 3-9.

Lowenthal, B.　1994　Attention deficit disorders: characteristics, assessment, and interventions.　*European Journal of Special Needs Education*, **9**, 80-90.

前川久男　2003　漢字の読み書きに困難をもつ子どもの指導　LD＆AD/HD, **5**, 54-57.

松村多美恵　1994　精神遅滞児の記憶過程における自己チェック訓練の効果　特殊教育学研究, **32**, 41-48.

松村多美恵　1998　知的障害児の記憶―構造・制御―　堅田明義・梅谷忠勇(編)　知的障害児の発達と認知・行動　田研出版

松村多美恵・福島久忠　1993　精神発達遅滞児における再生予測能力について　茨城大学教育学部紀要(教育科学), **42**, 133-146.

松村多美恵・木村裕子　1986　精神薄弱児における記憶属性の研究　茨城大学教育学部紀要(教育科学), **35**, 99-104.

Mcholm, A. E., Cunningham, C. E., & Vanier, M. K.　2005　Helping your child with selective mutism.　New Harbinger Publications.　河井英子・吉原桂子(訳)　2007　場面緘黙児への支援―学校で話せない子を助けるために―　田研出版

Mesibov, G.　1997　Formal and informal measures on the effectiveness of the TEACCH program.　*Autism*, **1**(1), 25-35.

宮島　祐・石田　悠　2010　ADHDの薬物療法　*Pharma Medica*, **28**(11), 29-32.

文部科学省　1967-2013　「学校基本調査」

文部科学省　1999　学習障害及びこれに類似する学習上の困難を有する児童生徒の指導方法に関する調査協力者会議「学習障害児に対する指導について(報告)」

文部科学省　2002　「通常の学級に在籍する特別な教育的支援を必要とする児童生徒に関する全国実態調査」調査結果

文部科学省　2003　「今後の特別支援教育の在り方について(最終報告)」

文部科学省　2004　「小中学校におけるLD(学習障害)AD/HD(注意欠陥/多動性障害)高機能自閉症の児童生徒への教育支援体制の整備のためのガイドライン(試案)」

文部科学省　2006　「通級による指導の対象とすることが適当な自閉症者，情緒障害者，学習障害者又は注意欠陥多動性障害者に該当する児童生徒について」文部科学省初等中等教育局長通知(17文科初第1178号)

文部科学省　2009　「「情緒障害者」を対象とする特別支援学級の名称について」文部科学省初等中等教育局長通知(20文科初第1167号)

文部科学省　2013　平成24年度児童生徒の問題行動等生徒指導上の諸問題に関する調査

文部科学省初等中等教育局特別支援教育課　2002　学習障害児，注意欠陥/多動性障害，高機能自閉症等に関する取り組みについて　教育と医学, **50**(1), 98-101.

文部科学省初等中等教育局特別支援教育課　2013　通常の学級に在籍する発達障害の可能性のある特別な教育的支援を必要とする児童生徒に関する調査

文部科学省初等中等教育局特別支援教育課　2013　教育支援資料―障害のある子どもの就学手続と早期からの一貫した支援の充実―

森永良子　1980　LD-学習障害―治療教育的アプローチ　医歯薬出版

室橋春光　2005　実行機能からみたLD・AD/HD・自閉症の心理的特異性と共通性　LD研究, **14**(1), 41-45.

Nicolson, R. I., & Fawcett, A. J.　2011　Dyslexia, dysgraphia, procedural learning and the cerebellum. *Cortex*, **47**(1), 117-127.

日本精神神経学会　精神科病名検討連絡会　2014　DSM-5　病名・用語翻訳ガイドライン(初版)精神神経学雑誌, **116**(6), 429-457.

奥村安寿子・室橋春光　2013　フォニックスとライムのパターンを用いた英単語の読み書き指導法―読み書きに困難のある生徒2事例の指導経過より―　LD研究, **22**(4), 445-456.

大井正巳　1984　緘黙症　若林慎一郎(編)　児童期の精神科臨床　金剛出版　Pp.226-236.

大井清吉　1956　鈴木ビネー式知能検査に現れた精神薄弱児の知能特徴　児童心理と精神衛生, **5**, 447-453.

Orlrich, E. S., & Ross, L. E.　1966　Rversal and nonreversal shift learning inretardates as a function of overtraining. *Journal of Experimental Psychology*, **72**, 622-624.

Paule, M. G., Rowland, A. S., Ferguson, S. A., Chelonis, J. J., Tannock, R., Swanson, J. M., & Castellanos, F. X.　2000　Attention deficit/hyperactivity disorder: characteristics, interventions, and models. *Neurotoxiology and Teratology*, **22**, 631-651.

Pennington, B. F., & Ozonoff, S.　1996　Executive functions and developmental psychopathology. *Journal of Child Psychology and Psychiatry*, **37**, 51-87.

Rapport, M. D. 1993 Attention deficit hyperactivity disorder. In T. H. Ollendic & M. Hersen(Eds.), *Handbook of child and adolescent assessment*. Allyn & Bacon. Pp.269-291.

Rotter, J. 1954 *Social learning and clinical psychology*. New-York: Prentice Hall, Inc.

Rutter, M. 1993 Autism: syndrome definition and possible genetic mechanisms. In Plomin R. and McClearn G. E.(Eds.), *Nature, Nurture and Psychology*. Washington DC: American Psychological Association. Pp.269-284.

Sanders, B., Ross, L. E., & Heal, L. W. 1965 Reversal and nonreversal shift learning in normal children and retardates of comparable mental age. *Journal of Experimental Psychology*, 69, 84-88.

Shalev, R. S., & Gross-Tsur, V. 2001 Developmental Dyscalculia. *Pediatric Neurology*, 24(5), 337-342.

Shaywitz, S. 2003 *Overcoming dyslexia: A new and complete science-based program for reading problems at any level*. New York: Alfred A. Knopf.

清水美智子 1962 概念化の発達過程の実験的研究—精薄児における概念化と知能(MA)との関係について— 心理学研究, 33, 71-83.

清水貞夫 2004 アメリカの軽度発達障害児教育—「無償の適切な教育」を保障— クリエイツかもがわ

下村 昇 2006 口唱法とその周辺 高文研

Sloan, W., & Cutts, R. A. 1947 Test patterns of mental defectives on the Reviced Stanford-Binet Scale. *American journal of mental deficiency*, 55, 573-575.

園原太郎・宇地井美智子 1957 概念の発達 I 絵単語分類による児童の概念化の実験的研究 心理学評論, 1, 209-224.

園山繁樹 1992 行動療法におけるInterbehavioral Psychologyパラダイムの有用性—刺激フェイディング法を用いた選択性緘黙の克服事例を通して— 行動療法研究, 18, 61-70.

園山繁樹 1997 場面性緘黙とその指導 吉岡博英(編) 言語障害教育情報ガイド コレール社 Pp.120-127.

園山繁樹 2005 軽度発達障害生徒の再登校支援における登校予定表と認知行動療法的対応の検討 日本行動療法学会第31回大会ポスター発表

相馬壽明 1991 選択性緘黙の理解と治療—わが国の最近10年間の個別事例研究を中心に— 特殊教育学研究, 29(1), 53-59.

Spence, S. 1995 *Social Skills Training: Enhancing Social Competence with Children and Adolescents*. Horsham: NFER-Nelson.

Stein, J. 2001 The magnocellular theory of developmental dyslexia. *Dyslexia*, 7, 12-36.

Still, G. F. 1902 Some abnormal psychical conditions in children: the Goulstonian lectures. *Lancet*, 1, 1008-1012.

杉山登志郎 2002 自閉症への理解と対応 母子保健情報, 46, 62-66.

田上不二夫 1999 実践スクール・カウンセリング—学級担任ができる不登校児童・生徒への援助— 金子書房

高木隆郎 1984 登校拒否と現代社会 児童青年精神医学とその近接領域, 25, 63-77.

Tallal, P. 1980 Auditory temporal perception, phonics, and reading disabilities in children. *Brain and Language*, 9, 182-198.

寺田 晃 1970 精神薄弱児における等価性の認知に関する研究—発達的特性と教示の効果を中心にして— 神戸大学教育学部研究集録, 42, 9-27.

内山喜久雄 1960 緘黙の形成要因ならびに心理的機制について 児童精神医学とその近接領域, 1, 57-61.

上野一彦 2003 LDとADHD 講談社

梅谷忠勇 1976 精神薄弱児の弁別逆転学習に関する研究—MAを変数とした逆転移行と非逆転移行の比較検討— 千葉大学教育学部研究紀要, 25, 55-62.

梅谷忠勇 1979 知能と弁別学習過程の研究 風間書房

梅谷忠勇 2004 知的障害児の認知と学習—特性理解と援助— 田研出版

梅谷忠勇・喜多尾哲・生川善雄・堅田明義 1995 中度および軽度精神遅滞児の弁別逆転学習過程—先行学習での適切手がかりの言語化について— 千葉大学教育学部研究紀要, 43, 141-148.

Willcutt, E. G., & Pennington, B. F. 2000 Comorbidity of reading disability and attention-deficit/hyperactivity disorder: differences by gender and subtype. *Journal of Learning Disabilities*, **33**(2), 179-191.

Williams, D. 1993 *Nobody Nowhere*. London: Corgi Books.

Wing, L. 1996 *The autistic spectrum. A guide for parents and professionals*. London: Constable and Robinson. 久保紘章・佐々木正美・清水康夫(監訳) 1998 自閉症スペクトル 親と専門家のためのガイドブック 東京書籍

Wolf, M., & Bowers, P. G. 1999 The double-deficit hypothesis for the developmental dyslexias. *Journal of Educational Psychology*, **91**(3), 415-438.

World Health Organization 1992 *ICD-10: The ICD-10 Classification of Mental and Behavioural Disorders: Clinical Descriptions and Diagnostic Guidelines*. 融道男・中根允文・小見山実(監訳) 1993 ICD-10精神および行動の障害：臨床記述と診断ガイドライン 医学書院

Wydell, T. N., & Butterworth, B. 1999 A case study of an English-Japanese bilingual with monolingual dyslexia. *Cognition*, **70**(3), 273-305.

山口 薫ほか 2000 増補版 学習障害・学習困難への教育的対応―日本の学校教育改革を目指して― 文教資料協会

山口 薫・金子 健 2000 改訂特殊教育の展望―障害児教育から特別支援教育へ― 日本文化科学社

山本淳一・加藤哲文(編著)小林重雄(監修) 1997 応用行動分析学入門 学苑社

Zeaman, D., & House, B. J. 1963 The role of attention in retardates discrimination learning. In N. R. Ellis(Ed.) *Handbook of mental deficiency*. New York: McGraw-Hill.

Zentall, S. S. 2005 *ADHD and Education-Foundations, Characteristics, Methods, and Collaboration*. Pearson Education.

Zigler, E., & Balla, D. 1989 *Mental Retardation: The developmental-diffirence controversy*. 田中道治・清野茂博・松村多美恵(訳) 1990 精神遅滞とはなにか―発達―差異論争／上 明治図書

■6章

American Psychiatric Association 2013 *Diagnostic and statistical manual of mental disorders. fifth Edition*. American Psychiatric Publishing. 日本精神神経学会(監修) 髙橋三郎・大野 裕(監訳) 染矢俊幸・神庭重信・尾崎紀夫・三村 將・村井俊哉(訳) 2014 DSM-5 精神疾患の診断・統計マニュアル 医学書院

藤野 博 2000 言語障害を理解する―福祉の視点から― 鮫島宗弘(監修) 障害理解への招待 日本文化科学社 Pp.114-119.

藤野 博 2003 言語発達遅滞の評価と指導 日本言語障害児教育研究会第36回大会資料集, 35-40.

原 由紀 2005 幼児の吃音 音声言語医学, **46**, 190-195.

伊藤友彦 1996 発話における流暢性の発達研究―心理言語学的アプローチ― 特殊教育学研究, **33**(4), 69-73.

伊藤友彦 2000 言語障害を理解する―教育の視点から― 鮫島宗弘(監修) 障害理解への招待 日本文化科学社 Pp.104-107.

見上昌睦 2002 吃音の進展した小児に対する言語指導の試み 聴能言語学研究, **19**, 18-26.

見上昌睦 2005 重度吃音学童に対する直接的言語指導に焦点を当てた治療 音声言語医学, **46**, 21-28.

木舩憲幸 2013 通常の学校における肢体不自由教育の展望 肢体不自由教育, **208**, 6-11.

小林宏明 2003 吃音児の指導の実際 日本言語障害児教育研究会第36回大会資料集, 99-108.

小枝達也 2003 発達障害のなかにおける特異的言語発達障害の位置づけ―医学の立場から― 音声言語医学, **44**, 204-208.

国立特殊教育総合研究所 2012 全国難聴・言語障害学級及び通級指導教室実態調査(平成22年度～平成23年度)

Law, J., Boyle, J., Harris, F., Harkness, A., & Nye, C. 2000 Prevalence and natural history of primary speech and language delay: Findings from a systematic review of the literature. *International Journal of Language and Communication Disorders*, **35**, 165-188.

松田 隆 1998 脳性麻痺の整形外科的治療 創風社

松村勘由・牧野泰美　2004　我が国における言語障害教育を取り巻く諸問題―変遷と展望―　国立特殊教育総合研究所紀要, 31, 141-152.
文部科学省　2002　「障害のある児童生徒の就学について（通知）」
文部科学省　2012　特別支援教育資料（平成23年度）
村上宗一　1996　難聴言語障害児童・生徒の学校教育　通級による指導援助の実際　協同医書出版社
永渕正昭　1985　言語障害概説　大修館書店
中西靖子・大和田健次郎・藤田紀子　1972　構音検査とその結果に関する考察　東京学芸大学特殊教育研究施設報告, 1.
長沼俊夫　2013　肢体不自由特別支援学校の現状と課題―全国調査の結果を踏まえて―　肢体不自由教育, 208, 12-17.
成瀬悟策　1973　心理リハビリテーション　誠信書房
Nielsen, H. H.　1966　*A psychological study of cerebral palsied children.*　Munksgaard: Copenhagen.　永井昌夫・木村　実（訳）　1972　脳性まひ児の心理　医歯薬出版
西村辨作　2001　言語発達障害総論　西村辨作（編）ことばの障害入門　大修館書店　Pp.3-30
岡崎恵子　2001　構音障害　西村辨作（編）ことばの障害入門　大修館書店　Pp.188-207
大井　学　2001a　特異的言語発達障害　西村辨作（編）ことばの障害入門　大修館書店　Pp.105-131.
大井　学　2001b　語用論的アプローチ　大石敬子（編）　ことばの障害の評価と指導　大修館書店　Pp.86-107.
太田真紀・長澤泰子　2004　学齢期における吃音児の自尊感情の発達―非吃音児の自尊感情との比較―　特殊教育学研究, 42(4), 259-270.
太田昌孝　1995　言語発達検査法　*Clinical Neuroscience*, 13(2), 27-32.
大伴　潔　2001a　発語の著しい不明瞭さに関する研究動向―理解に比べて表出が困難である表出性言語発達遅滞の機序と支援法―　特殊教育学研究, 39(2), 79-84.
大伴　潔　2001b　認知・言語的アプローチ　大石敬子（編）　ことばの障害の評価と指導　大修館書店　Pp.63-83.
大伴　潔　2003　言語障害児の発達と教育　菅野　敦・橋本創一・林　安紀子・大伴　潔・池田一成・奥住秀之（編）　障害者の発達と教育・支援―特別支援教育／生涯発達支援への対応とシステム構築―　山海堂　Pp.74-91
Ragonesi, C. B., Chen, X., Agrawal, S., & Galloway, J. C.　2010　Power mobility and socialization in preschool: A case study of a child with cerebral palsy.　*Pediatric Physical Therapy*, 22, 322-329.
Shriberg, L. D., Tomblin, J. B., & McSweeny, J. L.　1999　Prevalence of speech delay in 6-year-old children and comorbidity with language impairment.　*Journal of Speech, Language, and Hearing Research*, 42, 1461-1481.
高山佳子　1977　進行性筋ジストロフィー症における「精神遅滞」に関する文献的研究　運動・知能障害研究, 5, 11-24.
World Health Organization　1992　*The ICD-10 classification of mental and behavioural disorders; Clinical descriptions and diagnostic guidelines.*　融　道男・中根允文・小見山　実（訳）　1993　ICD-10精神および行動の障害―臨床記述と診断ガイドライン―　医学書院
山口　飛　2013　脳性麻痺児の教科学習におけるタブレットPCの活用　はげみ, 350, 29-34.
山根律子　1999　「ことばの遅れ」を示す子ども―特異的な言語発達障害の研究動向―　特殊教育学研究, 37(2), 93-100.
全国特別支援学校肢体不自由教育校長会　2012　平成24年度全国特別支援学校（肢体不自由）児童生徒病因別調査

■7章

江口和憲　2005　行動障害（異常）の考え方と対応　江草安彦　監修　重症心身障害療育マニュアル　第2版　医歯薬出版　Pp.151-155.
藤田和弘　1986　ポジショニングとその発達的意味　高橋　純・藤田和弘（編著）　障害児の発達とポジショニング指導　ぶどう社　Pp.10-27.

引用文献

郷間英世・伊丹直美　2005　微笑行動を手がかりとした重症心身障害児のQOL評価に関する検討　奈良教育大学教育実践総合センター研究紀要, 14, 29-35.

岩根章夫　2004　第6章　重い障害のある子どもへのコミュニケーション支援　兵庫重症心身障害児教育研究集会実行委員会(編)　重症児教育　クリエイツかもがわ　Pp.323-337.

片桐和雄・小池敏英・北島善夫　1999　重症心身障害児の認知発達とその援助—生理心理学的アプローチの展開—　北大路書房　Pp.133-193.

加藤忠明　2004　小児の慢性疾患について　小児保健研究, 63(5), 489-494.

加藤忠明ほか　2005　平成14, 15年度小児慢性特定疾患治療研究事業の全国登録状況　平成16年度厚生労働科学研究(子ども家庭総合研究事業)分担研究報告書「小児慢性特定疾患治療研究事業の登録・管理・評価・情報提供に関する研究」http://www.nch.go.jp/policy/shoumann14/1415tourokujyoukyou.htm

川住隆一　2003　超重症児の生命活動の充実と教育的対応　障害者問題研究, 31(1), 11-20.

北島善夫　2004　第3章　重症児への発達生理心理学的アプローチ　兵庫重症心身障害児教育研究集会実行委員会(編)　重症児教育　クリエイツかもがわ　Pp.56-75.

北住映二　2003　乳幼児期の支援—医療ニーズの高い重症心身障害児の問題点と支援を中心に　発達障害研究, 25(3), 133-140.

厚生労働省　2010　基本診療料の施設基準等及びその届出に関する手続きの取扱いについて　別添6の別紙14

小谷裕実　2003　思春期・青年期における重症児の発達と医療　障害者問題研究, 31(1), 30-38.

宮川しのぶ・津田朗子・西村真実子・木村留美子・稲垣美智子・笠原善仁・小泉晶一・関秀俊　2002　1型糖尿病児の学校における療養行動(1)療養行動に伴う困難感　小児保健研究, 61(3), 457-462.

メルクマニュアル日本語版　(2006-2007)　http://merckmanual.banyu.co.jp/

村上由則　1997　慢性疾患児の病状変動と自己管理に関する研究—病弱教育からのアプローチ—　風間書房

村上由則　2001　てんかん発作と学校生活　発達障害研究, 23(1), 22-31.

村上由則　2002　慢性疾患の病状変動と自己管理(6)—腎臓疾患と生活管理—　日本特殊教育学会第40回大会発表論文集, 607.

村上由則　2004a　病弱教育　特別支援教育への扉　鈴木陽子ほか(編)　八千代出版　Pp.65-81.

村上由則　2004b　病気とは何か—患児・者の視点と教育の役割—　育療, 30, 13-22.

村上由則　2011　慢性疾患をもつ児の課題　五十嵐隆(総編集)楠田聡(専門編集)小児科ピクシス26 小児慢性疾患のサポート　中山書店　Pp.6-8.

永田頌史　1999　気管支喘息について(心身症における器官選択について)　心身医学, 39(2), 127-135.

中島洋子　2005　動く重症心身障害児　江草安彦(監修)　重症心身障害療育マニュアル　第2版　医歯薬出版　Pp.39-48.

難波克雄　2005　重症心身障害児の概念と定義　江草安彦(監修)　重症心身障害療育マニュアル　第2版　医歯薬出版　Pp.8-12.

日本重症児福祉協会　2011　平成23年度全国重症心身障害児施設実態調査

岡田喜篤　2001　重症心身障害児の歴史　小児看護, 24(9), 1082-1089.

岡澤慎一・川住隆一　2004　重症心身障害者間相互におけるコミュニケーションの促進　特殊教育学研究, 42(4), 303-315.

尾本和彦　2005　摂食指導法　江草安彦 監修　重症心身障害療育マニュアル　第2版　医歯薬出版　Pp.114-118.

大島一良　1971　重症心身障害の基本問題　公衆衛生, 35(11), 4-11.

坂野幸江　2004　第4章　呼吸障害への取り組み　兵庫重症心身障害児教育研究集会実行委員会(編)　重症児教育　クリエイツかもがわ　Pp.300-312.

佐々木典子・有松眞木・福原紀美子・松尾和美・大塩セツ子・石井美智子　2001　心のケアの目標と達成留意点　小児看護, 24(9), 1130-1137.

白石正久　2004　第2章　重症児の発達診断　兵庫重症心身障害児教育研究集会実行委員会(編)　重症児教育　クリエイツかもがわ　Pp.37-55.

杉田祥子　2001　発達評価に基づいた発達促進のための接し方と遊び　小児看護, 24(9), 1109-1113.
鈴木文晴　2005　1.重症心身障害の発生頻度と発生原因　江草安彦(監修)　重症心身障害療育マニュアル　第2版　医歯薬出版　Pp.31-35.
鈴木康之　2001　超重症心身障害児とは―超重症児と準超重症児について―　小児看護, 24(9), 1090-1095.
鈴木康之・許斐博史・長博雪・松井晨・山田和孝・志倉圭子・舟橋満寿子　1996　いわゆる超重度障害児とその実態　発達障害医学の進歩 8　診断と治療社　Pp.51-60.
高谷清　1983　重症心身障害児―びわこ学園からの報告―　青木書店　Pp.3-25.
田中美郷　1993　コミュニケーションの障害とその対応　発達障害医学の進歩 5　診断と治療社　Pp.52-58.
田中義人　2003　思春期と慢性疾患　小児科, 44(10), 1465-1468.
八島猛・栃真賀透・植木田潤・滝川国芳・西牧謙吾　2013　病弱・身体虚弱教育における精神疾患等の児童生徒の現状と教育的課題―全国の特別支援学校(病弱)を対象とした調査に基づく検討―　小児保健研究. 72(4). 514-524.

■8章

独立行政法人国立特別支援教育総合研究所　http://www.nise.go.jp/cms/
厚生労働省　http://www.mhlw.go.jp/
文部省　1979　特殊教育百年史
文部科学省　2014　特別支援教育の概念図　http://www.mext.go.jp/a_menu/shotou/tokubetu/002/__icsFiles/afieldfile/2014/06/27/1329076_01.pdf
文部科学省　http://www.mext.go.jp/
文部科学省中央教育審議会　2012　共生社会の形成に向けたインクルーシブ教育システム構築のための特別支援教育の推進（報告）参考資料
内閣府　http://www8.cao.go.jp/shougai/index.html
日本障害者協議会　http://www.jdnet.gr.jp/

■9章

新井英靖　2007　教育課程とカリキュラム　高橋浩平ほか(編)　特別支援教育の子ども理解と授業づくり　黎明書房
角田豊　2010　「人の気持ちがわかる」とは―共感の心理学―　児童心理, 916, 1-10.
文部科学省　2009　特別支援学校学習指導要領解説　自立活動編（平成21年6月）

■10章

粟屋忍　1987　形態覚遮断弱視　日本眼科学会雑誌, 91, 519-544.
Bellugi, U., Lichtenberger, L., Jones, W., Lai, Z., & St. George, M.　2001　The neurocognitive profile of Williams syndrome: a complex pattern of strengths and weaknesses. In U. Bellugi and M. St. Gerge (Eds.) *Journey from cognition to brain to gene.* London: The MIT Press. Pp.1-41.
Boersma, F. J., & Muir, W.　1975　*Eye movements and information processing in mentally retarded children.* Rotterdam: Rotterdam University Press.
Carlin, M. T., Soraci, S. A., Strawbridge, C. P., Dennis, N., Loiselle, R., & Chechile, N. A.　2003　Detection of changes in naturalistic scenes: comparisons of individuals with and without mental retardation. *American Journal on Mental Retardation*, 108, 181-193.
Crist, R.E., Kapadia, M.K., Westheimer, G., & Gilbert, C.D.　1997　Perceptual learning of spatial localization: specificity for orientation, position, and context. *Journal of Neurophysiology*, 78, 2889-2894.
Green, C. S., & Bavelier, D.　2003　Action video game modifies visual selective attention. *Nature*, 423, 534-537.
伊藤知絵・原田真希子・勝二博亮・尾崎久記　2004　図形探索からみた知的障害者の視覚認知　日本特殊教育学

会第42回大会発表論文集, 554.
治村隆文・山本　節　1989　視力の発達　眼科MOOK, 38, 26-35.
神田孝子・川瀬芳克　1993　保育園，幼稚園における3，4歳児の視力検査　日本公衆衛生雑誌, 40, 562-566.
湖崎　克　1990　ダウン症児の視覚系の発達―概論―　一色　玄・安藤　忠（編）ダウン症児の発達医学　医歯薬出版株式会社　Pp.70-74.
佐島　毅・釣井ひとみ・角田祥子・富田　香　2002　小児用レフラクトメータを用いた発達障害幼児の屈折スクリーニングに関する研究　小児保健研究, 61, 315-321.
勝二博亮・堅田明義　1998　精神遅滞者における幾何学図形検出時の有効視野　特殊教育学研究, 36(3), 23-29.
Shoji, H., & Skrandies, W.　2006　ERP topography and human perceptual learning in the peripheral visual field. *International Journal of Psychophysiology*, 61, 179-187.

■11章

Baddeley, A.　1992　Working memory. *Science*, 255, 556–559.
Bandura, A.　1977　*Social learning theory*.　New Jersey: Prentice-Hall.　原野広太郎（監訳）　1979　社会的学習理論　金子書房
Cattell, R. B.　1998　Where is intelligence? Some answers from the triadic theory.　In McArdle, J. J. and Woodcock, R. W.(Eds.), *Human cognitive abilities in theory and practice*.　New Jersey: Lawrence Erlbaum Associates. Pp.29-38.
Fisher, M. A. & Zeaman, D.　1970　Growth and decline of retardate intelligence.　In Ellis, N.(Ed.), *International review of research in mental retardation*, 4, New-York: Academic Press.　Pp.151-191.
Gottfried, A. E., Fleming, J. S., & Gottfried, A. W.　1994　Role of parental motivational practices in children's academic intrinsic motivation and achievement. *Journal of Educational Psychology*, 86, 104-113.
Hasegawa, S., Ikeda, Y., Katada, A., & Umetani, T.　2004　Change of intelligence in people with intellectual disability during adulthood. *Journal of Intellectual Disability Research*, 48(4&5), 336.
波多野誼余夫・稲垣佳世子　1981　中公新書599　無気力の心理学―やりがいの条件―　中央公論社
Horn, J. L.　1967　Intelligence―Why it grows, why it declines. *Trans-action*, 5, 23-31.
Horn, J. L. & Cattell, R. B.　1966　Age differences in primary mental ability factors. *Journal of Gerontology*, 21, 210-220.
Horn, J. L. & Cattell, R. B.　1967　Age differences in fluid and crystallized intelligence. *Acta Psychologica*, 26, 107-129.
Jaeggi, S. M., Buschkuehl, M., Jonides, J., & Perrig, W. J.　2008　Improving fluid intelligence with training on working memory. *Proceedings of the National Academy of Sciences of the United States of America*, 105(19), 6829–6833.
Jaeggi, S. M., Buschkuehl, M., Jonides, J., & Shah, P.　2011　Short- and long-term benefits of cognitive training. *Proceedings of the National Academy of Sciences of the United States of America*, 108(25), 10081–10086.
Jaeggi, S. M., Buschkuehl, M., Shah, P., & Jonides, J.　2013　The role of individual differences in cognitive training and transfer. *Memory & Cognition*, online first (2013-10-01), DOI:10.3758/s13421-013-0364-z.
Kaufman, A. S. & Lichtenberger, E. O.　2002　*Assessing adolescent and adult intelligence*.　Boston: Allyn & Bacon.
数井みゆき・遠藤利彦（編著）　2005　アタッチメント―生涯にわたる絆―　ミネルヴァ書房
小島道生・池田由紀江　2001　青年期ダウン症者の自己制御機能と自己効力感の関係　心身障害学研究, 25, 23-33.
Melby-Lervåg, M., & Hulme, C.　2013　Is Working Memory Training Effective? A Meta-Analytic Review. *Developmental Psychology*, 49(2), 270-291.
奥野茂夫　1981　知能　梅ısı八三・相良守次・宮城音弥・依田　新（監修）　新版心理学事典　平凡社
Redick, T. S., Shipstead, Z., Harrison, T. L., Hicks, K. L., Fried, D. E., Hambrick, D. Z., Kane, M. J., & Engle, R. W.　2013　No Evidence of Intelligence Improvement After Working Memory Training: A Randomized, Placebo-

225

Controlled Study. *Journal of Experimental Psychology: General*, 142(2), 359-379.

■12章

Byrnes, M. M., & Spitz, H. H.　1977　Performance of retarded adolescents and nonretarded children on the Tower of Hanoi problem.　*American Journal of Mental Deficiency*, 81, 561-569.

Ellis, S., & Siegler, R. S.　1994　Development of problem solving. In R.J.Sternberg(Ed.), *Thinking and problem solving*. New York: Academic press.

Ferretti, R. P., & Cavelier, A. R.　1991　Constrains on the problem solving of persons with mental retardation. *International Review of Research in Mental Retardation*, 17, 153-192.

仮屋園昭彦　1990　問題解決に及ぼす下位目標の提示形態の効果　教育心理学研究, 38, 145-150.

Klahr, D., & Robinson, M.　1981　Formal assessment of problem-solving ability in preschool children. *Cognitive Psychology*, 13, 113-148.

Kotovsky, K., Hayes, J. R., & Simon, H. A.　1985　Why are some problems hard? Evidence from tower of hanoi. *Cognitive Psychology*, 17, 248-294.

Lewis, M., Alessandri, S. M., & Sullivan, M. W.　1990　Violation of expectancy, loss of control,and anger expressionsin young infants.　*Developmental Psychology*, 26, 745-751.

Meichenbaum, D., & Goodman, J.　1971　Training impulsive children to talk to themselves: A means of developing self-control.　*Journal of abnormal Psychology*, 77, 115-126.

Minsky, S. K., Spitz, H. H., & Bessellieu, C. L.　1985　Maintenance and transfer of training by mentally retarded young adults on the Tower of Hanoi problem.　*American Journal of Mental Deficiency*, 90, 190-197.

Newell, A., & Simon, H. A.　1972　*Human problem solving*.　Englewood Cliffs, NJ: Prentice-Hall.

野口和人・松家　豊　1991　精神遅滞児の思考活動とその改善について　発達障害学研究, 12(4), 248-253.

Numminen, H., Lehto, J. E., & Ruoppila, I.　2001　Tower of Hanoi and working memory in adult persons with intellecutual disability.　*Research in Developmental Disabilites*, 22, 373-387.

Piaget, J.　1976　*The grasp of consciousness*. Cambridge, MA: Harvard University Press.

Radziszewska, B., & Rogoff, B.　1988　Influence of Adult and Peer Collaborators on Children's Planning Skills. *Developmental Psychology*, 24, 840-848.

Simon, H. A.　1978　Information-processing theory of human problem solving.　In W.K.Estes(Ed.), *Handbook of learning and cognitive processes*.　Vol.5.　Hillsdale, NJ: Erlbaum.

Spence, B. H., & Whitman, T. L.　1990　Instruction and self-Regulation in mentally retarded adults in a vocational setting.　*Cognitive Therapy and Research*, 14, 431-445.

Spitz, H. H., & Borys, S. V.　1984　Depth of search: How far can the retarded search through an internally represented problem space?　In P.Brooks, R. Speber, and C. McCauley(Eds.), *Learning and cognition in the mentally retarded*.　Hillsdale, NJ: Erlbaum.

田中真理　1992　精神遅滞児の物語理解における自己教示訓練の効果　特殊教育学研究, 40(2), 63-73.

Wansart, W. L.　1990　Learning to solve a problem: A microanalysis of the solution strategy of children with learning disabilities.　*Journal of Learning Disabilities*, 23, 164-170.

渡邉雅俊　2000　精神遅滞者の問題解決における下位目標提示形態の影響　特殊教育学研究, 38(1), 33-40.

渡邉雅俊　2004　知的障害者の作業場面における不適切行動の改善に関する援助事例　職業リハビリテーション, 17(2), 1-9.

渡邉雅俊　2006　知的障害児の計画的行動に及ぼす自己教示訓練の効果―事例による予備的検討―　静岡英和学院大学紀要, 4, 131-142.

渡邉雅俊・梅谷忠勇　2001　知的障害児の問題解決における方略使用の特徴に関する研究―ハノイの塔課題における手段目標分析の使用に及ぼす要因の検討―　特殊教育学研究, 39(3), 1-10.

渡邉雅俊・若松唯晃・梅谷忠勇　2001　知的障害児の問題解決行動の特徴に関する研究―変換課題による健常児

との比較検討— 千葉大学教育学部研究紀要, **49**, 145-150.

Willatts, P. 1989 Development of problem solving in infancy. In A.Slater & J.Bremner,(Eds.), *Infant Development*. London: Erlbaum.

藍 瑋琛 1995 精神発達遅滞児における自己教示訓練の効果 広島大学教育学部紀要第一部(心理学)，**44**, 107-113.

■13章

Bennett, K. E., & Haggard, M. P. 1999 Behaviour and cognitive outcomes from middle ear disease. *Archives of Disease in Chidhood*, **80**(1), 28-35.

Campbell, T. F., Dollaghan, C. A., Rockette, H. E., Paradise, J. L., Feldman, H. M., Shriberg, L. D., Sabo, D. L., & Kurs-Lasky, M. 2003 Risk factors for speech delay of unknown origin in 3-year-old children. *Child Development*, **74**(2), 346-357.

Denes, P. B. & Pinson, E. N. 1963 *The Speech Chain*. Bell Telephone Laboratories.

原島恒夫 2004 通常学級に在籍する学習に困難を有する児の教育相談 聴覚言語障害, **33**(1), 7-12.

小枝達也 2003 発達障害のなかにおける特異的言語発達障害の位置づけ—医学の立場から— 音声言語医学, **44**(3), 204-208.

大熊喜代松 2002 生育歴調査と生かし方 ことばの発達相談研究会

■14章

Apple 2017 OSXアクセシビリティ http://www.apple.com/jp/accessibility/osx/

荒田龍朗・岸 和樹・山口俊光・渡辺哲也 2011 漢字想起のための漢字構成読みの開発(視覚障害，視覚障害者支援，福祉情報工学一般) 電子情報通信学会技術研究報告 WIT, 福祉情報工学, **111**(58), 1-5.

Division of Special Education, Minnesota Department of Children, Families & Learning 2003 Minnesota Assistive Technology Manual 2003 Edition.

DO-IT Japan 2007 学習における合理的配慮研究アライアンス http://doit-japan.org/accommodation/

e-AT利用促進協会 http://www.e-at.org/app-def/S-101/service/

金森裕治・山崎愛子・田中直壽・松下研夫・赤瀬 瞳・平峰厚正 2010 特別支援教育におけるマルチメディアデイジー教科書の導入・活用に関する実践的研究 大阪教育大学紀要 第Ⅳ部門, **59**(1), 65-80.

喜多尾 哲・梅谷忠勇・生川善雄 1986 中・軽度精神薄弱児の弁別学習に関する研究—手がかり言語化訓練条件の違いによる検討— 日本特殊教育学会第24回大会発表論文集, 210-211.

熊谷 修 2001 電子手帳ほかを用いた『タイムエイド』『意思伝達』の試み 月刊実践障害児教育, **336**, 12-13.

巖淵 守・楊 光・中邑賢龍 2013 コンピュータビジョンを利用した重度重複障害支援—人と社会を結ぶインタフェースを目指して— 映像情報メディア学会技術報告, **37**(12), 47-50.

魔法のプロジェクト 2009 http://maho-prj.org/

水内豊和・小林 真・森田信一 2007 読み困難児に対するマルチメディアDAISY教材を用いた指導実践 LD研究, **16**(3), 345-354.

文部科学省 2009 特別支援学校学習指導要領解説—自立活動編— http://www.mext.go.jp/a_menu/shotou/new-cs/youryou/1278527.htm

文部科学省 2010 教育の情報化に関する手引 http://www.mext.go.jp/a_menu/shotou/zyouhou/1259413.htm

文部科学省 2013 障害のある児童生徒の教材の充実に関する検討会報告 http://www.mext.go.jp/a_menu/shotou/tokubetu/material/1339114.htm

文部科学省 2016 学校における教育の情報化の実態等に関する調査—平成27年度結果概要— http://www.mext.go.jp/b_menu/toukei/chousa01/jouhouka/kekka/k_detail/1376709.htm

中邑賢龍 1998 AAC入門—拡大・代替コミュニケーションとは— こころリソースブック出版会

成田 滋・田中敦夫・西谷 淳・小林 茂・石野恵子・三原義男 2006 書字に困難な児童へのタブレットPC上

の教材開発と指導改善　学校教育学研究, 18, 89-99.
日本規格協会　2004　JIS X 8341-3：2004「高齢者・障害者等配慮設計指針―情報通信における機器，ソフトウェア及びサービス―第3部：ウェブコンテンツ」http://www.jsa.or.jp/
大杉成喜・佐原恒一郎　2005　障害児者用日本語高度シンボルコミュニケーション・デバイスの開発　日本教育情報学会第21回年会論文集, 8-2005（滋賀）, 20-23.
大杉成喜　2009　障害のある子どものためのアシスティブ・テクノロジー・コンシダレーション方法の開発　教育情報研究, 25(3), 15-27.
大杉成喜　2013　知的障害特別支援学校高等部生徒の移行教育・進学に関する一考察―移行支援Web掲示板の記述を追って―　熊本大学教育実践研究, 30, 93-101.
坂井　聡・宮崎英一・二宮綾子・門目紀子　2012　自閉症と知的障害のある児童への携帯電話を利用した買い物指導　日本教育工学会論文誌, 36(Suppl.), 13-16.
佐原恒一郎　2001　知的障害児教育におけるコンピューター利用の現状と今後の課題　特殊教育学研究, 39(3), 61-64.
佐原恒一郎　2004　高次脳機能障害児における特殊入力機器利用の効果　日本教育工学会第20回全国大会講演論文集, 483-484.
佐原恒一郎　2012　重度知的障害児のICT利用教育におけるタブレット端末を使用した事例の検討　日本教育情報学会第28回年会論文集, 214-217.
佐原恒一郎・大杉成喜　2005　マンガ的表現によるシンボルの有効性　日本教育情報学会第21回年会論文集, 8-2005（滋賀）, 28-29.
佐竹真次・安永啓司　1993　精神遅滞児におけるコンピュータシュミレーションによる金銭使用の学習Ⅰ(2)―自動販売機のシュミレーションソフトを用いて―　日本特殊教育学会第31回大会論文集, 322-323.
清野亜枝・梅谷忠勇・堅田明義・生川善雄・喜多尾　哲・佐原恒一郎・鈴木麻秩子　2003　重度知的障害児の弁別移行学習における経年的反復の効果日本特殊教育学会　第41回大会論文集, 686.
白澤麻弓　2008　ICTを用いた聴覚障害学生支援　メディア教育研究, 5(2).
総務省　2012　平成23年通信利用動向調査　http://www.soumu.go.jp/johotsusintokei/statistics/statistics05.html　http://www.soumu.go.jp/johotsusintokei/whitepaper/ja/h24/html/nc243110.html
高橋麻衣子・巌淵　守・中邑賢龍　2012　タブレットPCをベースにしたデジタル教科書による小学生の読解学習支援―読みパターンのログの分析から―　電子情報通信学会技術研究報告 HIP, ヒューマン情報処理, 112(46), 223-227.
The U.S. Department of Education　1997　Individuals with Disabilities Education Act (IDEA), 20 U.S.C. § 1400 et seq.
氏間和仁・木内良明　2012　弱視教育における携帯端末の活用に関する基礎的研究―EVESとしての活用のための基礎の研究―　第53回弱視教育研究全国大会抄録集, 10-11.
渡辺哲也・大杉成喜・山口俊光・渡辺文治・岡田伸一・澤田真弓　2007　児童の語彙特性を考慮した漢字説明表現の開発とその評価―視覚障害者用スクリーンリーダの詳細読みの改良（福祉工学）―　電子情報通信学会論文誌 D, 情報・システム, J90-D(3), 1521-1531.
Watts, E., O'Brian, M., & Wojcik, B.　2004　Four models of assistive technology consideration. *Journal of Special Education Technology*, 19(1), 43-56. The Technology and Media Division of the Council for Exceptional Children (TAM).
ウェブアクセシビリティ基盤委員会　2010　JIS X 8341-3：2010 解説　http://waic.jp/docs/jis2010-understanding/
安永啓司・佐竹真次　1993　精神遅滞児におけるコンピュータシュミレーションによる金銭使用の学習Ⅰ(1)―自動販売機のシュミレーションソフトを用いて―　日本特殊教育学会第31回大会論文集, 320-321.
吉田悠亮・爲川雄二・川住隆一・竹島久志　2011　障害児・者支援ソフトウェア開発における効果的な開発の検討―「単語構成学習支援ソフト」の開発過程整理から―　教育情報学研究, 10, 31-42.

人名索引

●A
Ahissar, M.　74
Alloway, T. P.　74
天野　清　77
新井英靖　162
荒田龍朗　207
Arnold, L. E.　87
Asperger, H.　63
Atkinson, R. C.　59
粟屋　忍　171

●B
Baddeley, A.　75
Baldwin, S.　90
Balla, D.　18, 61
Bandura, A.　182
Bangerter, von P. -D. A.　33
Baren, M.　85
Barkley, R. A.　82, 85
Baron-Cohen, S.　68
Bavelier, D.　176
Bellugi, U.　171
Bennett, K. E.　194
Biederman, J.　73
Blackmore, C.　33
Boden, C.　73
Boersma, F. J.　172
Bolton, P.　64, 68
Borys, S. V.　189
Bowers, P. G.　73
Brandeis, D.　83
Broadwin, I. T.　89
Butterworth, B.　75
Byrnes, M. M.　189

●C
Campbell, T. F.　194
Campione, J.　57
Carlin, M. T.　173
Carlson, C. L.　84
Castellanos, F. X.　83
Cattell, R. B.　179
Cavalier, A. R.　189
治村隆文　170
Cline, T.　90
Cooper, G. F.　33
Crist, R. E.　176
Cutts, R. A.　52

●D
Dehaene, S.　74
Denes, P. B.　192
DuPaul, G. J.　82

●E
江口和憲　144
Elhers, S.　65
Ellis, N. R.　60
Ellis, S.　187
遠藤利彦　182
Ernst, M.　82

●F
Fawcett, A. J.　74
Ferretti, R. P.　189
Fielder, A. R.　30
Fisher, M. A.　52, 179
Folia, V.　74
Folstein, S.　64
Frith, U.　68
藤村昭江　77
藤野　博　114
藤田和弘　24, 142
福島久忠　61

●G
Gallagher, J. J.　53
Gathercole, S. E.　74
Gaub, M.　84
Gerjuoy, I. P.　60
Geurts, H. M.　75
Giaschi, D.　73
Gillberg, C.　65, 69
Goodman, J.　191
Gottfried, A. E.　182
郷間英世　139
Green, C. S.　176
Green, W. H.　64
Gunter, H. L.　75

●H
Haggard, M. P.　194
原　由紀　113
原島恒夫　194
Hasegawa, S.　180
波多野誼余夫　182
Hill, D.　69
Horn, J. L.　179
星野仁彦　95
House, B. J.　21, 56
Howlin, P.　67, 70
Hulme, C.　183

●I
五十嵐信敬　30
池田由紀江　182
稲垣佳世子　182
井上雅彦　24
石田　悠　86
伊丹直美　139
伊藤知絵　174
伊藤一美　74
伊藤友宏　113, 115
Ives, M.　67
岩根章夫　143

229

岩坂英巳　　86

●J
Jaeggi, S. M.　　183
Johnson, A. M.　　89
Johnson, D. H.　　75, 77

●K
香川邦生　　32
柿澤敏文　　27
金森裕治　　210
神田孝子　　171
金子　健　　73
Kanner, L.　　63
仮屋園昭彦　　191
堅田明義　　20, 173
片桐和雄　　145
加藤忠明　　123
Kaufman, A. S.　　180
川瀬芳克　　171
川住隆一　　138, 140
数井みゆき　　182
Kendler, H. H.　　56, 57
Kendler, T. S.　　56, 57
木舩憲幸　　102
木村裕子　　60
Kirk, S. A.　　71
北島善夫　　139
喜多尾哲　　57, 58, 211
北住映二　　141
木内良明　　207
清野亜枝　　211
Klahr, D.　　187, 190
小林宏明　　113
小枝達也　　114, 193
小池敏英　　77
小島道生　　182
小谷裕実　　142
Kotovsky, K.　　190
熊谷恵子　　77

熊谷　修　　211
栗田征武　　95

●L
Lallier, M.　　73
Law, J.　　110
Laycock, R.　　73
Leary, M.　　69
LeCouteur, A.　　64
Lewis, M.　　187
Lichtenberger, E. O.　　180
Losier, B. J.　　85
Lou, H. C.　　83
Lovaas, O. I.　　69
Lowenthal, B.　　85
Lucito, L. J.　　53
Luria, A. R.　　18

●M
前川久男　　74
牧野泰美　　115
松田　隆　　104
松村勘由　　115
松村多美恵　　59, 61
松野　豊　　190
Meichenbaum, D.　　191
Melby-Lervåg, M.　　183
Mesibov, G.　　69
見上昌睦　　117
Minsky, S. K.　　191
宮川しのぶ　　126
宮島　祐　　86
水谷　徹　　9
望月登志子　　33
Moore, A.　　67
森永良子　　75
Muir, W.　　172
Munro, N.　　67
村上宗一　　117
村上由則　　119, 121, 125,

128, 129
室橋春光　　75, 77
Myklebust, H. R.　　75, 77

●N
永渕正昭　　110
長沼俊夫　　107
長澤泰子　　113
永田頌史　　127
中島洋子　　132
中邑賢龍　　202
中西靖子　　111
難波克雄　　131
成田　滋　　210
Newell, A.　　185
Nicolson, R. I.　　74
Nielsen, H. H.　　104
西村辨作　　114, 107
野口和人　　190

●O
大井正巳　　93
大井清吉　　53
大井　学　　108, 114, 118
大熊喜代松　　195
大島一良　　132
大杉成喜　　201, 202, 209,
　　213
太田真紀　　113
大伴　潔　　113, 118
大内　進　　30
岡田善篤　　131
岡澤慎一　　138
奥村安寿子　　77
奥野茂夫　　177
尾本和彦　　143
Orlrich, E. S.　　57

●P
Paule, M. G.　　87

人名索引

Pennington, B. F.　73
Piaget, J.　20, 188
Pinel, J. P. J.　13
Pinson, E. N.　192

●R

Radziszewska, B.　190
Ragonesi, C. B.　107
Rapport, M. D.　85
Rastam, M.　64
Redick, T. S.　183
Robinson, M.　187, 190
Rogoff, B.　190
Ross, L. E.　57
Rotter, J.　61
Rutter, M.　64

●S

佐原恒一郎　209
佐原真次　212
佐島　毅　171
Sanders, B.　58
佐々木典子　144
佐竹真次　213
佐藤泰正　29, 36
Shalev, R. S.　74
Shaywitz, S.　73
Shiffrin, R. M.　59
清水貞夫　71
下村　昇　77
白石正久　140
白澤麻弓　208
勝二博亮　173, 176
Shriberg, L. D.　110
Siegler, R. S.　187
Simon, H. A.　185, 187

Skrandies, W.　176
Sloan, W.　52
園原太郎　54
園山繁樹　88, 97
相馬壽明　90
Spence, B. H.　191
Spence, S.　70
Spitz, H. H.　60, 189
Still, G. F.　79
Stoner, G.　82
杉江陽子　10
杉田祥子　140
杉山登志郎　66
鈴木文晴　134
鈴木康之　132
Swanson, J. M.　85

●T

高木憲次　99
高木隆郎　89
高谷　清　135
高山佳子　101
Tallal, P.　73
田中美郷　136
田中真理　191
田中義人　129
田上不二夫　94
寺田　晃　54
富永良喜　24
鳥居修晃　33
鳥山由子　36
津本忠治　13

●U

内山喜久雄　91
上林靖子　79, 84

上野一彦　75
宇治井美智子　54
氏間和仁　207
梅谷忠勇　17, 20, 52, 58, 189
宇野　彰　77

●W

Wansart, W. L.　189
渡邉雅俊　189, 191
渡辺哲也　207
Watts, E.　201
Whitman, T. L.　191
Willatts, P.　187
Willcutt, E. G.　73
Williams, D.　68
藍　瑋琛　191
Wing, L.　63
Wolf, M.　73
Wydell, T. N.　75

●Y

山口　飛　107
山口　薫　73
山本　節　170
山本利和　36
山根律子　114
安永啓司　213
吉田悠亮　209

●Z

Zeaman, D.　21, 52, 56, 179
Zentall, S. S.　82
Zigler, E.　18, 61

231

事項索引

●あ
アシスティブ・テクノロジー　199, 200
アスペルガー障害　63
アセスメント　24, 195
アテトーゼ型　101
アテトーゼ型脳性まひ　105
アメリカ精神医学会　50
アメリカ知的・発達障害学会　50

●い
医学的アプローチ　16
医学的弱視（amblyopia）　33
遺伝的研究　82
移動運動の障害　103
医療的ケア　140
インクルーシブ教育　153

●う
ウィリアムズ症候群　171
ウェクスラー式知能検査　179
動く重症心身障害児　132
運動性構音障害　111
運動・表出機能　5

●え
AAC　202
ADHD混合型　79
ADHD多動性―衝動性優勢型　81
ADHDの原因　82
ADHDの出現率　81

ADHDの分類　82
ADHD不注意優勢型　79

●お
大島の分類　134
オプタコン　7
音韻障害　111

●か
外因侵襲　12
外因性　9, 51
外的指向性　61
概念形成　54
カウンセリング　97
カウンセリングマインド　5, 195
学習障害（LD）　83
学習障害の原因　73
学習障害の出現率　75
学習障害の分類　75
拡大・代替コミュニケーション　106, 202
過剰訓練　57
学校恐怖症　89
カナータイプ自閉症　65
感音難聴　42
感覚異常　68
感覚運動的知能段階　20
感覚記憶（sensory memory）　59
感覚・受容機能　5
感覚モダリティ　5
環境調整　85
観察者的共感性　165
観察法　23
感受性期　13
緘黙　114

●き
器質性構音障害　111

期待反応　138
吃音　113
機能性構音障害　111
基本的生活習慣　51
教育課程　160
教育的アプローチ　16
教育的ニーズ　2
共同注意　68

●く
クレーン現象　68
群化（clustering）　60

●け
形成的アセスメント　24
形態障害（impairment）　202
痙直型　101
軽度知的障害児　54
結晶性知能　179
健康障害　124
言語化（verbalization）　58
言語教示訓練　58
言語検査　116
言語障害　107, 192
言語障害の出現率　110
言語障害の分類　108
言語性IQ　53
言語性LD　75
言語媒介　57, 58
言語発達障害　114
言語発達遅滞　113, 193
言語発達遅滞の原因　192
言語発達遅滞の分類　193
言語命名（labeling）　58
検査法　23

●こ
行為障害　84
構音障害　105, 111
高機能自閉症　65, 84

高次脳機能障害　212
厚生省の分類　135
後天性　9
後天聾　43
行動システム　5
行動修正　85
行動障害　62, 65, 139, 144
行動抑制の困難　83
行動療法　95
広汎性発達障害　84
呼吸障害　142
国際疾病分類（ICD-10）　63, 109
心の理論　68
固執性（perseveration）　56, 61
個人間差異　21
個人内差異　21
個別の指導計画　115
個別の教育支援計画　5, 153
コミュニケーション障害　109

●さ

差異欠陥　18
錯語　114
作動記憶（working memory）　60
算数障害（arithmetic disorder）　71

●し

支援機器（e-AT）　198
視覚障害　26
視覚障害児の言語　31
視覚障害児用支援機器　39
視覚障害の原因　27
視覚障害の分類　29
視覚探索活動　172
視覚表象　29

視空間認知　171
刺激フェイディング法（stimulus fading）　95
思考の硬さ　67
自己教示　191
自己教示訓練　191
自己効力感　181
自己制御　85
自己中心性　48
姿勢づくり（positioning）　141
姿勢保持の障害　103
肢体不自由　99, 208
肢体不自由の原因　100
肢体不自由の在籍率　102
実験法　23
実行機能　84
実行機能の障害　84
実践的アプローチ　23
失読症　72
失敗経験　61
疾病および関連保健問題の国際統計分類（ICD-10）　63, 109
質問紙法　23
自閉症　63, 87, 211
自閉症スペクトラム障害　65, 211
自閉症の原因　64
自閉症の出現率　64
島田療育園　130
社会的アプローチ　16
社会的スキル訓練　70
社会的相互交渉の障害　66
弱視　29, 32, 206
弱視補助具　37
弱視レンズ　37
重症疾患児　129
重症心身障害　130
重症心身障害の原因　132

重症心身障害の出現率　132
重症心身障害の分類　134
重度知的障害児　56
主客の逆転　67
障害像　12
障害の原因　8
障害の重度化・重複化　15
障害の状態把握　17
障害の診断　15
障害の病因　9
障害の三つ組（triad of impairments）　63
生涯発達　181
症候群　21
情緒障害　87
情緒障害の原因　90
情緒障害の出現率　90
情緒障害の分類　93
常同行動　31, 139
衝動性　80
触運動　31
所産欠陥　58
書字表出障害（expressed writing disorder）　71
触覚　30
自立活動　160
事例（史）研究法　23
心因性緘黙　88
神経生物学的研究　82
神経発達障害　71
進行性筋ジストロフィー　101
人工内耳　45
身体障害　99
診断的アセスメント　24
心理アセスメント　162
心理学的アプローチ　16
心理社会的介入　87
心理的ストレス　127
心理的負担　127
心理療法的支援　95

●す
図地関係障害　105

●せ
生育歴調査　195
成功経験　61
精神疾患の診断・統計マニュアル（DSM-5）　63, 109
精神年齢　178
精緻化（elaboration）　60
生理型　9, 51
摂食嚥下障害　142
セルフモニタリング　86
選好注視法　170
染色体異常　11
選択性緘黙　88
選択性緘黙の原因　90
選択性緘黙の出現率　90
選択性緘黙の分類　93
選択的注意　55
先天性　9

●そ
粗大運動　69

●た
代謝異常　12
対人的コミュニケーションの障害　93
体制化（organization）　60
対話的共感性　165
多因子遺伝　10
ダウン症　171
多次元的アプローチ　15
達成動機　182
縦の発達　20
多動性　80
多動性—衝動性　81
短期記憶（short-term memory）　59

●ち
知覚—運動障害　105
知的障害　50, 212
知的障害の定義　50
知的障害の分類　51
知能　52, 177
知能検査　52, 177
知能指数　178
知能の定義　177
知能の発達　52
注意　55
注意欠如・多動性障害（ADHD）　79
注意説（観察反応説）　56
注意の集中・持続　55
中枢・処理機能　5
中度知的障害児　57
聴覚障害　40
聴覚障害児の会話　45
聴覚障害児の言語情報処理　47
聴覚障害児の語彙　47
聴覚障害の出現率　40
聴覚障害の原因　40
聴覚補償　43
長期記憶（long-term memory）　59, 212
超重症心身障害　131
聴力検査　43
治療管理　121, 129

●つ
通級による指導　115, 154

●て
TEACCH　69, 211
定位反応　138
デジタル補聴器　207
手指運動の障害　103
伝音難聴　42

点字　29, 35

●と
等価性認知　54
登校拒否　89
動作性IQ　53
特異的学習障害　71
特異的言語発達障害　114
特異的言語発達遅滞　194
読字障害（reading disorder）　10, 71
特殊教育　2, 149
特殊教育の対象　5
特殊支援教育　3
特別支援教育コーディネーター　3, 153
特別支援教育の課題　4
特別支援教室　153
特別なニーズ　4

●な
内因性　9, 51
内発的動機づけ　181
難治性慢性疾患　129
難聴　40, 207

●に
日常生活動作　99
二分脊椎　102
認知的カウンセリング　98

●の
脳性疾患　100
脳性まひ　101
脳の機能障害　13
能力障害（disability）　202

●は
バーバリズム（verbalism）　31

媒介欠陥　59
破壊的行動障害　84
箱庭療法　95
発達検査　116
発達支援　145
発達時相　20
発達障害　154
発達性協調運動障害　69, 83
発達遅滞　18
ハノイの塔パズル　186
場面緘黙　88
反響言語（エコラリア）　67
反抗挑戦性障害　83

●ひ
PDA　212
非言語（注意）媒介　56
非言語性LD　75
微細運動　69
微笑行動　139
ヒトゲノム　10
病弱・身体虚弱　119
病弱・身体虚弱の原因　122
病弱・身体虚弱の出現率　122
病状変化　120
病的遺伝子　11
病理型　9, 51
敏感期（sensitive period）　33

●ふ
VOCA　202, 141
符号化（coding）　59
不注意　80
普通文字　29
不適応行動　62
不登校　89
不登校の機制　94
不登校の原因　91
不登校の在籍率　91
不登校の分類　94
ブラインディズム（blindism）　31
プランニング　189

●へ
ペアレント・トレーニング　86
偏差知能指数　178
弁別学習　56
弁別逆転移行　56
弁別非逆転移行　56

●ほ
補助・代替コミュニケーション　118
補聴器　44

●ま
慢性疾患　120

●め
メタ記憶（meta memory）　61
面接法　23

●も
盲　29
モニタリング　61
問題行動　136

●や
薬物療法　86
薬理学的介入　87

●ゆ
遊戯療法　95
有効視野　174
ユニバーサルデザイン　107

●よ
横の発達　20

●り
リハーサル（rehearsal）　59
流動性知能　179
領域・教科を合わせた指導　161
理論的アプローチ　22
臨界期　13

執筆者一覧 (執筆順)

堅田　明義（編者）………………………………………………… 1章
寺田　信一（高知大学）…………………………………………… 2章
梅谷　忠勇（編者）………………………………………………… 3章
柿澤　敏文（筑波大学）…………………………………………… 4章1節
四日市　章（元筑波大学）………………………………………… 4章2節
喜多尾　哲（高知大学）…………………………………………… 5章1節
林　恵津子（埼玉県立大学）……………………………………… 5章2節
室橋　春光（札幌学院大学）……………………………………… 5章3節
岡崎　慎治（筑波大学）…………………………………………… 5章4節
園山　繁樹（筑波大学）…………………………………………… 5章5節
高山　佳子（元横浜国立大学）…………………………………… 6章1節
澤　　隆史（東京学芸大学）……………………………………… 6章2節
村上　由則（宮城教育大学）……………………………………… 7章1節
生川　善雄（編者）………………………………………………… 7章2節
島　　治伸（徳島文理大学）……………………………………… 8章
新井　英靖（茨城大学）…………………………………………… 9章
勝二　博亮（茨城大学）…………………………………………… 10章
長谷川桜子（愛知県心身障害者
　　　　　　コロニー発達障害研究所）………………………… 11章
渡邉　雅俊（國學院大學）………………………………………… 12章
原島　恒夫（筑波大学）…………………………………………… 13章
大杉　成喜（皇學館大学）………………………………………… 14章

【編著者紹介】

梅谷　忠勇（うめたに・ただお）
　1944年　茨城県に生まれる
　1973年　東京教育大学大学院教育学研究科博士課程単位取得満了
　現　在　千葉大学名誉教授（教育学博士）
　主　著　『知能と弁別学習過程の研究』風間書房　1979年
　　　　　『知的障害児の心理学』（編著）田研出版　2002年
　　　　　『知的障害児の認知と学習―特性理解と援助―』田研出版　2004年

生川　善雄（なるかわ・よしお）
　1948年　三重県に生まれる
　1978年　東京教育大学大学院教育学研究科博士課程単位取得満了
　現　在　社会福祉法人かしの木会くず葉学園客員研究員（博士（心身障害学））
　主　著　『知的障害児の発達と認知・行動』（共著）田研出版　1998年
　　　　　『ノーマライゼーション時代における障害学』（共著）福村出版　2002年
　　　　　『知的障害者に対する健常者の態度構造と因果分析』風間書房　2007年

堅田　明義（かただ・あきよし）
　1935年　岡山県に生まれる
　1964年　東京教育大学大学院教育学研究科博士課程単位取得満了
　現　在　中部学院大学大学院特命教授・東京学芸大学名誉教授（文学博士）
　主　著　『生理心理学の応用分野（新 生理心理学２）』（共著）北大路書房　1997年
　　　　　『知的障害児の発達と認知・行動』（編著）田研出版　1998年
　　　　　『学校心理士と学校心理学（講座 学校心理士―理論と実践１―）』（共著）
　　　　　　北大路書房　2004年

特別支援児の心理学［新版］
――理解と支援――

2006年3月20日	初版第1刷発行	
2012年4月20日	初版第4刷発行	定価はカバーに表示
2015年3月20日	新版第1刷発行	してあります。
2020年7月20日	新版第3刷発行	

編著者　梅　谷　忠　勇
　　　　生　川　善　雄
　　　　堅　田　明　義

発行所　㈱北大路書房
　　　　〒603-8303 京都市北区紫野十二坊町12-8
　　　　電話　(075) 431-0361㈹
　　　　ＦＡＸ　(075) 431-9393
　　　　振替　01050-4-2083

Ⓒ2015　制作/ラインアート日向・華洲屋　印刷・製本/創栄図書印刷㈱
　　　　検印省略　落丁・乱丁本はお取り替えいたします
　　　　ISBN978-4-7628-2892-8　　Printed in Japan

・ JCOPY 〈㈳出版者著作権管理機構 委託出版物〉
本書の無断複写は著作権法上での例外を除き禁じられています。
複写される場合は，そのつど事前に，㈳出版者著作権管理機構
（電話 03-5244-5088, FAX 03-5244-5089, e-mail: info@jcopy.or.jp）
の許諾を得てください。